Eine empirische Analyse der Anreize zur informellen Pflege

ALLOKATION IM MARKTWIRTSCHAFTLICHEN SYSTEM

Herausgegeben von
Heinz König (†), Hans-Heinrich Nachtkamp,
Ulrich Schlieper, Eberhard Wille

Band 68

Christian Maier

EINE EMPIRISCHE ANALYSE DER ANREIZE ZUR INFORMELLEN PFLEGE

Impulse für Deutschland aus
einem europäischen Vergleich

Bibliografische Information der Deutschen Nationalbibliothek
Die Deutsche Nationalbibliothek verzeichnet diese Publikation
in der Deutschen Nationalbibliografie; detaillierte bibliografische
Daten sind im Internet über http://dnb.d-nb.de abrufbar.

Zugl.: Bayreuth, Univ., Diss., 2013

Gedruckt auf alterungsbeständigem,
säurefreiem Papier.

D 703
ISSN 0939-7728
ISBN 978-3-631-65479-8 (Print)
E-ISBN 978-3-653-04716-5 (E-Book)
DOI 10.3726/978-3-653-04716-5

© Peter Lang GmbH
Internationaler Verlag der Wissenschaften
Frankfurt am Main 2015
Alle Rechte vorbehalten.
PL Academic Research ist ein Imprint der Peter Lang GmbH.

Peter Lang – Frankfurt am Main · Bern · Bruxelles · New York ·
Oxford · Warszawa · Wien

Diese Publikation wurde begutachtet.

www.peterlang.com

meiner Familie

Inhaltsverzeichnis

Abbildungsverzeichnis

Tabellenverzeichnis

Abkürzungsverzeichnis

ABEDL	Aktivitäten, Beziehungen und existenzielle Erfahrungen des Lebens
ADL	activities of daily living
AEDL	Aktivitäten und existenzielle Erfahrungen des Lebens
ATL	Aktivitäten des täglichen Lebens
ESTG	Einkommensteuergesetz
EU	Europäische Union
GKV	Gesetzliche Krankenversicherung
GKV-WSG	Gesetz zur Stärkung des Wettbewerbs in der gesetzlichen Krankenversicherung, GKV-Wettbewerbsstärkungsgesetz
IADL	instrumental activities of daily living
MDK	Medizinischer Dienst der Krankenversicherung
MDS	Medizinischer Dienst des Spitzenverbandes Bund der Krankenkassen
OECD	Organisation für wirtschaftliche Zusammenarbeit und Entwicklung
OLG-Modell	Overlapping Generations-Modell
PflEG	Gesetz zur Ergänzung der Leistungen bei häuslicher Pflege von Pflegebedürftigen mit erheblichem allgemeinem Betreuungsbedarf, Pflegeleistungs-Ergänzungsgesetz
Pflege-VG	Gesetz zur sozialen Absicherung des Risikos der Pflegebedürftigkeit, Pflegeversicherungsgesetz
PfWG	Gesetz zur strukturellen Weiterentwicklung der Pflegeversicherung, Pflege-Weiterentwicklungsgesetz
PKV	Private Krankenversicherung

PNG	Gesetz zur Neuausrichtung der Pflegeversiche-rung, Pflege-Neuausrichtungs-Gesetz
PPV	Private Pflegeversicherung
SGB	Sozialgesetzbuch
SPV	Soziale Pflegeversicherung

1 Motivation

1.1 Pflege(bedürftigkeit) in Deutschland

Die Soziale Pflegeversicherung (SPV) als sogenannte fünfte Säule der sozialen Sicherung in Deutschland stellt seit ihrem Inkrafttreten zum 1. Januar 1995 neben Kranken-, Unfall-, Renten- und Arbeitslosenversicherung das jüngste Mitglied der Sozialversicherung dar. Sie wurde ins Leben gerufen, um dem ständig steigenden Bedarf nach pflegerischer Unterstützung in Zeiten des demografischen Wandels gerecht zu werden und der wachsenden Anzahl finanziell mit den daraus erwachsenden Verpflichtungen Überforderter zu begegnen, bzw. „die soziale Absicherung von Pflegebedürftigen umfassend zu verbessern und auf eine neue Grundlage zu stellen" (BMA (1997), S. 8). In Ergänzung der bereits auf Grundlage der Verfassung der Bundesrepublik Deutschland zur gemeinschaftlichen Absicherung gegen allgemeine Lebensrisiken existierenden Bücher des Sozialgesetzbuches wurde mit dem Elften Buch (Elftes Buch Sozialgesetzbuch (1994) - SGB XI) durch das Pflege-Versicherungsgesetz (PflegeVG) eine eigenständige Pflichtversicherung gegen das Risiko der Pflegebedürftigkeit eingeführt. Mit dieser „ordnungspolitische[n] Neuorientierung" (Oberender (1986), S. 27) ging ein Zugewinn an Rechtssicherheit einher, welcher insbesondere auf der Schaffung konkreter Regelungen gegenüber der bis zu diesem Zeitpunkt existierenden „Schwerpflegebedürftigkeit" als unbestimmtem Rechtsbegriff beruhte und die pflegerische Versorgung der Bevölkerung laut § 8 Absatz 1 SGB XI zur gesamtgesellschaftlichen Aufgabe erhob.

Heute wie damals bietet die Soziale Pflegeversicherung ihren zurzeit knapp 70 Mio. Versicherten (davon mehr als 51 Mio. Mitglieder) Absicherung gegen das finanzielle Risiko einer Pflegebedürftigkeit gemäß des Teilkaskoprinzips als Gegenleistung für die nach dem Umlageverfahren erhobenen Beiträge in Höhe von bis zu 2,2 % des beitragspflichtigen Einkommens. Wenngleich als Pflichtversicherung gestartet, gehören faktisch erst seit der Einführung der Krankenversicherungspflicht in Deutschland durch das zum 01.04.2007 in Kraft getretene Gesetz zur Stärkung des Wettbewerbs in der gesetzlichen Krankenversicherung (GKV-Wettbewerbsstärkungsgesetz - GKV-WSG) alle Bürger auch der Pflegeversicherung an. Dies ergibt sich aus dem Grundsatz, dass die Pflege- der Krankenversicherung folgt, was bedeutet, dass in der Regel sowohl gesetzlich wie auch privat Versicherte über die zu ihrer Krankenversicherung gehörige Pflegekasse versichert sind und sich die Pflicht zum Abschluss einer Krankenversicherung auch im Geltungsbereich der Pflege auswirkt.

Eine generelle Voraussetzung zur Leistungsgewährung aus den Mitteln der Pflegeversicherung stellt die Feststellung einer Pflegebedürftigkeit im Sinne des SGB XI dar. Von besonderer Bedeutung im Rahmen dieser Arbeit sind die Paragraphen 14 und 15 SGB XI, wobei in § 14 SGB XI die Pflegebedürftigkeit auslösenden Verrichtungen festgelegt sind und in § 15 SGB XI die Beurteilung des Schweregrades geregelt ist. Des Weiteren gelten diese Regelungen nicht für Einschränkungen, welche lediglich kurze Zeiträume betreffen; vielmehr wird auf einen Hilfsbedarf von mindestens sechs Monaten abgestellt. Gemäß dieser Vorgaben zählen in Deutschland auf Grund einer körperlichen, geistigen oder seelischen Krankheit oder Behinderung derzeit mehr als 2,3[1] Millionen Menschen als betreuungs- oder unterstützungsbedürftig im Sinne des SGB XI (vgl. Statistisches Bundesamt (2011a), S. 5). Die Leistungsempfänger sollen in die Lage versetzt werden, ein selbstbestimmtes Leben zu führen, obwohl sie die regelmäßigen Aufgaben des täglichen Lebens nicht mehr oder nur eingeschränkt selbstständig meistern können. Auf Grund des Teilkaskocharakters ist jedoch davon auszugehen, dass den reinen Auszahlungsbetrag der Versicherung übersteigende Verpflichtungen (in der Regel monetär oder als physisch unterstützende Hilfeleistung) entstehen, welche durch den Pflegebedürftigen selbst, dessen Angehörige oder letztlich durch staatliche Unterstützung im Rahmen der Hilfe zur Pflege und somit als Teil der Sozialhilfe (§§ 61-66 SGB XII) erbracht werden müssen.

Angesichts der Prognosen, dass sich die Zahl der von Pflegebedürftigkeit Betroffenen in Deutschland bis zum Jahr 2050 auf bis zu rund 4,5 Millionen Menschen nahezu verdoppeln könnte (vgl. Statistische Ämter des Bundes und der Länder (2010), S. 30) und somit der Bedarf an Pflegeleistungen weiter stark zunimmt, wird die Notwendigkeit einer zeitnahen Reform der Sozialen Pflegeversicherung deutlicher denn je. Die diskutierten Lösungsansätze knüpfen beispielsweise an Fragen nach der Finanzierung, der Demografiefestigkeit oder auch an Qualitäts- und Leistungsgewährungsaspekte an. Wenngleich die bereits beobachtbaren und noch zu erwartenden demografischen und gesellschaftlichen Entwicklungen eine breitere Auseinandersetzung mit allen Teilbereichen der Pflege nahelegen, konzentrieren sich die Analysen mit (überwiegend)

---

1   Die Zahlen der Pflegestatistik 2009 aus dem Jahr 2011 weisen einen Stand von rund 2,34 Millionen Menschen aus. Diese Zahl wird bis zum Jahresende 2012 auf knapp 2,5 Millionen Betroffene anwachsen (vgl. Statistische Ämter des Bundes und der Länder (2010), S. 26ff.).

ökonomischem Schwerpunkt bislang oftmals auf alternative bzw. ergänzende Modelle zur Finanzierung des Systems und vernachlässigen die Leistungsseite. Vordergründig erscheint die Präferenz für finanzierungsseitige Lösungsansätze durchaus plausibel, bietet sich die Soziale Pflegeversicherung mit einem monetären Volumen von rund 21,5 Mrd. Euro pro Jahr (vgl. Statistisches Bundesamt (2012b), S. 21) als Testobjekt für größere Aufgaben (beispielsweise die Krankenversicherung) doch geradezu an. Sie kämpft mit vergleichbaren Problemen aller umlagefinanzierten Gesundheitssysteme, welche sowohl auf der Einnahmen- als auch auf der Ausgabenseite anzutreffen sind. Als Gründe für das Auseinanderklaffen von Einnahmen und Ausgaben sind insbesondere die Erosion der Einnahmebasis einerseits und ein fortwährend steigender Ausgabendruck andererseits zu nennen (vgl. Oberender und Zerth (2010), S. 115ff.). Mit der Diskussion um das Pflege-Neuausrichtungs-Gesetz (PNG) einerseits sowie im Zuge der Reformbestrebungen zur Neuordnung des Pflegebedürftigkeitsbegriffs andererseits, steht zukünftig die Betrachtung der Leistungsseite stärker im Fokus.

Es scheint sich die Erkenntnis durchzusetzen, dass finanzierungsseitig „mehr Geld in das System" zu bringen oder leistungsseitig – bei von Interessenverbänden und Wohlfahrtsorganisationen ohnehin als weitaus unzureichend kritisierten Leistungssätzen - mehr oder weniger wahllos den Rotstift anzusetzen zwar die wohl einfachsten, sicher jedoch nicht die kreativsten und nachhaltigsten Antworten auf die Frage nach der Zukunft der Pflege in Deutschland sind. Es gilt, sich den Herausforderungen einer alternden Bevölkerung auch mittel- bis langfristig zu stellen und die Zukunft durch Schaffung verlässlicher Rahmenbedingungen sowie mittels gesellschaftlich akzeptierter Anreizstrukturen zu gestalten. Dies muss zwangsläufig weit über die bisherige Praxis der Verlagerung weiterer Lasten in die Zukunft hinausgehen. Ziel sollte es sein, Lösungen zu finden, die über rein monetäre Aspekte hinausgehen und nicht einzig auf die intrinsische Motivation der Angehörigen bauen. Des Weiteren ist die Autonomie und Entscheidungsfreiheit der Betroffenen zu respektieren, in die der Staat nicht eingreifen sollte (vgl. Ulrich (2006b), S. 246 am Beispiel der privaten Entscheidung für oder gegen Kinder). Die in Betracht kommenden Anreize dürfen diese Wahl nicht verzerren, sondern sollen lediglich diejenigen, die sich zur informellen Pflege bereiterklären, unterstützen und vor, während sowie gegebenenfalls nach ihrer Pflegeleistung begleiten.

Die Notwendigkeit solcher Maßnahmen verdeutlicht der Blick auf die Prognosen zu den bevorstehenden Entwicklungen auf der Leistungsseite. Die weitgehend feststehenden Ausgabensteigerungen bis zu den Jahren 2030 oder gar 2050 weisen auf die mit einer alternden Bevölkerung einhergehenden ungelösten Probleme hin: Unter den zunehmenden altersbedingten Krankheiten sei beispielhaft auf Demenz[2], welche sich zu einer Erkrankung mit epidemischen Ausmaßen entwickeln wird, verwiesen. Bereits heute lassen sich demenzielle Erkrankungen und Depressionen als häufigste psychische Erkrankungen im höheren Lebensalter identifizieren (vgl. Copeland et al. (1999)). Es ist davon auszugehen, dass in der Gruppe der 85-Jährigen nahezu 30 Prozent von einer Alzheimer-Demenz als wichtigster Form der demenziellen Syndrome betroffen sein werden (vgl. Böhler und Pfundstein (2002), S. 37f.), ohne dass deren Versorgung und Betreuung ansatzweise gesichert erscheint, da zeitgleich (im Jahr 2050) auch jeder dritte Einwohner in Deutschland 65 Jahre und älter ist. Somit stellt sich angesichts des seit Jahrzehnten beobachtbaren Rückgangs der Pflegebereitschaft und der Pflegefähigkeit die Frage, wie bzw. von wem entweder diese Betroffenen gepflegt werden oder an welcher Stelle andere Pflegebedürftige stattdessen durch informelle Pflegeleistungen die Kapazitäten der formellen Pflege entlasten können, um so eine adäquate Versorgung aller sicherzustellen (vgl. Ulrich und Maier (2012), S. 1).

Diese und angrenzende Fragestellungen betreffen konkret die Situation in Deutschland, haben ihren Ursprung jedoch in übergeordneten Entwicklungen, die alle umlagefinanzierten Sozialversicherungssysteme der wichtigsten Industriestaaten vor große Herausforderungen[3] stellen. Vornehmlich durch den sich langsam, aber unaufhaltsam vollziehenden demografischen Wandel[4], dessen vielfältige Auswirkungen in weiten Teilen unserer Gesellschaft spürbar sind, kommt es zu einer abnehmenden Belastbarkeit familiärer Netzwerke. Diese stellen seit Generationen – und somit vor allem weit vor, aber auch nach Einführung der Pflegeversicherung – ein wichtiges Element bei der Versorgung Pflegebedürftiger dar.[5] In Zeiten, als die Großfamilie noch die am weitesten verbreitete Form

---

2   Für weitere Informationen zu Demenz bzw. zur Alzheimer-Krankheit siehe Pschyrembel (2011), S. 451 bzw. S. 67, Kuhlmann (2005), S. 15ff., Böhler und Pfundstein (2002), Weyerer (2005) sowie Zsolnay-Wildgruber (1997), S. 14-54.

3   Ein aktueller Einblick in die unterschiedlichen Reformgegenstände und –ansätze findet sich für ausgewählte europäische Länder beispielhaft unter anderem bei Le Bihan und Martin (2011) (für Frankreich), Comas-Herrera et al. (2011) (England), Santana (2011) (Portugal), Trydegård und Thorslund (2011)(Schweden), Costa Font (2011) (Spanien und Italien) sowie Schut und van den Berg (2011) (Niederlande).

4   In den sogenannten entwickelten Ländern weist der demografische Wandel hinsichtlich seiner Ursachen zum Teil sehr ähnliche, zum Teil jedoch auch differenzierte Merkmale auf, was die übergreifende Gültigkeit der identifizierten Herausforderungen jedoch nicht beeinträchtigt (vgl. Birg (2005), S. 31ff. und Véron und Pennec (2007), S.45f.).

5   Dies ist unter anderem auch auf die Zustände in den nach dem Prinzip der Kosteneffektivität ausgestalteten Einrichtungen zur Institutionalisierung Pflegebedürftiger

des Zusammenlebens ausmachte, erfüllten diese familiären Bande oft auch eine unverzichtbare soziale Funktion, zu der unter anderem die Pflege Angehöriger ganz selbstverständlich zählte (vgl. Bischoff-Wanner (2011), S. 20). Wenngleich durch die Existenz der Pflegeversicherung und einem verbesserten Zugang zu professioneller Hilfeleistung die unbedingte Notwendigkeit des persönlichen Umsorgens nicht mehr gegeben ist (vgl. Dallinger und Theobald (2008), S. 83; siehe auch Kapitel 4.2), stellt diese Form des Pflegeangebots nach wie vor eine wichtige, unverzichtbare Stütze des Systems dar. Als kostengünstigste Variante trägt die häusliche, nicht-professionelle Pflege, welche in der Regel durch Angehörige und/oder Bekannte (beispielsweise Nachbarn oder Freunde) geleistet wird, zur finanziellen Entlastung der Pflegekassen bei und hilft, das Verhältnis zwischen aufzubringendem Beitrag und Leistungshöhe zu wahren.

Akzeptiert man – wie in § 3 SGB XI festgehalten – den Vorrang der ambulanten Pflege vor der stationären Pflege und schließt zur Erreichung dieses Ziels gesetzlich verordnete Zwangsmaßnahmen aus, ist die Erreichung der Vorrangstellung durch das Setzen entsprechender Anreize sicherzustellen. Hierbei kann der Blick über die eigenen Landesgrenzen hinaus hilfreich sein, um von den in anderen Ländern (sei es mit ähnlichen oder sich zum Teil deutlich unterscheidenden Sozialversicherungssystemen) praktizierten Vorgehensweisen neue Impulse und Anregungen zur Ausgestaltung in Deutschland abzuleiten.[6] Im Rahmen dieser Arbeit liegt der Fokus auf Ansätzen zur Anreizgestaltung, die bei den Leistungsoptionen insbesondere die Bereitschaft zur informellen Pflege stärken können. Die Analyse erfolgt aus ökonomischer Perspektive, die in bisherigen (bspw. pflegewissenschaftlich oder diskursanalytisch orientierten) nationalen Arbeiten zum Themenkreis der informellen Pflege zu kurz kommt, wohingegen international vergleichende Arbeiten (zum Teil mit ökonomischem Hintergrund) auf Grund der einfacheren Handhabung oder des länderübergreifenden Anspruchs die deutsche SGB XI-Perspektive vernachlässigen bzw. nicht einnehmen (können). Mittels der beschriebenen Verknüpfung werden

---

zurückzuführen (vgl. hierzu sowie zur Entwicklung der Leitbilder der Pflege im Wandel der Zeit von Kondratowitz (2005)). Schüller (2009), S. 31-36 skizziert die Entwicklung stationärer Pflegeeinrichtungen beginnend mit dem 13. Jahrhundert.

6 Für den internationalen Vergleich werden ausnahmslos europäische Länder herangezogen (siehe Kapitel 6), wenngleich auch andere Nationen erwähnenswerte Ansätze aufweisen. Exemplarisch sei an dieser Stelle auf die Arbeiten von Feder et al. (2000) und Brown und Finkelstein (2011) für die Vereinigten Staaten, Klie und Okada (2005) und Shimada und Tagsold (2006), S. 106ff. für Japan und Kwon (2008), S. 184ff. für Südkorea verwiesen.

Verzerrungen vermieden, die sich aus einer ungenauen Abgrenzung von Pflege-bedürftigkeit und daraus folgenden Fehlinterpretationen hinsichtlich des Vorlie-gens eines Anspruchs auf Pflegeleistungen (quantitativ und qualitativ) ergeben. Der Markt für Pflegeleistungen lässt sich nicht mit dem idealtypischen Markt-verständnis mit zwei Parteien, nämlich Anbietern und Nachfragern, beschreiben, welche Waren und Dienstleistungen gemäß ihrer Präferenzen bepreisen und gege-benenfalls austauschen (vgl. Pindyck und Rubinfeld (2009), S. 32ff.). Vergleichbar dem Sachleistungsprinzip in der Gesetzlichen Krankenversicherung (vgl. Wille (1999), S. 293f.) folgt auch die SPV grundsätzlich dieser Erstattungsregelung.[7] Ne-ben den rechtlichen Bindungen, die zwischen pflegebedürftigem Leistungsemp-fänger und professionellem Leistungserbringer sowie im Versicherungsverhältnis zwischen Versicherer und Pflegebedürftigem bestehen, tritt durch das Sachleis-tungsprinzip eine weitere Rechtsbeziehung hinzu, nämlich die zwischen Leis-tungserbringer und Finanzierungs- bzw. Kostenträger (vgl. Breyer (1997), S. 60). Hieraus folgt, dass Pflegebedürftige die Leistungen nicht vorfinanzieren müssen und dennoch Einfluss auf Art und Umfang der Pflege ausüben (vgl. Eisen (1999), S. 103f.). Während gemäß § 77 SGB XI für ambulante Pflegesachleistungen wie auch im Bereich der stationären Pflege dieses Strukturelement als unabding-bare Voraussetzung zur Leistungsgewährung vorliegen muss, gilt dies nicht bei Geldleistungen. Für den Bereich der stationären Pflege wird in diesem Zusam-menhang kritisiert, dass fehlende wirtschaftliche Macht der Pflegebedürftigen zu eingeschränkter Nachfragekompetenz führt (vgl. Schüller (2009), S. 298f.). Abbil-dung 1 illustriert das Dreiecksverhältnis der Vertragspartner bei Pflegeleistungen, welche von professionellen Anbietern gegen Entgelt erbracht werden.

Abbildung 1: Dreiecksverhältnis der professionellen Pflege

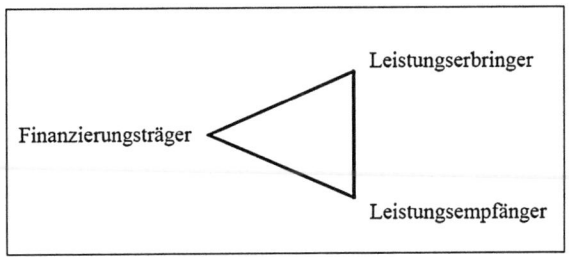

Quelle: eigene Darstellung in Anlehnung an Breyer (1997), S. 60.

---

7   Eine Ausnahme von dieser Regel sieht § 91 SGB XI vor, der in diesem Fall jedoch eine Kürzung der Leistungen um 20 % beinhaltet.

Die nach dem Geldleistungsprinzip ausgestaltete nicht-professionelle ambulante Pflege (informelle Pflege), bei der das ausbezahlte Pflegegeld in der Regel in Anerkennung der ehrenamtlich[8] erbrachten Leistung an den Pflegenden weitergereicht wird, nimmt diesbezüglich in der SPV eine Sonderstellung ein. Der Pflegebedürftige kümmert sich selbst um die Sicherstellung seiner pflegerischen Versorgung und der persönlichen, emotionalen Bindung zwischen Pflegeleistendem und –empfänger kommt oftmals eine besondere Bedeutung zu. Hieraus ergeben sich über materielle Zuwendungen und fachliche Anleitung hinausgehende Anknüpfungspunkte zur Anreizgestaltung.

Auch die aktuell diskutierte Neuordnung der Pflegeversicherung mit einem an dem Grad der Selbstständigkeit anknüpfenden neuen Pflegebedürftigkeitsbegriff sowie die daraus resultierenden Veränderungen bei der Leistungsgewährung führen zu Konsequenzen hinsichtlich der Anreizstrukturen bei der Wahl der Leistungsoptionen. Wenngleich die Wahlmöglichkeit überhaupt zu besitzen in diesem Zusammenhang von großer Bedeutung ist,[9] entfaltet beispielsweise die Festlegung der zukünftigen Stellung der ambulant erbrachten, nicht-professionellen Pflege Konsequenzen für alle Betroffenen.

1.2 Zielsetzung und Aufbau der Arbeit

Die Vielzahl der im vorangegangenen Kapitel schlaglichtartig beleuchteten und im Folgenden noch zu vertiefenden Stellschrauben und Eingriffsmöglichkeiten im Pflegesektor verdeutlicht das hohe Maß an Komplexität bei der Suche nach Antworten auf die Frage nach einer nachhaltigen Ausgestaltung der Pflegeversicherung in Deutschland. Im Rahmen dieser Arbeit haben bei der Identifikation von Anknüpfungspunkten zur Anreizgestaltung hinsichtlich der Bereitschaft zur informellen Pflege insbesondere die folgenden Fragestellungen besonderes Gewicht: Welche Faktoren determinieren Wahrscheinlichkeit und Ausmaß des Erhalts informeller Pflegeleistungen und welche Anreize, diese zu stärken, lassen sich in anderen europäischen Staaten identifizieren? Ist die Möglichkeit einer

---

8 Gemäß der Abgrenzung von van den Berg et al. muss informelle Pflege nicht kostenlos erbracht werden. Vielmehr ist es ausreichend, wenn lediglich eine unterhalb des Marktlohns liegende Vergütung geleistet wird (vgl. van den Berg et al. (2004), S. 38).

9 In der Praxis lässt sich beobachten, dass eine „echte" Wahlmöglichkeit bei der Entscheidung hinsichtlich eigener Beteiligung zur Erbringung der Pflegeleistung in bestimmten Fällen nicht oder nur eingeschränkt gegeben sein kann. Beispielhaft sei die Pflege des eigenen Partners erwähnt, bei der der Pflegende auch ohne bewusste Entscheidung pflegerische Leistungen übernimmt und ausführt.

Übertragung auf Deutschland gegeben, welche potenziellen Auswirkungen stehen zu erwarten und wie ist die Anwendung einer Maßnahme unter ökonomischen Aspekten zu bewerten? Darüber hinaus bietet die Analyse der Daten die Chance, die seit dem Jahr 2006 – dem Erhebungsjahr der im Rahmen der empirischen Analyse verwendeten SHARE-Daten (für weitere Informationen siehe Kapitel 5.3) - verabschiedeten Reformmaßnahmen einzuordnen, ihre Wirksamkeit einzuschätzen und daraus abgeleitet Handlungsempfehlungen zur zukünftigen Ausgestaltung anzuschließen.

Es wird deutlich, dass „die Pflege" kein homogenes Gut darstellt (vgl. Norton (2000), S. 958). Dementsprechend vielfältig fällt selbst bei Eingrenzung auf Publikationen mit ökonomischem Hintergrund das Forschungsspektrum in Theorie und Empirie aus. Die notwendige Abgrenzung der vorliegenden Arbeit von angrenzenden Forschungsgebieten zum Themenkomplex Pflegeversicherung vorzunehmen bedeutet, dass die folgenden Bereiche zwar tangiert werden können, sie jedoch nicht explizit im Zentrum der Betrachtungen stehen. Dies betrifft unter anderem

- Fragen der Ausgestaltung der Finanzierung sowie eventueller Alternativen und Ergänzungen,
- weite Teile der stationären Pflege (für weiterführende Informationen und Untersuchungen siehe bspw. Sowinski und Ivanova (2011)) sowie hinsichtlich der Determinanten u.a. Klein (1996) und Schulz (2012)),
- Maßnahmen zur Evaluation und Sicherung der Qualität in der Pflege (u.a. bei Johne (1996) und Bieback (2004)),
- Messung der Kosten der informellen Pflege, welche auf volkswirtschaftlicher wie auch individueller Ebene bei Unterscheidung direkter und indirekter Kosten vorgenommen werden können (siehe bspw. van den Berg et al. (2004) und Bittman et al. (2005)),
- gesellschaftliche Kosten-Nutzen-Betrachtungen (siehe bspw. Ettner (1996), Arno et al. (1999) und Carmichael und Charles (2003)),
- Auswirkungen der physischen und psychischen Belastung auf Pflegende, welchen lange Zeit zu wenig Beachtung geschenkt wurde (für Deutschland siehe u.a. Badura (1983), S. 42f. und Müller et al. (2006), im internationalen Kontext bspw. die Übersichtsarbeiten von Pinquart und Sörensen (2003) und Pinquart und Sörensen (2006a)), insbesondere in Bezug auf mögliche Belastungsfolgen bei verwandtschaftlicher Pflege demenziell Erkrankter siehe Zarit et al. (1985), Zsolnay-Wildgruber (1997), S. 62ff. sowie die dort zitierten Studien und Pinquart und Sörensen (2006b)),
- Auswirkungen auf das Arbeitsangebot und die persönliche Arbeitssituation, da Zeit, die für die Bereitstellung informeller Pflegeleistungen aufgebracht

wird, nicht für alternative Verwendungen (Arbeit respektive Freizeit) zur Verfügung steht (unter den zahlreichen, oftmals empirischen Arbeiten zu diesem Teilgebiet siehe insbesondere Ettner (1995), Chang und White-Means (1995), Carmichael und Charles (1998), Heitmüller und Michaud (2006), Herbst und Barnow (2008), Bolin et al. (2008b), Fevang et al. (2008b), Leigh (2010) und Casado-Marín et al. (2011) sowie mit explizitem Fokus auf die Situation in Deutschland Meng (2012)),

• Untersuchungen, ob formelle und informelle Pflegeleistungen komplementäre oder substitutive Güter darstellen (u.a. in van Houtven und Norton (2004), Charles und Sevak (2005) und Bolin et al. (2008a)) sowie

• Antworten auf die Frage, wer die Hauptlast bei der Bereitstellung der informellen Pflege trägt. Hierbei wird, je nach Fragestellung der Studie, zwischen den Geschlechtern (Frau oder Mann) oder nach Verwandtschaftsgrad (Kinder, Enkelkinder, Geschwister, Schwiegerkinder oder Nachbarn/Bekannte/ Sonstige) differenziert (u.a. in {Mentzakis 2009 #663} und Jansen (1999), S. 609ff.). Zu verschiedenen Aspekten der besonderen Stellung männlicher Pflegender siehe die Beiträge in Kramer und Thompson (2002)).

Die vorliegende Arbeit beschäftigt sich demnach vornehmlich mit der Frage, welche Anreize die Bereitschaft zur informellen Pflege stärken und so das System Pflege sowohl an den Präferenzen der Menschen ausrichten als auch ökonomisch stabilisieren und zukunftsfähig aufstellen können. Dies erscheint ob der Feststellung mangelhafter Anreize, bislang in Ansätzen feststeckender Maßnahmen zur Unterstützung und Beratung pflegender Angehöriger (vgl. Kolip und Lademann (2012), S. 533) und unzureichender Zieldefinition der Angebote (vgl. Kofahl et al. (2005), S. 245) dringend geboten, wobei auch die damit unterstellten quantitativen und qualitativen Unzulänglichkeiten der bisherigen Praxis im weiteren Verlauf der Arbeit in einen internationalen Kontext eingeordnet und in diesem bewertet werden.

Wenngleich der Schwerpunkt deutlich ökonomisch geprägt ist, finden sich in den folgenden Kapiteln auf Grund der Vielschichtigkeit des Themas Pflege und der großen Anzahl möglicher Anknüpfungspunkte viele Elemente anderer wissenschaftlicher Disziplinen und Forschungsgebiete wieder. Als Ausdruck der zunehmenden gesellschaftlichen Relevanz unterstreicht die in den letzten Jahren stark wachsende Anzahl an Publikationen zur informellen Pflege die prinzipielle Notwendigkeit der wissenschaftlichen Auseinandersetzung mit dieser Thematik, wobei der Beitrag der Ökonomie zur Aufarbeitung bislang (zu) gering ausfällt und die Zeit bei der Suche nach Lösungen drängt (vgl. Fernandez et al. (2011), S. 596). Diese Forschungslücke aus ökonomischer Perspektive zu beleuchten und zu verringern ist das Anliegen der vorliegenden Arbeit. Die Schnittstellen zur Forschung außerhalb des direkten ökonomischen Interesses werden lediglich in der gebotenen Kürze präsentiert, stellen jedoch einen unerlässlichen Beitrag zu einer umfassenden Darstellung im Sinne einer interdisziplinären Betrachtung dar, die dem Themenkomplex gerecht wird.

Hauptursächlich verantwortlich für das sich abzeichnende Dilemma der Pflegeversicherung ist ihre Anfälligkeit gegenüber der demografischen Entwicklung (vgl. Eekhoff (2008), S. 174f.). Die diesbezüglichen Ausführungen im sich anschließenden zweiten Kapitel konzentrieren sich zunächst auf die Darstellung der Determinanten und des resultierenden Status quo in Deutschland. Neben der Diskussion möglicher Ursachen werden auch die wichtigsten Kennziffern wie etwa der Alten- und Jugendquotient gebildet. Jedoch erweist sich bei der Abschätzung der Auswirkungen des demografischen Wandels die in der ökonomischen Betrachtung vorherrschende Fokussierung auf das Phänomen des sogenannten doppelten Alterungsprozesses hinsichtlich der Determinanten als unzureichend. Dies gilt in besonderem Maße im Bereich der informellen Pflege, welche – verglichen mit der Sozialen Pflegeversicherung im Allgemeinen – ein nochmals erhöhtes Maß an Demografieanfälligkeit aufweist. Die Gründe dafür sind im Zusammenwirken der vielen Teilbereiche der demografischen Entwicklung auf beiden Seiten der im Rahmen dieser Arbeit fokussierten informellen Pflege, also sowohl beim Leistungsempfänger als auch beim Leistenden, zu finden. Zu nennen sind insbesondere Veränderungen von Familien- und Haushaltsformen, ein gesellschaftlicher Wertewandel mit einer Abnahme der Verankerung in informellen Netzwerken und eine Zunahme der Frauenerwerbstätigkeit (vgl. Blinkert und Klie (2004), S. 29 und Dietz (2002), S. 259ff.). Die folgende Abschätzung wahrscheinlicher Szenarien zur Entwicklungen bis zum Jahr 2060, welche in weiten Teilen auf den Prognosen der 12. koordinierten Bevölkerungsvorausberechnung des Statistischen Bundesamtes beruhen, verdeutlicht die Dringlichkeit und Unabdingbarkeit einer Auseinandersetzung mit der zukünftigen Ausgestaltung der Pflege in Deutschland. Der zweite Teil des Kapitels fokussiert analog die demografischen Gegebenheiten in anderen Ländern Europas, so dass die Gemeinsamkeiten und Unterschiede zu Tage treten und mögliche Anknüpfungspunkte aus deutscher Perspektive identifiziert werden können.

Die beschriebenen Entwicklungen führen dazu, dass ohne politisches Gegensteuern durch entsprechende Anreizsetzung die Bereitschaft, informelle Pflegeleistungen anzubieten, in den kommenden Jahren und Jahrzehnten stark negativ beeinflusst wird. Dies ist zum einen aus Gründen der Finanzierbarkeit der Pflegeversicherung in hohem Maße bedenklich. Zum anderen steht

10

eine Entfamiliarisierung der Pflege diametral dem bei weitem überwiegenden Wunsch sowohl der Pflegebedürftigen als auch der Angehörigen entgegen, wie Kapitel 3 verdeutlicht. Es werden zunächst die Grundcharakteristika der deutschen Pflegeversicherung herausgearbeitet, wobei Kapitel 3.1 der begrifflichen Abgrenzung und der Verdeutlichung der Dimension des Versorgungsbedarfs mit pflegerischen Leistungen in der Bevölkerung dient. Im Anschluss folgen zum einen die Kriterien, anhand derer unter anderem der Medizinische Dienst der Krankenversicherung ermittelt, wer gemäß den Vorgaben als pflegebedürftig einzustufen ist. Zum anderen wird das Verhältnis von Privater und Sozialer Pflegepflichtversicherung zueinander näher beleuchtet und die Versichertenstruktur sowie der korrespondierende Leistungsumfang der Privaten Pflegeversicherung erörtert. Für den im deutschen System weitaus bedeutenderen Bereich der Sozialen Pflegeversicherung schließt sich in Kapitel 3.4 eine entsprechende, allerdings, gemäß seiner Relevanz, ungleich umfangreichere und detailliertere Darstellung einschließlich historischer Entwicklung und Ausblick auf die zu bewältigenden Herausforderungen an.

Die Einbindung der beschriebenen Verhältnisse in die ökonomische Theorie erfolgt in Kapitel 4. Hierzu werden zunächst verschiedene Möglichkeiten der Systematisierung unterschiedlicher Systeme zur Absicherung des Pflegerisikos aufgezeigt und das Konzept der Einordnung nach Wohlfahrtsstaaten sowohl eingehender beschrieben als auch kritisch hinterfragt. Zur Modellierung der Pflegeentscheidung in der Familie findet eine Adaption des familienökonomischen Modells nach Becker Verwendung. Es zeichnet sich dadurch aus, dass es sowohl in der internationalen Literatur fest verankert ist als auch die nötige Flexibilität für Anpassungen an spezielle deutsche Ausprägungen mit sich bringt.

Im sich anschließenden fünften Kapitel wird der Brückenschlag zur Empirie vollzogen. Zunächst auf Deutschland konzentriert, werden am Beispiel des demenziellen Syndroms die Determinanten des Eintritts von Pflegebedürftigkeit erläutert und Prävalenz- wie auch Inzidenzraten aufgeschlüsselt. Die u.a. auf diesen Werten basierende Projektion des Pflegebedarfs veranschaulicht die Notwendigkeit, dringend Maßnahmen zur Stützung der Bereitschaft zur informellen Pflege zu ergreifen. Dies gilt vor allem, da eine ausreichende pflegerische Versorgung durch professionelle Fachkräfte angesichts der hohen Anzahl Betroffener derzeit nicht gewährleistet scheint. Den Ausgangspunkt der ökonometrischen Analyse bildet der SHARE-Datensatz, welcher sich in der neueren Literatur zu international vergleichenden Fragestellungen der Pflege großer Beliebtheit erfreut. Für eine adäquate Anwendung aus deutscher Perspektive wird auf Grundlage des Barthel Index zunächst mit dem carelevel-Index eine auf die im Datensatz verfügbaren Variablen ausgelegte Abgrenzung von

Pflegebedürftigkeit entwickelt, die Verzerrungen auf Grund einer fehlerhaften Pflegebedürftigkeitsdefinition vermeidet und eine Abstufung nach Pflegestufen erlaubt.

Mit Hilfe dieses neu konstruierten Index ist es möglich, in Kapitel 6 die aufstellten Hypothesen über die verschiedenen europäischen Pflegeregime hinweg zu testen und die gewonnenen Erkenntnisse zu diskutieren. Hieraus ergibt sich die Notwendigkeit einer länderspezifischen Betrachtung der dort jeweils implementierten Einzelmaßnahmen, welche in Kapitel 6.3 nach einer kurzen, einführenden Skizzierung der Absicherung des Pflegerisikos im System der sozialen Sicherung des jeweiligen Landes für Frankreich, Belgien und Österreich vorgenommen wird.

Das siebte Kapitel dient der Einordnung der Ergebnisse des internationalen Vergleichs sowie der Übertragung auf Deutschland. Hierbei steht neben dem Umstand, pflegerisch sinnvolle Leistungen und Ergänzungen des Spektrums der Pflegeversicherung zu identifizieren insbesondere deren ökonomische Bewertung im Vordergrund. Mit ihr soll sichergestellt werden, dass weder unverhältnismäßig teure, aber nur marginale Verbesserungen mit sich bringende Leistungskomponenten noch Ansätze, die das zur Verfügung stehende Beitragsaufkommen der Pflegeversicherung insgesamt über Gebühr beanspruchen, dem sinnvollen Einsatz knapper Ressourcen zuwider laufend beurteilt werden. Ein Fazit mit Ausblick auf die Zukunft der informellen Pflege sowie deren Stellung in Deutschland beschließt die Arbeit.

2 Demografie

2.1 Demografische Entwicklung in Deutschland

2.1.1 Status quo

Die Ausgestaltung der Gesetzlichen Rentenversicherung nach dem Umlage-verfahren und somit auf Grundlage des Generationenvertrags rechtfertigte der damalige Bundeskanzler Konrad Adenauer im Jahr 1957 mit dem Ausspruch „Kinder kriegen die Leute immer". Diese wichtige Voraussetzung für das Funktionieren des Generationenvertrags – und somit auch des Umlageverfahrens - ist in Zeiten des demografischen Wandels kritisch zu hinterfragen. Der Generationenvertrag, der im Laufe der vergangenen beiden Jahrhunderte ständigem Wandel unterlag (vgl. Hardach (2006)), sichert als fiktive und nicht einklagbare Verpflichtung zukünftiger Generationen die Ansprüche der Einzahlenden im Vertrauen, in der eigenen post-aktiven Phase von diesem System zu profitieren. Die schematische Skizze in Abbildung 2 verdeutlicht die Funktionsweise des auf einen Entwurf[10] von Schreiber zurückgehenden Umlageverfahrens der Gesetzlichen Rentenversicherung, die sich auf Grund des zeitlichen Auseinanderfallens von Einzahlung und Inanspruchnahme des Leistungsversprechens[11] auf die Soziale Pflegeversicherung übertragen lässt (vgl. Kasperbauer und Engel (2009), S. 227). Theoretische Grundlage bildet das Modell sich überlappender Generationen (Overlapping Generations- bzw. OLG-Modell), bei dem die Lebenszeit der Individuen sich in Erwerbs- und somit Einzahlungsphase einerseits und die anschließende Phase des Leistungsbezugs andererseits aufteilt.[12] Neben

---

10   Schreiber (2004) beschreibt die Entwicklung der „klassischen" deutschen Sozialver-sicherung, kritisiert diese und stellt im Anschluss einen Reformvorschlag zur Ren-tenversicherung vor. Dabei stützt er seine Argumentation unter anderem auf die sogenannte Mackenroth-These, nach der die Sozialausgaben einer Volkswirtschaft vollständig aus dem laufenden Volkseinkommen zu bestreiten sind (vgl. Mackenroth (1952); für eine Diskussion der Mackenroth-These siehe Homburg (1988), S. 66ff.)

11   Für eine detaillierte Übersicht alters- und geschlechtsspezifischer Beitrags- und Leis-tungsprofile siehe Häcker und Raffelhüschen (2008), S. 15ff.

12   Während im Rahmen der Gesetzlichen Rentenversicherung die aktive und die post-aktive Phase des Erwerbslebens angesprochen sind, betrifft dies im Fall der Sozialen Pflegeversicherung das Leben ohne bzw. mit festgestellter Pflegebedürftigkeit.

der Skizzierung der Funktionsweise des Umlageverfahrens (die Einzahlungen der aktiven Generation werden für die Leistungsempfänger derselben Periode t verausgabt $[Z_t]$) wird das alternative Kapitaldeckungsverfahren (die Einzahlungen der aktiven Generation werden angespart und kommen in $t+1$ dieser Generation als Leistungsempfänger zugute $[S_t]$) gegenübergestellt (vgl. Breyer und Buchholz (2009), S. 121f.).

Abbildung 2: Umlage- und Kapitaldeckungsverfahren im Vergleich

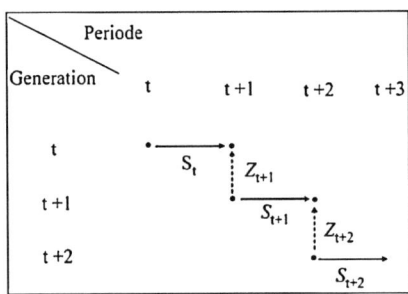

Quelle: Breyer und Buchholz (2009), S. 123.

Das Umlageverfahren ist stark davon abhängig, dass die einzahlenden Kohorten die Ansprüche der Leistungsbezieher auch befriedigen können. Der formale Zusammenhang $Z_{t+1} = N_{t+1} * b_{t+1} * w_{t+1} * \overline{l}$ (vgl. Breyer und Buchholz (2009), S. 121f.) vereinfacht sich zu

$$Z = N * b * w * \overline{l} \tag{1}$$

mit

Z	Leistungsausgaben
N	arbeitende Bevölkerung
b	bruttolohnbezogener Pflegeversicherungsbeitragssatz
w	Lohnsatz
$\overline{l}$	Arbeitszeit (konstant)

und beschreibt die Einfluss nehmenden Faktoren und Stellschrauben. Es wird deutlich, dass eine signifikant kleiner werdende Anzahl Einzahlender ein vergleichbares Leistungsvolumen nur durch starkes Lohnwachstum oder eine drastische Beitragssatzerhöhung leisten kann. Andererseits ergibt sich bei gleichbleibenden Faktoren auf der rechten Seite der Gleichung die Konsequenz einer sinkenden Leistungshöhe pro Anspruchsberechtigtem. Eine der wichtigsten Bestimmungsgrößen der Veränderung stellt folglich das Ausmaß des demografischen Wandels dar, der im Folgenden näher beschrieben und hinsichtlich seiner Ausprägungen sowie deren Auswirkungen auf die Pflegeversicherung in Deutschland analysiert wird.

Untersuchungsgegenstand der Bevölkerungswissenschaft bzw. Demografie ist die Erforschung der menschlichen Bevölkerung nach ihrer Größe und ihrer Struktur sowie ihre Veränderung (Dynamik). Die Determinanten dieser Stromgröße sind Fertilität, Mortalität und Wanderungen; die Bestandsgröße „Bevölkerung" spiegelt darüber hinaus auch ein Trägheitsmoment früherer Bevölkerungsdynamik (siehe beispielhaft den Artikel von Keyfitz (1971)) wider. Dieser Umstand führt dazu, dass die Auswirkungen aktueller Entwicklungen ihren Niederschlag zum Teil erst weit in der Zukunft erfahren, sie in ihrer Struktur aber bereits heute determiniert sind. Für Deutschland und andere Länder mit anhaltend geringer Fertilität führt dies zu einem allmählich zunehmenden Geburtendefizit, wie auch die Grundgleichung der Bevölkerungsdynamik verdeutlicht (vgl. Ulrich (2012), S. 329f.):

$$P_{t+1} = P_t + B_{(t,t+1)} - D_{(t,t+1)} + I_{(t,t+1)} - E_{(t,t+1)} \tag{2}$$

mit

P_t Bevölkerung zum Ausgangszeitpunkt
B Geburten
D Sterbefälle
I Zuzüge
E Fortzüge

Es zeigt sich, dass sich die Größe einer Bevölkerung aus der Bevölkerungszahl der Vorperiode, korrigiert um die Geburten- (Saldo aus Geburten und Sterbefällen) und die Wanderungsbilanz (Saldo aus Zu- und Fortzügen) der aktuellen Periode, bestimmt. Der Ausdruck des demografischen Wandels, welcher per se weder positiv noch negativ besetzt ist, beschreibt die resultierenden Veränderungen in der Alterszusammensetzung einer Gesellschaft. Wenngleich strenggenommen in seiner Richtung unbestimmt, konzentrieren sich Betrachtungen zu diesem Thema in den letzten Jahrzehnten auf einen Anstieg des gesellschaftlichen Durchschnitts- bzw. Medianalters (vgl. Pack (2000), S. 8). Obschon die Ergebnisse beider Messmethoden hinsichtlich des Ausmaßes voneinander abweichen, stimmen sie im Trend doch überein. Die Entwicklung des Medianalters in den vergangenen 50 Jahren wird in Abbildung 3 deutlich, in der ausgehend von einem Medianalter von 34,8 Jahren im Jahr 1960 nach einem seit den siebziger Jahren kontinuierlich verlaufendem Anstieg und einer Zunahme von nahezu 10 Lebensjahren ein Wert von 44,2 Jahren im Jahr 2010 erreicht wird.

Der vorläufige Wert für das Jahr 2011 liegt bei 44,6 Jahren. Verglichen mit der Entwicklung in den 27 Mitgliedsstaaten der Europäischen Union stellt dieser Anstieg keine Ausnahme dar. Wurde im Mittel über alle 27 Staaten im Zeitraum 1985 – 2010 eine Entwicklung von 34,1 Jahren zu 40,9 Jahren und somit ein Zuwachs von 6,8 Jahren realisiert, so entspricht dies exakt dem beobachteten Anstieg für Westdeutschland[13] – wenngleich sich dieser auf höherem Niveau vollzog (vgl. eurostat (2012)). Differenziert nach Geschlechtern ergibt sich für das Jahr 2010 für Männer ein Medianalter von 43,5 Jahren (Durchschnittsalter: 42,3 Jahre), das der Frauen liegt bei 45,7 Jahren (Durchschnittsalter: 45,0 Jahre). Die abweichende Differenz zum Durchschnittsalter erklärt sich aus der unterschiedlichen geschlechtsspezifischen Kohortenstärke (vgl. Bundesinstitut für Bevölkerungsforschung (2012)).

Abbildung 3: Entwicklung des Medianalters in Deutschland[14] (1960 – 2010)

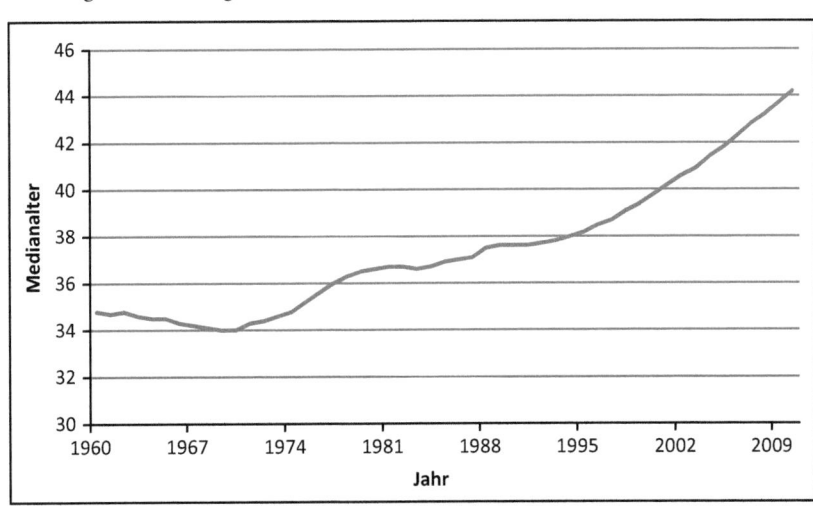

Quelle: eigene Darstellung mit Daten von eurostat (2012).

---

13 Die Zunahme des Medianalters für Gesamtdeutschland beträgt im angegebenen Zeitraum 7,3 Jahre.
14 Sofern nicht anders ausgewiesen, gilt für alle Abbildungen und Tabellen dieses Kapitels: Bis einschließlich 1990 für das Gebiet der Bundesrepublik Deutschland und der Deutschen Demokratischen Republik, ab 1991 für das gesamte Bundesgebiet.

Die Entwicklung des Medianalters deutet auf Veränderungen in der Größe und der Struktur der Bevölkerung hin, welche sich aus den Salden von Geburten- und Sterberate einerseits und Zu- und Abwanderung andererseits bemessen (vgl. Ulrich (2006b), S. 241f.). Im Folgenden werden die aktuellen Ausprägungen dieser Faktoren sowie deren Entwicklung in den vergangenen Jahrzehnten dargestellt. So wurden bspw. für das Jahr 2010 in Deutschland 677.947 Lebendgeburten registriert, was einer zusammengefassten Geburtenziffer von weniger als 1,4 Kindern je Frau im Alter von 15 bis 49 Jahren entspricht. Die Zahlen für die in Abbildung 4 dargestellten Geburtenziffern der letzten zwei Jahrzehnte verdeutlichen die Stabilität dieser Entwicklung. Einzig das Geburtentief in den neuen Bundesländern in den Jahren direkt nach der deutschen Wiedervereinigung mit anschließender Angleichung des Geburtenniveaus markiert einen Einschnitt. Wennhleich sich die durchschnittliche Kinderzahl im Osten und im Westen Deutschlands auf vergleichbarem Niveau bewegt, gründet sie doch auf abweichenden Fertilitätsmustern: Während der Trend zum Einzelkind die ostdeutsche Geburtenziffer prägt, zeichnet sich in Westdeutschland eine hohe generelle Kinderlosigkeit verantwortlich (vgl. Statistisches Bundesamt (2012a), S. 26f.).

Abbildung 4: Zusammengefasste Geburtenziffer in Deutschland (1990 - 2010)

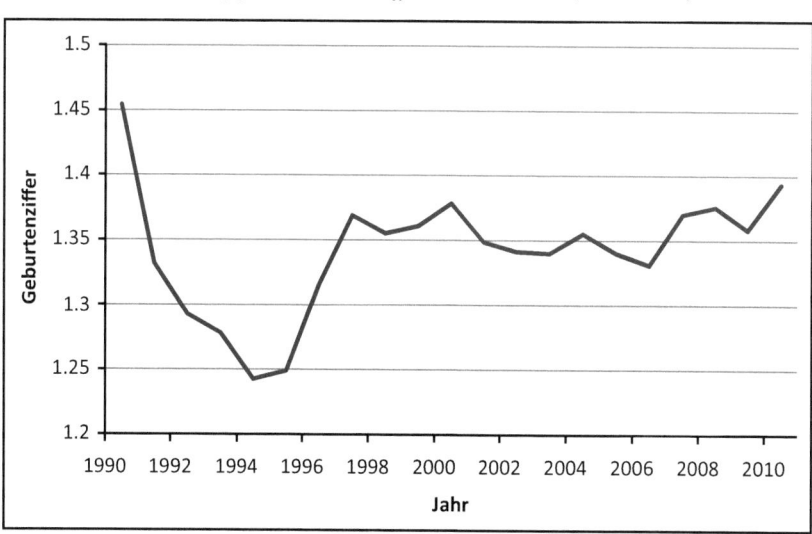

Quelle: eigene Darstellung mit Daten von destatis (2012).

Der langfristige Trend stark rückläufiger Geburtenzahlen seit dem Nachkriegsrekordjahr 1964 (1.357.304 Lebendgeburten) wird deutlich anhand der in Abbildung 5 skizzierten Abnahme der Anzahl der Geburten je 1.000 Einwohner im betreffenden Jahr. Als Gründe hierfür werden unter anderem der sogenannte Pillenknick und ein gesellschaftlicher Wertewandel in zahllosen Veröffentlichungen angeführt[15], was jedoch bei Betrachtung der in Deutschland, mit Ausnahme kurzer Phasen nach den beiden Weltkriegen und der Weltwirtschaftskrise, schon seit den sechziger Jahren des 19. Jahrhunderts rückläufigen Geburtenrate anzuzweifeln ist. Insbesondere der Pillenknick ist somit weniger als Auslöser, sondern vielmehr als ein stabilisierender Faktor eines niedrigen Geburtenniveaus zu sehen. Bemerkenswerterweise wurde die bestandserhaltende Zahl von gut 2,1 Kindern pro Frau bereits weit vor Einsetzen des häufig auf die sechziger und siebziger Jahres des 20. Jahrhunderts datierten Wertewandels von der Frauengeneration des Jahrgangs 1905 unterschritten (vgl. Birg (2004), S. 77). Als alternativer Erklärungsansatz sollte laut Birg in Erwägung gezogen werden, dass es sich - gemäß einer sich selbst erfüllenden Prophezeiung – um „[...]das ungeplante, ungewollte und unvermeidliche Ergebnis des sozio-ökonomischen Entwicklungsprozesses[...]" (Birg (2004), S. 77) handelt. Das bedeutet, dass ein in seiner Entwicklung fortschreitendes Land mit dem Auf- und Ausbau kollektiv finanzierter wohlfahrtsstaatlicher Einrichtungen (wie beispielsweise der Pflegeversicherung) umso empfindlicher von den Folgen dieser biographischen Entscheidung in Form abnehmender Geburtenraten getroffen wird, je größer individueller Wohlstand und kollektive Wohlfahrt sind (vgl. Birg (2004), S. 72ff.). Eine wissenschaftlich zweifelsfreie Kausalität hinsichtlich der Determinanten der beobachteten demografischen Entwicklung zu identifizieren, scheint auf Grund der zeitlichen Divergenz von Ursache und Wirkung nahezu unmöglich. Als isoliert betrachtete, langfristige Folge hingegen stellt sich ein Bevölkerungsrückgang ein, da eine derartige Fertilitätsrate zu einer um ein Drittel kleineren Kindergeneration verglichen mit der Elterngeneration führt (vgl. Kröhnert et al. (2007), S. 7).

---

15 Unter den zahlreichen, oftmals empirischen Analysen der Gründe sei beispielhaft auf die Arbeiten von Kontula (2008) und Höhn et al. (2007) sowie zu den Ursachen der Veränderungen im Rollenverständnis von Mann und Frau auf Rump (2009), S. 21ff. und zur rechtlichen Stellung und Familienpolitik in Europa auf Hantrais und Letablier (1996) verwiesen.

Abbildung 5: Geburten je 1.000 Einwohner in Deutschland (1960 - 2010)

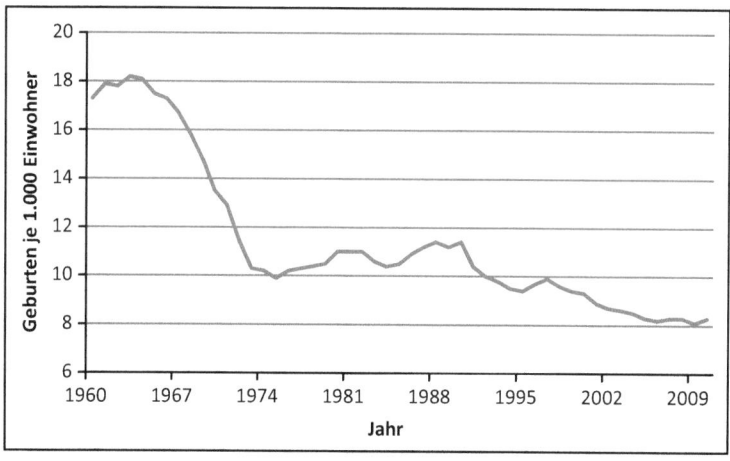

Quelle: eigene Darstellung mit Daten von destatis (2012).

Den zweiten Einfluss nehmenden Faktor auf das Medianalter stellen die Sterbefälle dar. Die in Abbildung 6 abgebildeten absoluten Zahlen weisen für Deutschland im Zeitablauf eine nur geringe Varianz auf und schwanken um 900.000. Die Anzahl der im Jahr 2010 Verstorbenen beispielsweise entspricht recht genau dem langjährigen Mittel seit 1990 (858.768 zu 859.267). Verglichen mit dem deutlichen Rückgang der Geburten in Abbildung 5 hingegen deutet die Grafik der Verhältniszahlen der sogenannten rohen Sterberate in Abbildung 7 den nur leicht rückläufigen langfristigen Trend bei den Verstorbenen je 1.000 Einwohner und Jahr an. Erweitert man den Betrachtungshorizont, so wird deutlich, dass der Rückgang der Sterblichkeit auf das heutige Niveau sich als ein langer und sich kontinuierlich vollziehender Prozess darstellt. Ausgehend von der Abnahme der Säuglings-, Kinder- und Müttersterblichkeit zum Ende des 19. Jahrhunderts als erstem einschneidenden Rückgang sorgte in der Folge eine Vielzahl unterschiedlicher Faktoren wie bspw. Verbesserungen der Hygiene- und Wohnbedingungen, der Ernährungsgewohnheiten oder Fortschritte in der medizinischen Versorgung für eine weitere Verringerung. Im 20. Jahrhundert wiederum prägten vor allem externe Mortalitätseinflüsse wie Kriege, Naturkatastrophen oder Krankheitsepidemien die Entwicklung der Sterblichkeit, wohingegen sich der zweite, entscheidende Rückgang der Sterblichkeit seit Mitte des 20. Jahrhunderts vor allem in den höheren Altersgruppen manifestiert.

Abbildung 6: Anzahl der Sterbefälle in Deutschland (1960 - 2010)

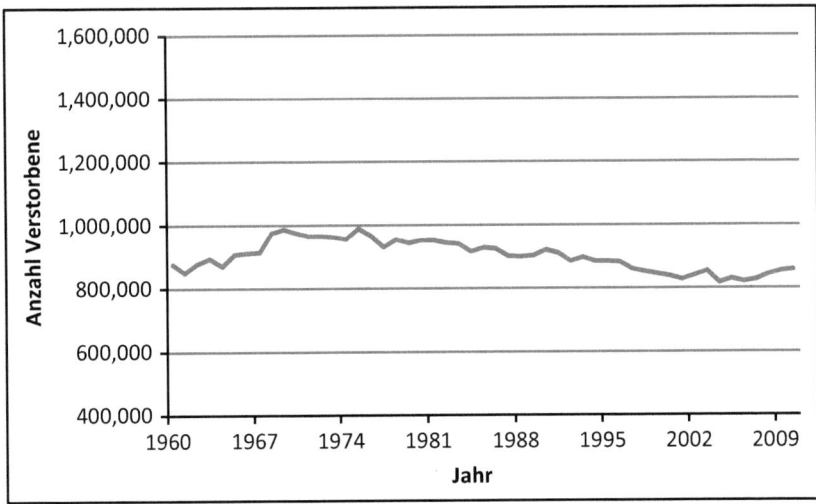

Quelle: eigene Darstellung mit Daten von destatis (2012).

Abbildung 7: Verstorbene je 1.000 Einwohner in Deutschland (1960 - 2010)

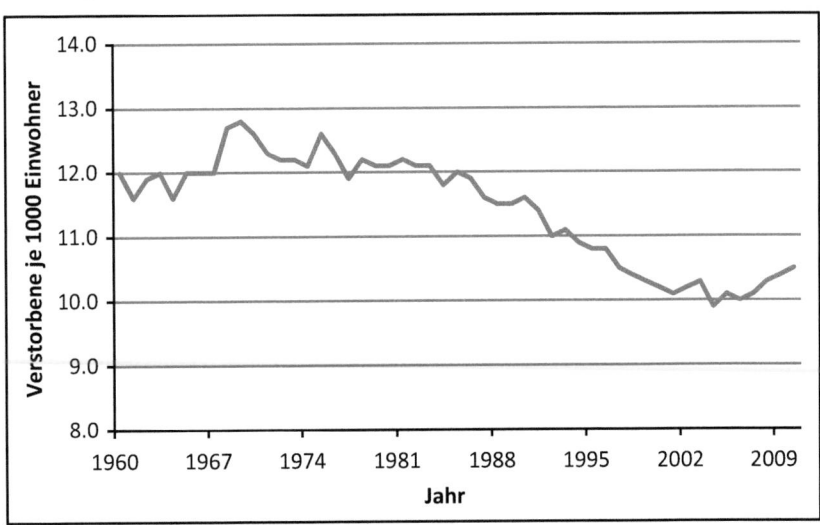

Quelle: eigene Darstellung mit Daten von destatis (2012).

Die oben beschriebenen Verläufe der Geburts- und Sterbezahlen erklären in weiten Teilen den deutlichen Anstieg des Medianalters in Deutschland in den vergangenen 50 Jahren. Bis Anfang der siebziger Jahre des 20. Jahrhunderts herrscht in Deutschland Geburtenüberschuss; in Folge der absinkenden und fortan mehr oder weniger konstant niedrigen Geburtenrate in Kombination mit der nur leicht rückläufigen Sterberate kommt es neben der Erhöhung des Medianalters auch zu einem Schrumpfen der Gesellschaft. Die Kurve in Abbildung 8 dokumentiert das Ausmaß des auf der natürlichen Bevölkerungsbilanz (Saldo aus Geburten und Sterbefällen) beruhenden Rückgangs der Einwohnerzahl in Deutschland, welches im Jahr 1975 mit einem Minus von 207.339 Personen den Höhepunkt erreicht, aber auch in jüngerer Vergangenheit dieser Marke nahe kommt.

Abbildung 8: Natürliche Bevölkerungsbilanz in Deutschland (1960 - 2010)

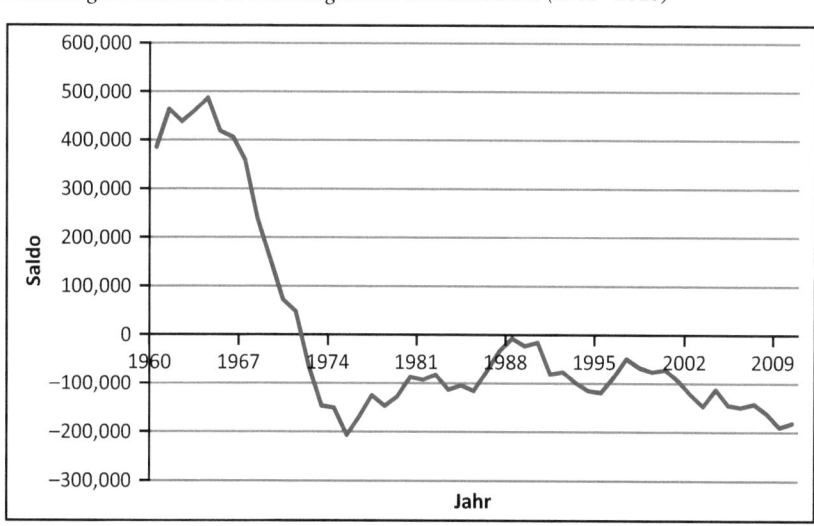

Quelle: eigene Darstellung mit Daten von destatis (2012).

Neben der demografischen Alterung prägt laut Abschlussbericht der Enquete-kommission „Demographischer Wandel" aus dem Jahr 2002 insbesondere der Wanderungssaldo die demografische Entwicklung in Deutschland (vgl. Deutscher Bundestag (2002), S. 15). Vornehmlich gemeint ist damit der Saldo der Außenwanderung, also die Grenzen der Bundesrepublik Deutschland überschreitende Zu- und Fortzüge. Diese Größe wird in den Abbildung 9 und Abbildung 10 beschrieben.

Abbildung 9: Zuzüge nach und Fortzüge aus Deutschland (1960 - 2010)[16]

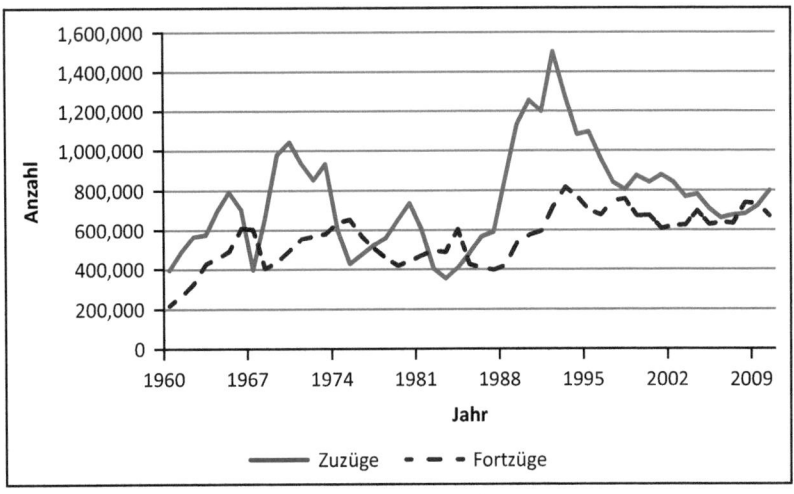

Quelle: eigene Darstellung mit Daten von destatis (2012).

Bei Betrachtung der Entwicklung der Zuzüge nach Deutschland fällt im Zeitablauf eine deutlich höhere Volatilität verglichen mit der Anzahl der Fortzüge auf. Während letztgenannte zwar ebenfalls größeren Schwankungen unterliegt, weist die Migrationskurve hohe Ausschläge auf. Die Unterschiede liegen in der mutmaßlich divergierenden Motivation, welche sich in aller Regel auf das Herkunftsland bezieht, beider Gruppen begründet: Während für Personen, die Deutschland den Rücken kehren, in erster Linie demnach die Situation und Rahmenbedingungen hierzulande eine Rolle spielen, trifft dies im umgekehrten Fall auf das jeweilige Herkunftsland gleichermaßen zu. Erst in zweiter Linie werden dann die Faktoren im angestrebten Destinationsland einbezogen. Auf Grund der relativen Stabilität im Inland ist der Trend der Fortzüge somit vergleichsweise gut kalkulierbar, wohingegen für Zuzüge neben der Attraktivität Deutschlands als Zielland auch die Entwicklungen im Heimatland potenzieller Migranten relevant sind.

Der resultierende Wanderungssaldo in Abbildung 10 spiegelt dies wider. Ebenfalls wird deutlich, dass mit Ausnahme von neun Jahren, in denen

---

16 Erfasst sind bis einschließlich des Jahres 1990 ausschließlich die Werte für das Gebiet der Bundesrepublik Deutschland. Darüber hinaus bis 1990 exklusive Personen mit Herkunfts- oder Zielgebiet „ungeklärt" und „ohne Angabe", ab 1991 einschließlich Personen mit Herkunfts- oder Zielgebiet „ungeklärt" und „ohne Angabe".

ein - verhältnismäßig geringer – negativer Wanderungssaldo realisiert wurde,
Deutschland ein Einwanderungsland ist. Dies veranschaulicht der Überschuss
der Zu- über die Fortzüge in Höhe von rund zehn Millionen Menschen im betrachteten Zeitraum.

Abbildung 10: Wanderungssaldo Deutschland (1960 - 2010)[17]

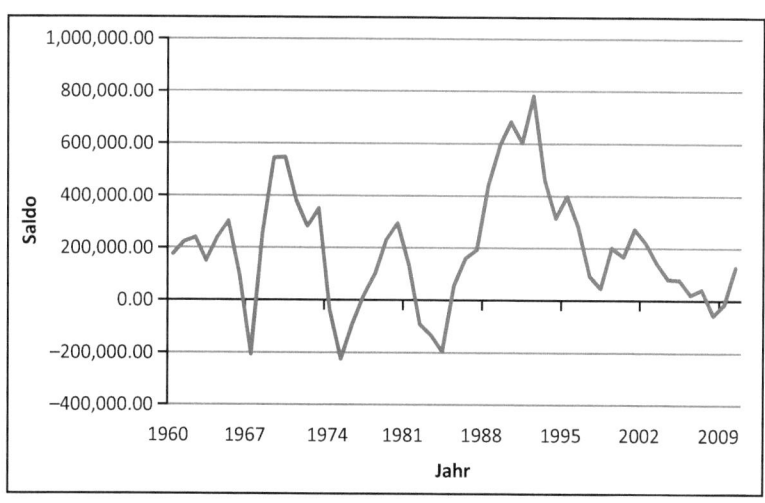

Quelle: eigene Darstellung mit Daten von destatis (2012).

Für das Jahr 2010 teilen sich die 798.282 Zuzüge und 670.605 Fortzüge sal-
diert nach Altersgruppen wie Abbildung 11 zeigt, auf. Es wird deutlich, dass
in den Kategorien der unter 55-Jährigen ausschließlich positive, und im Bereich über 55 Jahren durchweg negative Wanderungssalden zu verzeichnen
sind. Die umfangreichsten Zuwächse sind bei den 20 - 25-Jährigen, bzw. weiter gefasst im Alter von 15 bis 35 Jahren, auszumachen, während der Saldo
der Abwanderungen mit Eintritt in das Rentenalter kulminiert und danach
wieder abflacht.

Im Kontext der informellen Pflege im Allgemeinen und des informellen Pflegepotenzials im Speziellen dürfen aber auch die Effekte der insbesondere seit der

---

17 Erfasst sind bis einschließlich des Jahres 1990 ausschließlich die Werte für das Gebiet
    der Bundesrepublik Deutschland. Darüber hinaus bis 1990 exklusive Personen mit
    Herkunfts- oder Zielgebiet „ungeklärt" und „ohne Angabe", ab 1991 einschließlich
    Personen mit Herkunfts- oder Zielgebiet „ungeklärt" und „ohne Angabe".

Wiedervereinigung zu verzeichnenden starken Binnenwanderungen nicht vernachlässigt werden, da sie die räumliche Distanz zwischen Familienmitgliedern tendenziell erhöhen (vgl. Bogedan et al. (2008), S. 15f.). Um das Ausmaß der individuellen Mobilität, ausgedrückt in der durchschnittlichen Distanz zwischen altem und neuem Wohnort, besser zu quantifizieren, bietet sich folgende grobe Unterscheidung an:

- Umzug innerhalb einer Gemeinde;
- Umzug in eine andere Gemeinde des selben Bundeslandes;
- Umzug in eine andere Gemeinde eines anderen Bundeslandes.

Abbildung 11: Wanderungssaldo Deutschland nach Alterskategorien in 2010

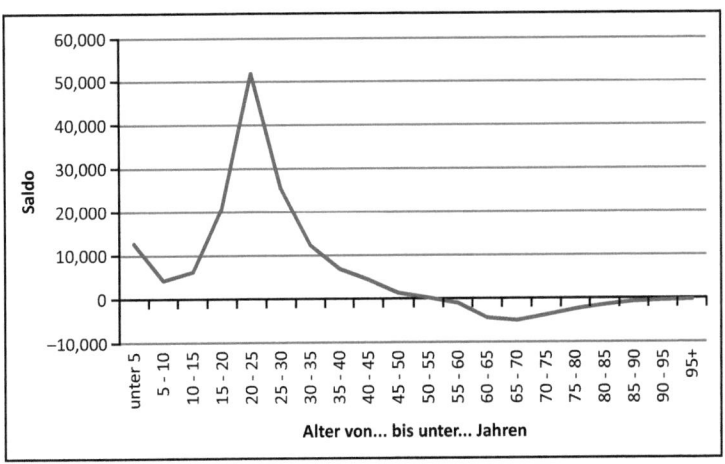

Quelle: eigene Darstellung mit Daten von destatis (2012).

Während Wanderungen der ersten Kategorie mangels Bedeutung für diese Arbeit nicht näher betrachtet werden, dürfen die Wanderungsbewegungen der zweiten und dritten Kategorie nicht außer Acht gelassen werden und weisen große regionale Unterschiede auf Bundesland- oder gar Kreisebene auf (vgl. Sommer (2005), auf Basis der 10. koordinierten Bevölkerungsvorausberechnung).[18] Wie in Abbildung 12 deutlich wird, nehmen die beiden Kurven für Umzüge innerhalb eines Bundeslandes wie auch für Umzüge über Bundeslandgrenzen hinweg einen ähnlichen Verlauf. Nach einer Plateauphase bis Mitte der 70er Jahre nahm die Umzugstätigkeit zunächst stark

---

18 Für weitere Ausführungen zum Thema regionale demografische Unterschiede, seine Bestimmungsfaktoren und seine Auswirkungen siehe Kröhnert et al. (2007) sowie Gans und Schmitz-Veltin (2006), hierin insbesondere Schlömer (2006).

ab. Betrachtet man die absoluten Zahlen, wurde dieser Rückgang ab Ende der 80er Jahre des vorigen Jahrhunderts bis Mitte der 1990er Jahre kompensiert und im Falle der Wanderungen innerhalb eines Bundeslandes sogar überkompensiert. Während die Zahl der letztgenannten Umzüge seitdem wieder abnimmt, verharrt die Zahl der Wanderungen zwischen den Bundesländern auf dem erreichten Niveau. Berücksichtigt man den wiedervereinigungsbedingten Sondereffekt, ist die Gesamtzahl der Umzüge beider Kategorien zusammen klar rückläufig. Waren im Jahr 1965 noch rund 3,6 Millionen Umzüge zu verzeichnen, nahm diese Zahl bis zur Wiedervereinigung auf unter drei Millionen Bewegungen ab und auch die Zahl für Gesamtdeutschland liegt im Jahr 2010 knapp unter dem Ausgangswert aus dem Jahr 1965.

Abbildung 12: Wanderungen innerhalb Deutschlands (1965 - 2010)[19]

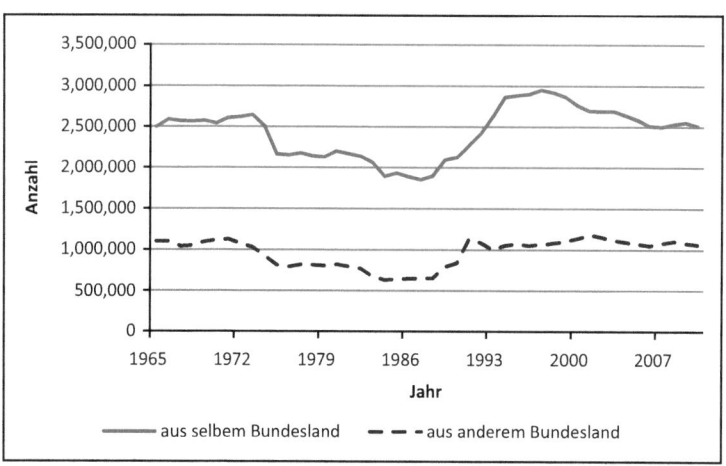

Quelle: eigene Darstellung mit Daten von destatis (2012).

Die bisherigen Betrachtungen legen nahe, dass das sich aus der Summe der betrachteten, teils gegenläufigen, Effekte ergebende Wachstum der Bevölkerung Deutschlands bis zum Jahr 2002 (siehe auch Abbildung 13) auf Grund der seit 1972 negativen natürlichen Bevölkerungsbilanz allein auf dem im ausklingenden 20. Jahrhundert positiven Migrationssaldo beruht (vgl. Ulrich und Schmähl (2001), S. 9ff. und Kontula und Söderling (2008), S. 6). Die bestehende Lücke zum bestandserhaltenden Niveau kann langfristig auch durch die im letzten Viertel

---

19   Erfasst sind bis einschließlich des Jahres 1990 ausschließlich die Werte für das Gebiet der Bundesrepublik Deutschland.

des vergangenen Jahrhunderts zunächst ansteigende Migrationsrate (vgl. Philipov und Schuster (2010), S. 29) aber nicht geschlossen werden, zumal dieser Wanderungsgewinn seit dem Jahr 2003 eine rückläufige Tendenz aufweist. Darüber hinaus reicht auch zukünftig die maximale in den Vorausberechnungen unterstellte Nettozuwanderung von bis zu 9,4 Millionen Menschen bis zum Jahr 2060 (vgl. Statistisches Bundesamt (2009)) zur Überkompensation nicht aus, da dies mehr als 350.000 Nettozuzüge pro Jahr bedingen würde (vgl. SVR (2011), S. 37). Vielmehr konstatiert Sinn, dass Zuwanderung unter gewissen Umständen auf Grund der vielfältigen Verflechtungen der Systeme der sozialen Sicherung in Deutschland „[…] kein Beitrag zur Lösung, sondern ein Beitrag zur Vergrößerung der Probleme des Sozialstaats[…]" (Sinn (2005), S. 80) sein kann. In besonderem Maße trifft dies bei nicht übereinstimmender Lohnerwartung mit der eigenen Arbeitsproduktivität zu (vgl. Graf von der Schulenburg (2006), S. 194). Des Weiteren stellt der Zuzug von Ausländern keine verlässlich kalkulierbare Größe dar, wie die in Folge der sinkenden Attraktivität des deutschen Arbeitsmarktes rückläufigen Zahlen während der neunziger Jahre zeigen (vgl. Münz et al. (1999), S. 21ff.). Auch die isolierte Betrachtung des Gesundheits- und Pflegesektors lässt keinen anderen Schluss zu, ist doch auf Grund der jüngeren Altersstruktur der Migranten, trotz zunächst geringerer Ausgabeneffekte, sozialepidemiologisch gesehen eine alterskorrelierte Dynamik zukünftig nicht auszuschließen (vgl. Schulz-Nieswandt (1997), S. 50).

Abbildung 13: Bevölkerungsentwicklung in Deutschland (1950 - 2010)[20]

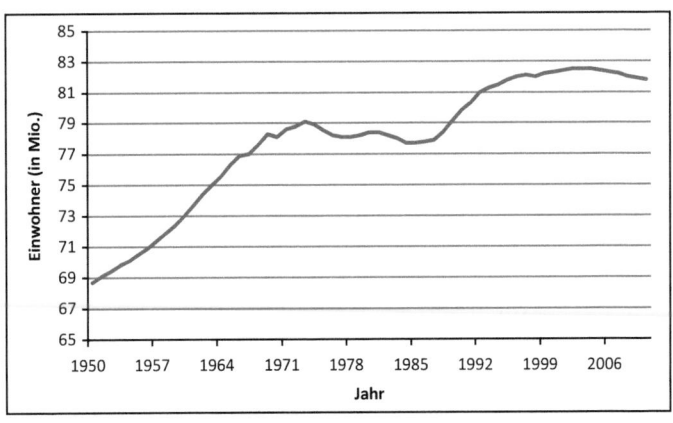

Quelle: eigene Darstellung mit Daten von destatis (2012).

---

20 Für die Jahre von 1950 bis 1989 mit Daten des früheren Bundesgebiets und der DDR insgesamt, ab 1990 für Deutschland.

Abbildung 14: Altersaufbau der Bevölkerung in Deutschland (1910, 1950, 2008)

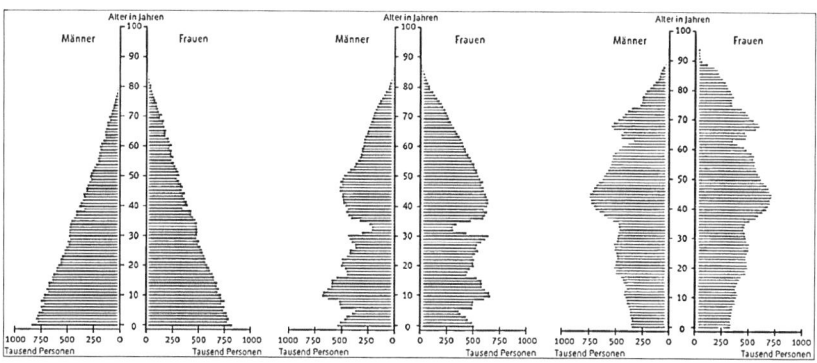

Quelle: Statistisches Bundesamt (2009).

Die beschriebenen Entwicklungen resultieren, wie Abbildung 14 zeigt, in den folgenden sichtbaren Veränderungen im Altersaufbau der Bevölkerung in den Jahren 1910, 1950 und 2008. Während zunächst die idealtypische Pyramiden- oder Dreiecksform eines Landes mit rasch wachsender Bevölkerung noch deutlich zu erkennen ist, zeigen sich im Jahr 1950 deutliche Einschnitte in die eigentlich zu erwartende Glockenform des Bevölkerungsaufbaus. Diese gehen auf die Krisen der ersten Hälfte des 20. Jahrhunderts, umrahmt durch die beiden Weltkriege, zurück. Die Pilzform des Jahres 2008 kennzeichnet die Entwicklung in Staaten, welche sich den Herausforderungen des demografischen Wandels nach heutigem Verständnis ausgesetzt sehen.

Die beschriebene demografische Entwicklung stellt in den meisten Industrienationen die wichtigste Triebfeder zur Reform der Systeme der sozialen Sicherung dar. Dabei wird unter dem Schlagwort des demografischen Wandels sowohl die Zukunftsfestigkeit der Kranken-[21], Renten-[22] und Arbeitslosen-, insbesondere aber auch der Pflegeversicherung immer wieder kritisch analysiert. Dies basiert in der wirtschaftswissenschaftlichen Literatur insbesondere auf dem Phänomen des doppelten Alterungsprozesses (double aging; vgl. Börsch-Supan und Chiappori (1991), S. 107), welches umlagefinanzierte Sozialversicherungen in erster Linie finanzierungsseitig vor erhebliche Probleme stellt (vgl. Fetzer (2005), S. 1). Aus der Kombination von anhaltendem Geburtenrückgang

---

21 Siehe hierzu sowie zu möglichen Reformoptionen beispielhaft Wille (2001) und Beiträge in Ulrich und Ried (2007).

22 Siehe hierzu sowie zur Weiterentwicklung des Systems beispielhaft Schmähl (2001), Börsch-Supan (2001) und Sinn (2005). Für eine empirische Analyse der ergänzenden, kapitalgedeckten privaten Riester-Rente siehe Pfarr und Schneider (2012).

bei gleichzeitig steigender Lebenserwartung folgt, dass neben bedeutenden gesellschaftlichen auch volkswirtschaftliche Veränderungen ausgelöst werden (vgl. Ulrich (2001) am Beispiel der GKV sowie Zweifel (2001b)).

Als Maße zur Verdeutlichung des Anteils der wirtschaftlich Abhängigen, von den durch die arbeitende Bevölkerung im Umlageverfahren aufzubringenden monetären Mitteln, haben sich der Alten-, Jugend- und Gesamtquotient etabliert. Hierbei wird, wie Formel 3 am Beispiel des Altenquotienten AQ_{65} zeigt, die Bevölkerung älter 65 Jahre ins Verhältnis gesetzt zu 100 Personen im erwerbsfähigen Alter, welches auf den Bereich zwischen 20 und 64 Jahren festgelegt wird. Andere Abgrenzungen sind – im Zähler wie im Nenner – möglich und nicht unüblich, wie der Vorschlag einer flexiblen Altersdefinition von de Santis (2003) zeigt.[23]

$$AQ_{65} = \frac{Bev\ddot{o}lkerung \ \ddot{a}lter \ 65 \ Jahre}{Bev\ddot{o}lkerung \ \ddot{a}lter \ 20 \ und \ J\ddot{u}nger \ 65 \ Jahre} *100 \tag{3}$$

Die Entwicklung des Altenquotienten seit den 70er Jahren des vorigen Jahrhunderts zeigt zunächst einen verhältnismäßig gleichbleibenden Wert von ca. 25, welcher seit Anfang der 1990er Jahre allerdings stark anwächst und derzeit einen Wert von rund 35 Personen im Alter von mehr als 65 Jahren je 100 Personen zwischen 20 und 64 Jahren ausweist. In Kombination mit dem Jugendquotienten, also dem Anteil der Bevölkerung jünger als 20 Jahre, welcher im selben Zeitraum von über 50 auf unter 30 gesunken ist und sich dort in den letzten Jahren stabilisiert hat, weist die Bundesrepublik für das Jahr 2008 ein Verhältnis von rund 65 wirtschaftlich abhängigen Personen aus (vgl. Statistisches Bundesamt (2006), S. 24 und Statistisches Bundesamt (2009)). Letztgenannter Wert ist zur Erfüllung des sogenannten Drei-Generationenvertrags (vgl. Fetzer (2005), S. 4) relevant, da er die Bedeutung der Größe der erwerbstätigen Generation für die von ihr Abhängigen hervorhebt.

Im Kontext der vorliegenden Arbeit greift diese Einschränkung auf einen Teil der Komponenten der demografischen Entwicklung somit jedoch zu kurz. Die Auswirkungen des double aging-Effekts liefern zwar einen wichtigen Beitrag, erklären im Bereich der nicht-professionellen Pflege jedoch nur unvollständig die für die Abschätzung der zukünftigen Bereitschaft zur informellen Pflegeleistung wichtigen Einflussfaktoren. Der Themenkomplex Demografie wird bei Betrachtungen zur informellen Pflege in allen Dimensionen angesprochen, was eine differenziertere und umfassende Betrachtung der Veränderungen in unserer

---

23 In Bezug auf die Pflegeversicherung erscheint auch Ansatz nach Robine et al. (2007) bedeutsam. Er vergleicht die Entwicklung der Gruppenstärke der über 85-Jährigen (als die am stärksten von Pflegebedürftigkeit betroffenen) mit der Gruppe der 50-74-Jährigen, also jener der prozentual am intensivsten informell Pflegenden (vgl. Schneekloth (2005), S. 77).

Gesellschaftsstruktur nötig macht. Wie kaum ein anderer Bereich ist die informelle Pflege doppelt betroffen, da die demografische Entwicklung sowohl auf Seiten der Empfänger pflegerischer Leistungen als auch auf Seiten der Pflegeperson selbst Einfluss nimmt. Dies liegt begründet in den zahlreichen Facetten des demografischen Wandels, der in diesem Kontext mehr ist als zahlenmäßiges Schrumpfen bei gleichzeitiger Alterung, wie auch die Anpassung der zeitlichen Ausdehnung alter und Herausbildung neuer, für die jeweilige Zeit charakteristischer, Abschnitte in den Lebensläufen der Individuen belegen. Diese Änderungen fließen ein in Hurrelmanns idealtypische Skizzierung der veränderten Strukturierung der Lebensphasen (siehe Abbildung 15), welche den Wandel zu vier verschiedenen Zeitpunkten dokumentieren und prognostizieren (vgl. Hurrelmann (2007), S. 16f.; siehe hierzu auch Nave-Herz (2003), insbesondere S. 81ff.).

Abbildung 15: Strukturierung von Lebensphasen (1900, 1950, 2000, 2050)

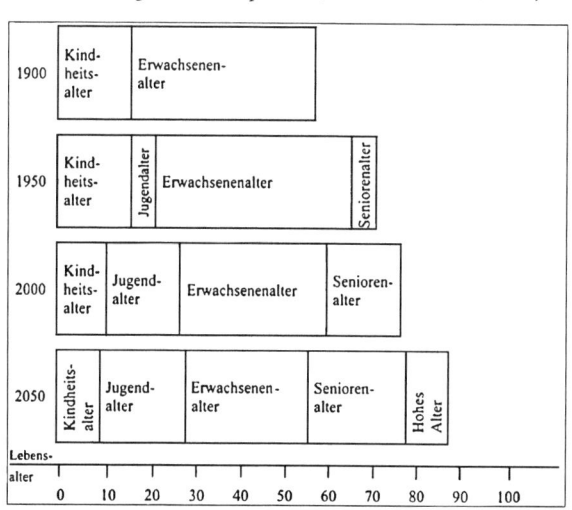

Quelle: Hurrelmann (2007), S. 17.

Diese Änderungen sind Ausdruck des Wandels der Selbstwahrnehmung und des Selbstverständnisses des Einzelnen einerseits, wie auch Reaktion auf die einströmenden Einflüsse und gesellschaftlichen Veränderungen andererseits. Hierzu gehört auch, dass seit den sechziger Jahren des 20. Jahrhunderts ein verändertes Familienverständnis zum Tragen kommt. Wenngleich das Familienbild mit Ehe und Kind(ern) nach wie vor dominierte (vgl. Alt (2001), S. 63ff.), drängten eine abnehmende Heiratsneigung und steigende Scheidungsraten (siehe Abbildung 16) die Familie als vorherrschende Lebensform immer weiter zurück (vgl. BMFSFJ (2003), S. 67 und Röttger-Liepmann (2007), S. 40ff.). Die daraus folgende Singularisierung und Pluralisierung der Lebensverhältnisse der derzeit rund 40 Millionen Haushalte in Deutschland spiegelt sich in der im Laufe der vergangenen 50 Jahre immer stärkeren Verbreitung von Ein- und Zwei-Personen-Haushalten und einer sinkenden durchschnittlichen Zahl der Haushaltsmitglieder wider (vgl. Hullen (2004), S. 22f. und Schmidt und Moritz (2009), S. 39f.). So konnte sich der Anteil der Ein-Personen-Haushalte von gut 20 % auf über 40 % nahezu verdoppeln und auch die Zwei-Personen-Haushalte dehnten ihr relatives Gewicht von 26,5 % im Jahr 1961 auf 34,4 % im Jahr 2011 aus. Dementgegen steht ein Rückgang der Drei-Personen-Haushalte (von 22,6 % auf 12,6 %), Vier-Personen-Haushalte (von 16,0 % auf 9,4 %) und Haushalten mit fünf oder mehr Personen (von 14,3 % auf 3,4 %) im gleichen Zeitraum (vgl. destatis (2012)).

Abbildung 16: Eheschließungen und –scheidungen in Deutschland (1960 - 2010)[24]

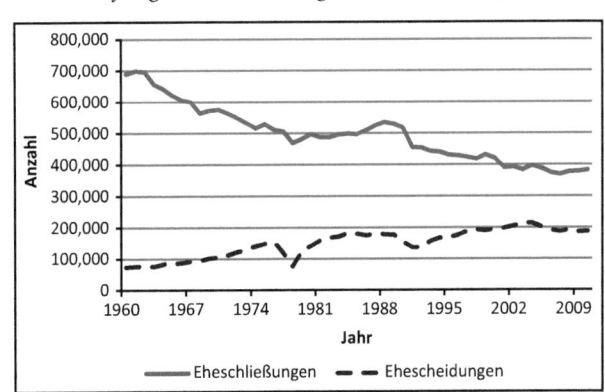

Quelle: eigene Darstellung mit Daten von destatis (2012).

Diese bis heute nebeneinander existierende und akzeptierte Vielfalt der Lebensformen[25] bringt den Generationenvertrag insbesondere hinsichtlich der Pflegeversicherung durch das zukünftige Fehlen familiärer informell Pflegender an die Grenzen der Belastbarkeit und stellt die staatliche Familienpolitik – nicht nur bezüglich der

---

24 Zu beachten sind die geänderte Definition der Bundesstatistik nach Inkrafttreten des Ersten Gesetzes zur Reform des Ehe- und Familienrechts zum 1. Juli 1977 sowie eine Untererfassung der Ehescheidungen in Bayern von schätzungsweise 1900 Fällen im Jahr 2009.

25 Eine weitaus detailliertere Darstellung findet sich in BMFS (1994), S. 18ff. für Deutschland sowie in Leira (2004), S. 190f. und Beiträgen in Hantrais et al. (2006) für Europa.

Pflege - vor große Herausforderungen (vgl. Hantrais (2004), S. 67ff.). Es stellen sich auch direkte Folgen für die Staatsfinanzen ein (vgl. Ehrentraut und Heidler (2007)) und es kommt zu Wechselwirkungen mit anderen, ebenfalls durch die Auswirkungen des demografischen Wandels geprägten, Zweigen der sozialen Sicherung und der Wirtschaft, bspw. in Form eines sich verändernden Arbeitsmarktes. Zahlreiche Regierungsinitiativen zielten in den vergangenen zwei Jahrzehnten auf eine Stärkung der Erwerbsbeteiligung der Bundesbürger ab (für eine Übersicht siehe Gessler und Stübe (2008), S. 17), wodurch die Quote der informell Unterstützenden von derzeit gut 11 % in der Altersgruppe der 40- bis 85-jährigen Deutschen (vgl. Künemund (2006), S. 304ff.) in Zukunft tendenziell schrumpfen dürfte. Hierzu tragen die Erhöhung des gesetzlichen Renteneintrittsalters und die damit verbundene steigende Erwerbsbeteiligung von (Jung-)Senioren ebenso bei, wie bereits ihre Wirkung entfaltende Maßnahmen zur Arbeitsmobilität[26] mit räumlicher Flexibilität. Diese Entwicklung tritt, wie in Abbildung 17 ablesbar, im Verlauf der letzten 20 Jahre deutlich zu Tage. Während die obere Linie, die die Beschäftigungsquote der gesamten Bevölkerung zwischen 20 und 64 Jahren abbildet, über die Zeit einen moderaten Anstieg verzeichnet, verdeutlichen die beiden darunter liegenden Kurven die Gründe. Zum einen nähert sich die Erwerbsbeteiligung der Frauen der ihrer männlichen Kollegen an und steigt von unter 60 % auf über 70 % an. Zum anderen erfolgt in der Gruppe der 55 - 64-Jährigen ein rasanter Aufholprozess. Die Beschäftigungsquote steigt von knapp 38 % im Jahr 2001 auf annähernd 60 % im Jahr 2011.

Abbildung 17: Beschäftigungsquoten in Deutschland (1992 - 2011)

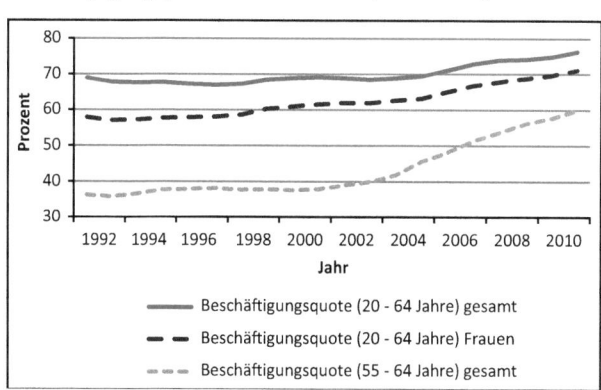

Quelle: eigene Darstellung mit Daten von eurostat (2012).

---

26 Eine Charakterisierung und Quantifizierung zum Thema berufliche Mobilität sowie ein Ausblick findet sich bei Schneider et al. (2009).

Die beschriebenen Trends dürften sich durch ein Absinken des Erwerbs-
personenpotenzials und daraus resultierenden Lohnsteigerungen, welche
die Attraktivität der Aufnahme einer Beschäftigung nochmals erhöhen, zukünftig noch verstärken. Die daraus folgende Dezimierung des Pools der für
informelle Pflegezwecke potenziell zur Verfügung Stehenden hat Folgen für
die gewachsene Sozialstruktur und vermindert die Belastbarkeit familiärer
Netzwerke.

2.1.2 Bevölkerungsprojektion und Ausblick

Struktur und Größe der Bevölkerung der kommenden Jahre und Jahrzehnte
sind bereits heute in weiten Teilen festgelegt und lassen sich, wenngleich mit
Unsicherheit behaftet (vgl. Bieber (2011), S. 39f.), mittels sogenannter Be-
völkerungsprojektionen quantifizieren. Diese erweitern das Spektrum der
Handlungsoptionen über das Nachvollziehen vergangener Entwicklungen
und damit einhergehender Reaktion hinaus um die Möglichkeit proaktiven
Handelns und vorausschauender Planung zur Gestaltung der Zukunft. Die
Notwenigkeit hierzu wird nicht nur anhand der im Folgenden näher beleuchteten 12. koordinierten Bevölkerungsvorausberechnung für Deutschland bis
zum Jahr 2060 deutlich, vielmehr veranschaulichen Prognosen - etwa das
Jahr 2025 betreffend (siehe Bertelsmann-Stiftung (2009)) – den sich rapide
verengenden zeitlichen Spielraum. Wenngleich sich deutlich von Prognosen
abgrenzend, sind die den Projektionen vorangestellten Annahmen mit der
vergleichsweise hohen Anzahl von zwölf daraus resultierenden Szenarien
(für Details siehe Statistisches Bundesamt (2009)) Ausdruck der herrschen-
den Unsicherheit zukünftige Entwicklungen betreffend (vgl. Ulrich (2012),
S. 331f.).

Obschon mit Unsicherheit hinsichtlich des Ausmaßes behaftet, bestehen an
dem generellen Faktum einer in den kommenden Jahrzehnten zahlenmäßig
schrumpfenden Gesellschaft in Deutschland keine Zweifel. Abbildung 18 veranschaulicht die im Rahmen der mittleren, moderaten Bevölkerungsentwicklung
prognostizierte Bandbreite der Einwohnerzahl und weist die demnach maximal
und minimal zu erwartende Anzahl in Deutschland bis zum Jahr 2060 lebender
Menschen aus. Es wird deutlich, dass in den ersten Jahren des neuen Jahrtausends
mit rund 82,5 Millionen Einwohnern der Höchststand erreicht wurde und bis zum
Jahr 2060 in etwa das Niveau des Jahres 1950 realisiert wird. Der in diesem Jahr
ausgewiesene Bevölkerungsstand von 68,7 Millionen Menschen kommt dem Mittel der oberen und unteren Grenze der dargestellten Prognose (64,7 - 70,1 Millionen) nahe.

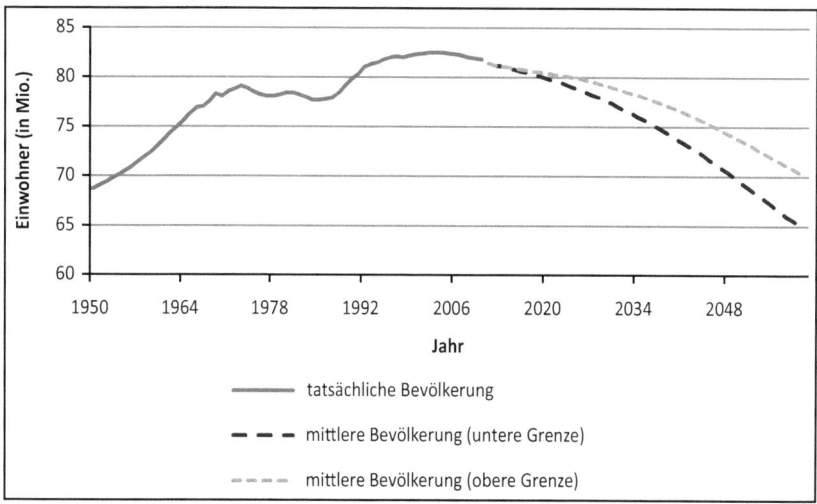

Quelle: eigene Darstellung mit Daten von destatis (2012) (bis 2010) und Statistisches Bundesamt (2009) (ab 2011).

Der Anstieg der Lebenserwartung bei Geburt, welcher im Vergleich der Geburtsjahrgänge 1950 und 2050 ca. 15 Jahre betragen wird, und die mit der Erhöhung der fernen Lebenserwartung einher gehende Zunahme der Anzahl Hochbetagter[28] bleibt nicht ohne Folgen für das Medianalter. Es wird im Jahr 2060 bei rund 52 Jahren liegen (eigene Berechnung mit Daten von Statistisches Bundesamt (2009)), was sich auch im Altersaufbau der Bevölkerung widerspiegelt (siehe Abbildung 19). Für den Altenquotienten AQ_{65} ist demnach in Prognosevariante 1-W1 ein Wert von über 67 zu erwarten. In Verbindung mit dem zukünftig als verhältnismäßig stabil prognostizierten und bei etwa 30 liegenden Jugendquotienten ergibt sich, wie Abbildung 20 zeigt, für den

---

27 Für die Jahre von 1950 bis 1989 mit Daten des früheren Bundesgebiets und der DDR insgesamt, ab 1990 für Deutschland.

28 Die Anzahl der Menschen der Altersgruppe 85+ in Deutschland wird gemäß der Prognosen der Europäischen Union von rund 1,8 Millionen Menschen im Jahr 2010 auf über 6,1 Millionen Menschen im Jahr 2055 ansteigen, bevor ein leichter Rückgang einsetzt (vgl. eurostat (2012)). Dies ist dem Trend geschuldet, dass seit den 1960er Jahren das relative Wachstum der fernen Lebenserwartung 65-Jähriger den Zuwachs der Lebenserwartung bei Geburt noch übersteigt (vgl. Hoffmann et al. (2009), S. 93f.).

Gesamtquotienten ein Wert von 98,4 wirtschaftlich Abhängigen je 100 Personen im Alter von 20 bis 64 Jahren. Dies bedeutet, dass theoretisch jede Person im erwerbsfähigen Alter im Umlageverfahren Mittel für die Leistungen einer noch nicht im erwerbsfähigen Alter oder bereits im Rentenalter befindlichen Person einbringen muss. Die im Zuge der Erhöhung des Renteneintrittsalters auf 67 Jahre vorgenommene Verlängerung der Lebensarbeitszeit wirkt sich, wie die Kurve zeigt, zukünftig nahezu proportional aus und senkt den Altenquotienten um acht Punkte.

Abbildung 19: Altersaufbau der Bevölkerung in Deutschland (2008 und 2060)

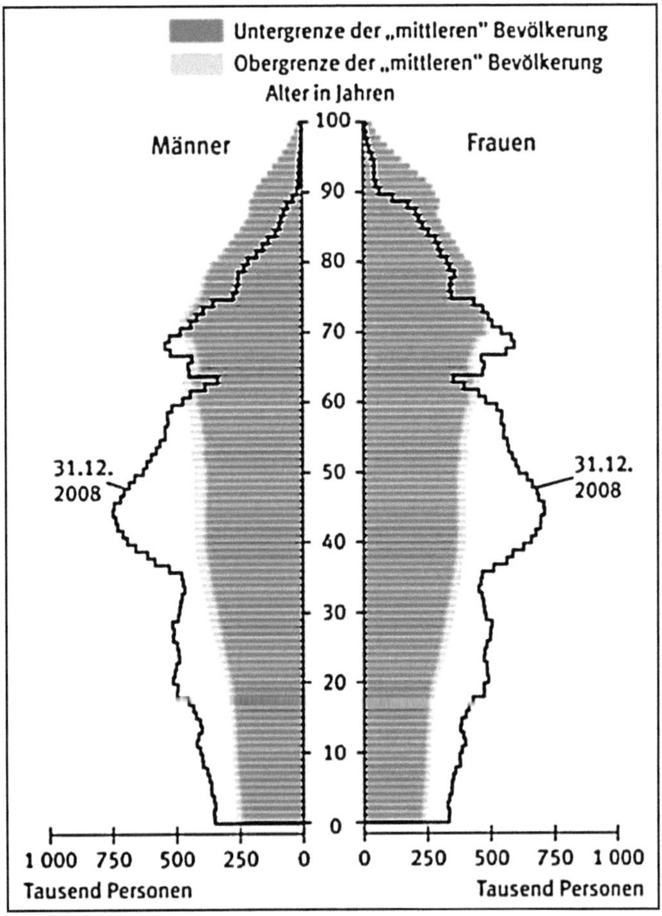

Quelle: Statistisches Bundesamt (2009).

Abbildung 20: Alten-, Jugend- und Gesamtquotient in Deutschland (2008 - 2060)

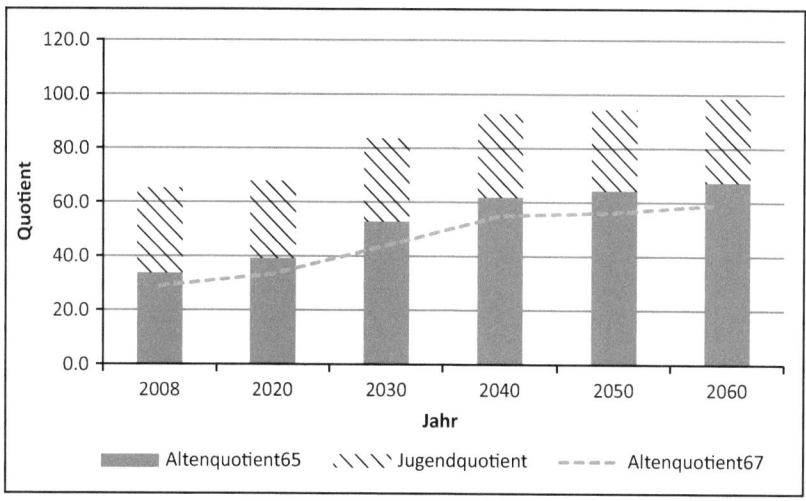

Quelle: eigene Berechnung und Darstellung mit Daten von destatis (2012) (für 2008) und Statistisches Bundesamt (2009) (ab 2020).

Diese Effekte und Auswirkungen auf aggregierter nationaler Ebene dienen der Verdeutlichung der Dimension der ablaufenden Veränderungen. Eine entscheidende Rolle spielt jedoch die unterschiedlich starke, regionale Ausprägung der beschriebenen Entwicklung (siehe hierzu bspw. Kröhnert (2011)). In diesem Zusammenhang sind auch Versuche, dem Rückgang bspw. durch eine regional ausdifferenzierte Migrationspolitik (siehe von Loeffelholz (2010) am Beispiel Ostdeutschlands) entgegenzuwirken zu sehen.

2.2 Demografische Entwicklung in Europa

2.2.1 Status quo

Die sich derzeit in Deutschland vollziehende demografische Entwicklung stellt keinen Einzelfall dar, vielmehr ist sie Teil eines, zwar regional unterschiedlich stark ausgeprägten, globalen Phänomens (vgl. Schimany (2005), S. 11ff. und Huinink und Konietzka (2007), S. 75ff.). Neben der Alterung der Bevölkerung tragen in nahezu allen Ländern der Europäischen Union regionale Wanderungen und eine steigende (Arbeits-)Mobilität innerhalb der Staaten, aber auch zwischen den Ländern zu diesem Trend bei. Während Deutschlands Bevölkerung im Zeitraum 1990 bis 2010 jedoch lediglich um rund 3,4 % gewachsen ist, nahm die Zahl der Bürger in Frankreich, Belgien und Österreich (also in jenen Ländern, die im Verlauf der Arbeit näher betrachtet werden) um jeweils rund 10 % zu. Die damit einhergehende Veränderung des Medianalters illustriert Abbildung 22. Es wird deutlich, dass alle Staaten der demografischen Alterung unterliegen, obgleich diese den Wert für Deutschland nicht erreichen.[29]

Abbildung 21: Entwicklung des Medianalters in Europa (1990 - 2010)[30]

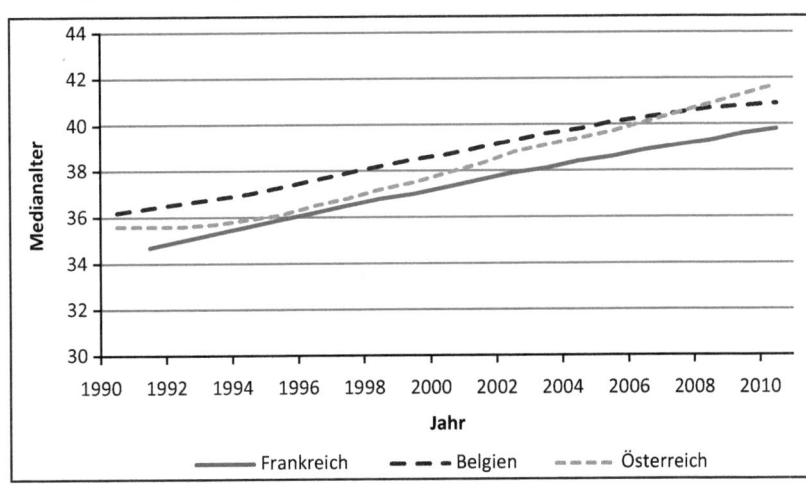

Quelle: eigene Darstellung mit Daten von eurostat (2012).

Hinzu kommen Veränderungen in der Sozialstruktur und auch Aufholprozesse hinsichtlich der Beschäftigungsquoten lassen sich identifizieren, welche das informelle Pflegepotenzial bedrohen. Insbesondere Letztgenannte (siehe Abbildung 22, Abbildung 23 und Abbildung 24) erhöhen in den zurückliegenden Jahrzehnten, unter anderem duch eine in allen betrachteten Ländern nachweisbare steigende Erwerbsbeteiligung von Frauen (vgl. Lewis (2004), S. 69ff.) und älteren Arbeitnehmern, den Reformdruck bezüglich der Pflegeabsicherung.

---

29 Für Details zu den Entwicklungen in einzelnen Regionen der betrachteten Länder siehe Kröhnert et al. (2008).
30 Die Einschränkung des Betrachtungszeitraums ist der mangelnden Verfügbarkeit der Daten geschuldet.

Abbildung 22: Beschäftigungsquoten in Frankreich (1992 - 2011)

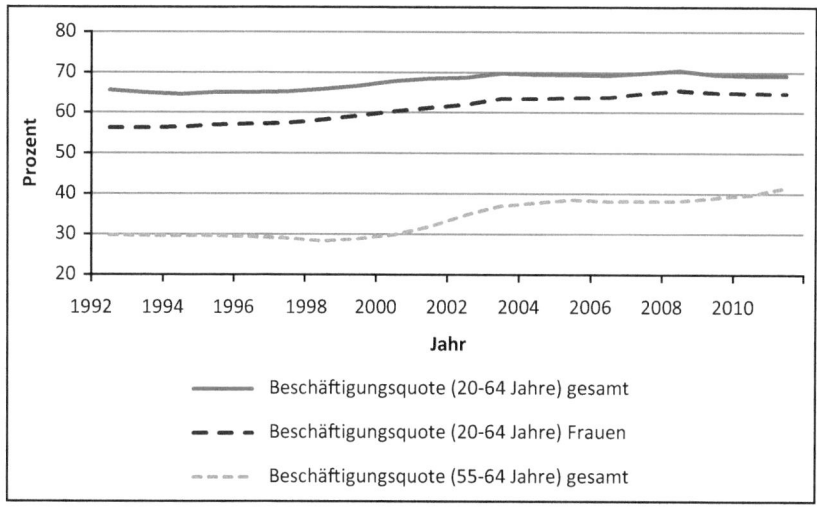

Quelle: eigene Darstellung mit Daten von eurostat (2012).

Abbildung 23: Beschäftigungsquoten in Belgien (1992 - 2011)

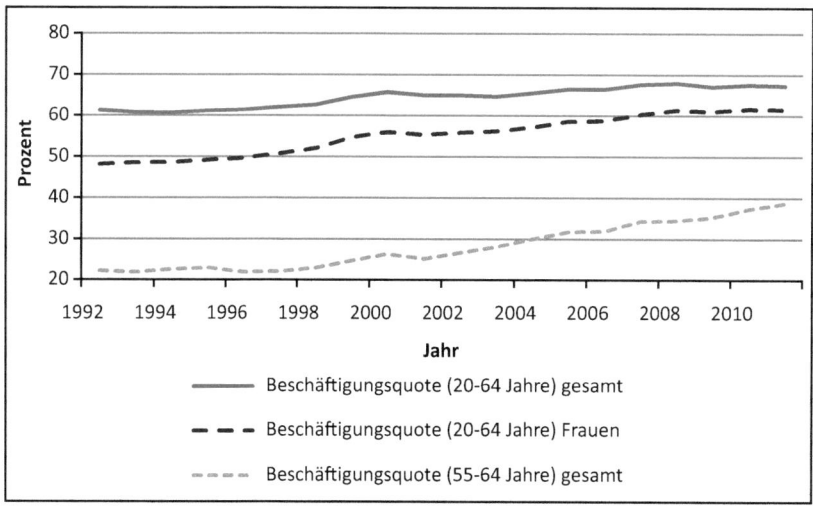

Quelle: eigene Darstellung mit Daten von eurostat (2012).

Abbildung 24: Beschäftigungsquoten in Österreich (1994 - 2011)[31]

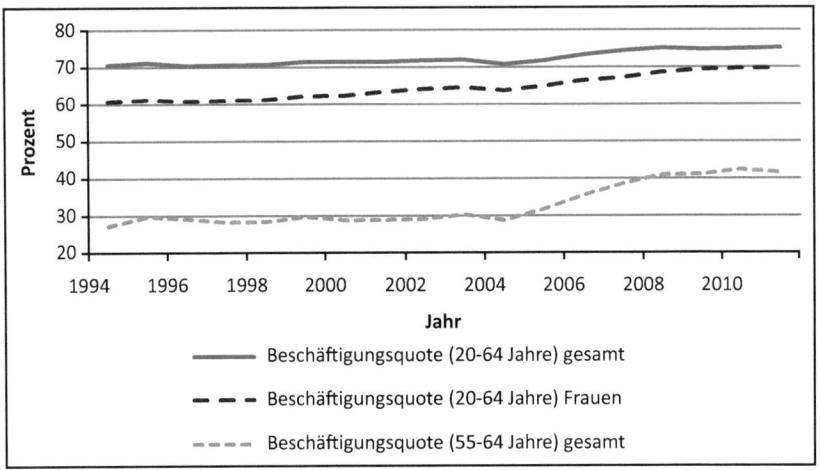

Quelle: eigene Darstellung mit Daten von eurostat (2012).

Wie in den Abbildungen ersichtlich, beruhen die Beschäftigungsquoten zu großen Teilen neben landesspezifischen Charakteristika auch auf den jeweiligen
Rechtsgrundlagen und daraus erwachsenden Anreizen. Unverkennbar ist jedoch
der generelle, aber unterschiedlich stark ausgeprägte Trend zu einer Zunahme
der Beschäftigungsquoten älterer Arbeitnehmer und Frauen, welche in Summe
einem Großteil der Erhöhung des Anteils der Gesamtbevölkerung im erwerbsfähigen Alter, der einer Beschäftigung nachgeht, ausmacht. Am deutlichsten fällt
in allen Ländern der Zuwachs im Bereich der Beschäftigten im Alter 55+ aus,
wenngleich keines der hier betrachteten Länder an die in Deutschland realisierte
Beschäftigungsquote von nahezu 60 % heranreicht.

Die historische Entwicklung des Altenquotienten[32], wie in Abbildung 25 ab-
getragen, offenbart deutliche Differenzen zwischen dem Wert für Deutschland

---

31 Die Einschränkung des Betrachtungszeitraums ist der mangelnden Verfügbarkeit der
    Daten geschuldet.
32 Auf Grund der abweichenden Definition auf europäischer Ebene wird Deutschland
    zur besseren Vergleichbarkeit ebenfalls betrachtet. Entgegen der in Kapitel 2.1.2 Ver-
    wendung findenden unteren Grenze von 20 Jahren zur Abgrenzung des erwerbsfä-
    higen Alters gilt für die Darstellungen dieses Kapitels ein Alter von 15 Jahren. Der
    Altenquotient berechnet sich demnach als Anteil der Bevölkerung im Alter von 65
    und mehr Jahren bezogen auf die Bevölkerung im Alter von 15 bis 64 Jahren.

und denen der anderen Länder. Seit Beginn des neuen Jahrtausends erhöht sich der Altenquotient deutlich schneller, als es in Frankreich, Belgien und Österreich der Fall ist. Dies ist eine direkte Folge einer anhaltend und zum Teil bedeutend niedrigeren Geburtenrate als in den anderen Ländern. Lediglich Österreich, deren Altenquotient seit dem Jahr 2005 ebenfalls stark steigt, hat in den vergangenen Jahrzehnten eine vergleichbar niedrige Rate zu verzeichnen.

Abbildung 25: Altenquotient in Europa (1960 - 2010)[33]

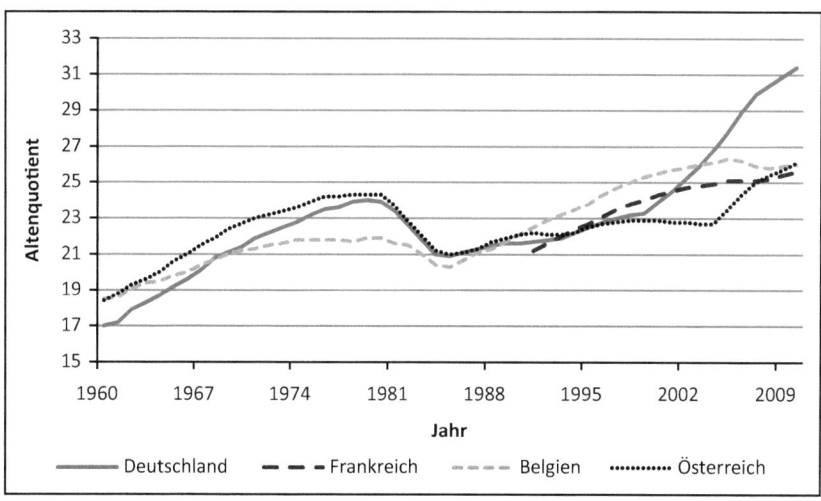

Quelle: eigene Darstellung mit Daten von eurostat (2012).

Wenngleich die wirtschaftlichen Entwicklungen in Europa den (noch schwachen) Wachstumstrend der Geburtenraten in den letzten Jahren zunächst durchbrechen konnte, scheint zumindest ein weiteres Absinken unwahrscheinlich (vgl. Bongaarts und Sobotka (2011), S. 41f.). Die Auswirkungen der sich rasant wandelnden ökonomischen Rahmenbedingungen in Europa als Ganzes aber auch bezüglich einzelner Länder führen des Weiteren dazu, dass die Auswirkungen bisheriger Migrationsbewegungen (wie bspw. in Philipov und Schuster (2010) analysiert) nur eingeschränkt für Prognosen verwendbar sind.

---

33 Die Einschränkung des Betrachtungszeitraums für Frankreich ist der mangelnden Verfügbarkeit der Daten geschuldet.

2.2.2 Bevölkerungsprojektion und Ausblick

Obwohl der Bevölkerungsvorausschätzung der Europäischen Union nicht die gleichen Annahmen zu Grunde liegen wie der 12. koordinierten Bevölkerungsvorausberechnung für Deutschland, erscheinen die ermittelten Prognosen dennoch gleichfalls realistisch. Der für die Bevölkerungszahl in Deutschland im Jahr 2060 ermittelte Wert von rund 66,36 Millionen Menschen liegt innerhalb der Bandbreite der in Kapitel 2.1.2 dargestellten Extremwerte einer mittleren Bevölkerungsentwicklung. Die Entwicklung der für Frankreich, Belgien und Österreich ausgewiesenen Größen zeigt Abbildung 26.[34] Es wird deutlich, dass für Frankreich und Belgien auch in den kommenden 50 Jahren noch mit moderaten, aber sich abschwächenden Zuwächsen zu rechnen ist, während sich in Österreich die Auswirkungen der niedrigen Geburtenrate bereits in einer ab dem Jahr 2050 abnehmenden Bevölkerungszahl bemerkbar machen. Gemein ist allen drei betrachteten Staaten, dass sie sich, ebenso wie Deutschland, der Herausforderung einer bis zum Jahr 2060 mehr als verdreifachenden absoluten Anzahl der 85 und mehr Lebensjahre zählenden Hochbetagten im Land stellen müssen.

Abbildung 26: Bevölkerungsentwicklung in Europa (2010 - 2060)

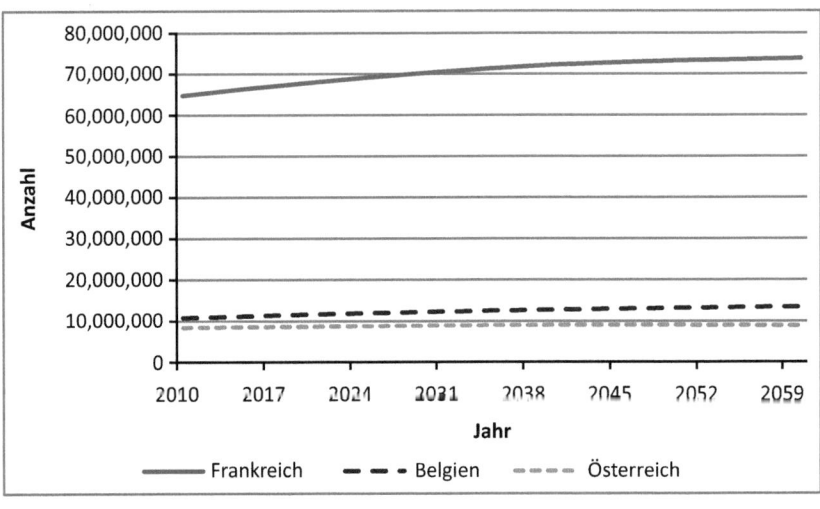

Quelle: eigene Darstellung mit Daten von eurostat (2012).

---

34 Berechnungen für insgesamt 44 europäische Staaten finden sich in Mamolo und Scherbov (2009).

Die Prognose des Altenquotienten[35] bis zum Jahr 2060 (siehe Abbildung 27) ver-
festigt das bislang gewonnene Bild: Alle betrachteten Länder spüren bereits die
Auswirkungen des demografischen Wandels und sind von diesem erfasst (vgl.
Wöhlcke et al. (2004), S. 89ff.). Jedoch lassen sich Unterschiede hinsichtlich des
Zeitpunkts seiner jeweiligen Zuspitzung sowie seiner generellen Intensität aus-
machen. Bezogen auf die zukünftige Entwicklung des Altenquotienten bedeutet
dies, dass jedes Land mit einem Anstieg des Quotienten zu rechnen hat. Allerdings wird sich die Differenz des Wertes für Deutschland zu den übrigen Staaten
von gut fünf Punkten im Jahr 2010 schon bis zum Jahr 2035 länderabhängig
auf mindestens 10 Punkte für Österreich und sogar ca. 15 Punkte zu Belgien
erhöht haben und diesen Abstand in etwa bis zum Jahr 2060 auch beibehalten.
Dies verdeutlicht darüber hinaus, dass es auch zwischen den neben Deutschland
beleuchteten Staaten zu Differenzierungen kommen wird.

Abbildung 27: Altenquotient in Europa (2010 - 2060)

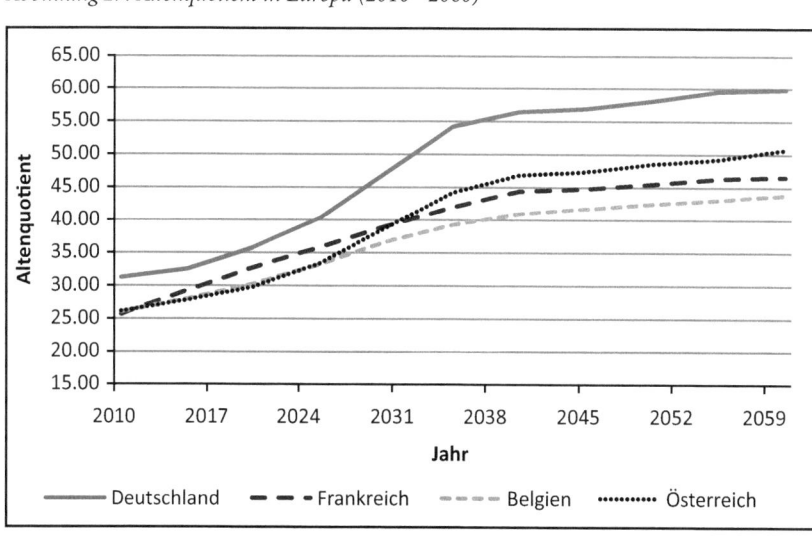

Quelle: eigene Darstellung mit Daten von eurostat (2012).

Betrachtet man Prognosen mit noch längerer Frist, so gehen diese mit einer
weiteren Erhöhung der Unsicherheit einher. Die von den Vereinten Nationen
vorgenommene Projektion des Medianalters bis zum Jahr 2100 in der im Folgenden präsentierten mittleren Variante hinsichtlich der zu Grunde liegenden

---

35 Für Details zur Berechnung siehe Fußnote 32.

Annahmen zeigt zum einen den sich bereits vollziehenden und deutlich stärker als in den anderen Ländern ausfallenden Anstieg dieses Wertes in Deutschland (siehe Abbildung 28). Allerdings offenbart der extrem lange Prognosehorizont zum anderen auch, dass einerseits Österreich einen vergleichbaren Prozess mit einer Verzögerung von rund einem Jahrzehnt ebenfalls durchläuft und andererseits sich die Lücke zwischen Deutschland und Frankreich - sowie eingeschränkt auch zu Belgien - bis zum Jahr 2100 wieder nahezu vollständig geschlossen haben wird.

Diese Beobachtungen finden auch Bestätigung durch die von den Vereinten Nationen prognostizierte Entwicklung des Anteils der über 80-Jährigen an der jeweiligen Gesamtbevölkerung. Die entsprechenden Werte betragen im Jahr 2100

- für Deutschland 12,6 %,
- für Frankreich 12,6 %,
- für Belgien 11,4 % und
- für Österreich 13,5 % (vgl. unpd (2012)).

Abbildung 28: Medianalter in Europa (1950 - 2100)

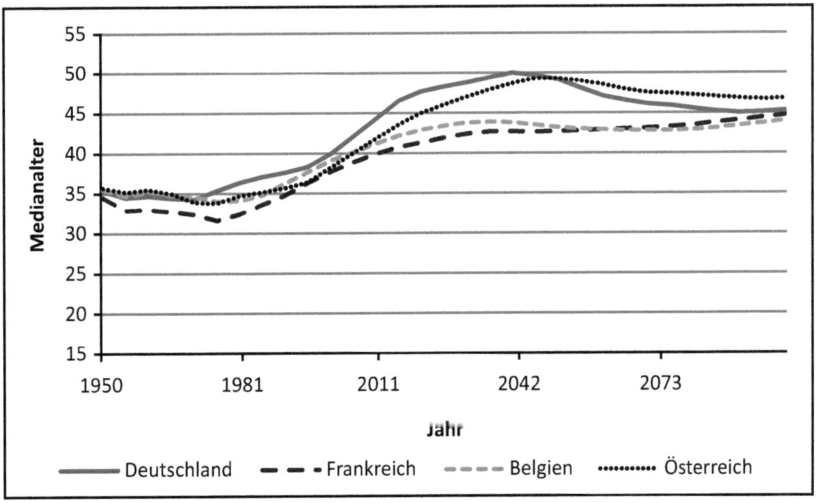

Quelle: eigene Darstellung mit Daten von unpd (2012).

Auch auf aggregierter Ebene der Europäische Union (EU-15) werden die angesprochenen Herausforderungen evident. Die von Lutz und Scherbov unter Vernachlässigung der zukünftigen Entwicklung der Lebenserwartung berechneten

Korridore möglicher Ausprägungen von Fertilität und Migration zeigen, dass - selbst bei gemeinschaftlichem Eintreten von in den vergangenen Jahrzehnten im Mittel nicht erreichten Raten – mindestens eine Verdopplung des Altenquotienten bis zum Jahr 2050 zu erwarten steht (vgl. Lutz und Scherbov (2003a), S. 13).

2.3 Zwischenfazit

Die Alterszusammensetzung unserer Gesellschaft unterliegt einem steten Wandel, welcher - zum Teil bereits spürbar, zum Teil erst in den kommenden Jahrzehnten - Einfluss auf viele Teilbereiche unseres täglichen Lebens, auch und insbesondere aber auf die Ausgestaltung der sozialen Sicherung, nimmt bzw. nehmen wird. Durch die Absicherung des Pflegerisikos nach dem Umlageverfahren kommen diese Auswirkungen voll zum Tragen, wie im Verlauf des Kapitels anhand historischer, aktueller sowie prognostizierter Zahlen zur Bevölkerungsentwicklung und -zusammensetzung in Deutschland und ausgewählten europäischen Ländern gezeigt wird.

Zwar wird deutlich, dass die meisten entwickelten Länder sich dieser Herausforderung früher oder später stellen müssen, allerdings erscheint die Diskussion möglicher Lösungsansätze für Deutschland als eines der ersten und mit am umfangreichsten betroffenen Länder dringend geboten. Dies ist vonnöten, denn wenngleich die Prognosen der Vereinten Nationen bis zum Jahr 2100 auf einen zeitlich begrenzten Effekt schließen lassen, wird Deutschland in den bevorstehenden Jahrzehnten derart umfangreiche Folgen der sich vollziehenden Veränderungen gestalten müssen, wie sonst nur wenige Länder der Welt. Da die Auswirkungen der demografischen Alterung sowohl auf die inter- als auch auf die intragenerationellen Beziehungen Einfluss nehmen werden (vgl. Gessler und Stübe (2008), S. 33), erscheint zügiges Handeln in Bezug auf die Pflegeversicherung umso dringlicher.

3 Pflege in Deutschland

3.1 Grundlagen

3.1.1 Begriffsklärung und Abgrenzung

Auf die steigende Bedeutung des Pflegerisikos wurde von Seiten des Gesetzgebers mit dem Pflege-Versicherungsgesetz[36] reagiert: Die Soziale Pflegeversicherung wurde im Jahr 1995 in Deutschland als eigenständiger Säule der sozialen Sicherung etabliert.[37] Damit einher ging eine Entflechtung der zahlreichen Berührungspunkte und Überschneidungen mit der Gesetzlichen Krankenversicherung (vgl. Hacke (1996), S. 68ff.). Der Bezug pflegerischer Leistungen setzt Pflegebedürftigkeit[38] voraus, welche ganz allgemein den Umstand bezeichnet, „[...] dass ein Mensch infolge eines Krankheitsereignisses oder anderer gesundheitlicher Probleme auf pflegerische Hilfen angewiesen ist" (Wingenfeld (2011), S. 263). Im sozialversicherungsrechtlichen Sinne bedarf es allerdings einer Konkretisierung mit eindeutiger und verbindlicher Abgrenzung. Diese zu finden stellt sich auf Grund des Facettenreichtums möglicher Beeinträchtigungen des Menschen im Alltag als außerordentlich schwierig dar, zumal eine (im besten Fall überschneidungsfreie) Unterscheidung zwischen Pflegebedürftigkeit und

---

36 Die Ausführungen in dieser Arbeit beziehen sich auf Elftes Buch Sozialgesetzbuch (1994) in der Fassung vom 12.04.2012.

37 Dabei werden jedoch nicht die Anforderungen an ein autonomes System (zur Erläuterung siehe Krause (2005), S.127 sowie Bauch (2005), S. 72f.) erfüllt, da es hierzu operativ geschlossen sein müsste. Für die Pflege hingegen werden „Diffusionseffekte des medizinischen Codes" (Bauch (2005), S. 73) konstatiert, die an einer tatsächliche Autonomie des Systems der Sozialen Pflegeversicherung zweifeln lassen.

38 Ausführungen zur Etymologie des Begriffs „Pflege" finden sich beispielsweise bei Krippner et al. (1997). Strahl (1996) bietet eine im Kontext der vorliegenden Arbeit den Kern des Untersuchungsgegenstandes enger eingrenzende Definition des Pflegebegriffs als die Beschreibung des gegenseitigen Umgangs von Pflegebedürftigem und Pflegendem.

Krankheit[39] zu treffen ist (vgl. Deutscher Bundestag (2002), S. 230). Die Vielzahl wissenschaftlicher Forschungsrichtungen mit jeweils eigenen, auf die konkreten Erfordernisse zugeschnittenen Abgrenzungen erschwert die Erstellung einer allgemeinen, disziplinübergreifenden Definition (vgl. Mager (1999), S. 30ff.). Da auch im internationalen Kontext keine einheitliche Regelung anzutreffen ist[40] und die Analysen der vorliegenden Arbeit aus deutscher Perspektive erfolgen, stellen die vom Gesetzgeber im Rahmen des § 14 Absatz 1 SGB XI getroffenen Bestimmungen die Grundlage des hier angewandten Pflegebedürftigkeitsverständnisses dar, welche auch im Rahmen der Erfassung Pflegebedürftiger für die Pflegestatistik des Statistischen Bundesamtes Anwendung findet. Demnach gilt als pflegebedürftig, wer

- auf Grund einer körperlichen, geistigen oder seelischen Krankheit oder Behinderung (eine Konkretisierung liefert § 14 Absatz 2 SGB XI)
- bei wiederkehrenden Verrichtungen des alltäglichen Lebens (siehe Tabelle 1)
- auf Dauer, mindestens aber für sechs Monate
- in mindestens erheblichem Maße

hilfsbedürftig ist, wobei die notwendigen Hilfeleistungen nach § 14 Absatz 3 SGB XI

- unterstützender,
- vollständig übernehmender oder
- beaufsichtigender bzw. anleitender

Natur hinsichtlich der in Tabelle 1 dargestellten Verrichtungen sein können. Zu beachten sind des Weiteren neben dem Vorrang der Rehabilitation vor Pflege gemäß § 31 SGB XI die Leistungsvoraussetzungen des § 33 SGB XI, insbesondere in Bezug auf die Notwendigkeit einer Antragstellung und die Regelungen bzgl. der erforderlichen Vorversicherungszeiten.

---

39 Zur Abgrenzungs- und Zurechenbarkeitsproblematik zwischen Pflege- und Krankenversicherung sowie den daraus resultierenden Verschiebebahnhöfen siehe SVR Gesundheit (2005), S. 223ff., Ottnad (2003), S. 30, Laschet (2003), Wasem (2003) und Beske (2006), S. 183ff.
40 Weit verbreitete Abgrenzungen von medizinischer Versorgung und Pflege bzw. Definitionen von Pflegebedürftigkeit stellen bspw. die der Organisation für wirtschaftliche Zusammenarbeit und Entwicklung (OECD) (vgl. OECD (2011), S. 168 bzw. Fujisawa und Colombo (2009), S. 14) oder die nach Norton (vgl. Norton (2000), S. 957) dar, welche jedoch aus oben genannten Gründen im Rahmen dieser Arbeit keine Anwendung finden können.

Tabelle 1: Verrichtungen gemäß § 14 SGB XI

Körperpflege	Ernährung	Mobilität	hauswirtschaftliche Versorgung
Waschen	mundgerechte Zubereitung der Nahrung	Aufstehen und Zu-Bett-Gehen	Einkaufen
Duschen	Aufnahme der Nahrung	An- und Auskleiden	Kochen
Baden		Gehen	Reinigung der Wohnung
Zahnpflege		Stehen	Spülen
Kämmen		Treppensteigen	Wechseln und Waschen der Wäsche und Kleidung
Rasieren		Verlassen und Wiederaufsuchen der Wohnung	Beheizen der Wohnung
Darm- oder Blasenentleerung			

Quelle: eigene Darstellung nach § 14 Absatz 4 SGB XI.

Es wird demnach bislang nicht nach dem Grad der noch möglichen Selbstständigkeit (siehe hierzu Kapitel 3.4.4.1), sondern vornehmlich nach dem erforderlichen Bedarf zur Sicherstellung der grundlegenden Versorgung des Menschen entschieden (vgl. Schroeter (2008), S. 57). Hierin ist neben der Eingangshürde, dass Hilfsbedürftigkeit in erheblichem oder höherem Maße gemäß § 15 SGB XI (für nähere Ausführungen siehe Kapitel 3.2) vorzuliegen hat, der Hauptgrund für die Problematik der sogenannten „Pflegestufe 0" zu sehen, welche mit Inkrafttreten des Gesetzes zur strukturellen Weiterentwicklung der Pflegeversicherung (kurz: Pflege-Weiterentwicklungsgesetz (PfWG)) zum 01.07.2008 abgemildert, nicht jedoch beseitigt wurde (siehe auch Kapitel 3.4.3).

Zurückzuführen ist dies vornehmlich auf die Diskrepanz zwischen dem eher an den acitivities of daily living (ADL) (vgl. Katz et al. (1963)) ausgerichteten Pflegebedürftigkeitsbegriff des SGB XI und dem damit nicht zu verwechselnden und tendenziell praxisnäheren Verständnis von Pflegebedürftigkeit nach den Aktivitäten des täglichen Lebens (ATL). Während die ADL mit ihrer exklusiven Konzentration auf physische Fähigkeiten bzw. Gebrechen lediglich einen reduzierten Blick auf Pflegebedürftigkeit bedingende Faktoren wirft, ist der Fokus der pflegewissenschaftlich orientierten ATL-Modelle sowie der daraus entwickelten Varianten breiter, schließt die ADL aber (in Teilen) ein. Unter anderem basierend auf der Bedürfnispyramide nach Maslow (für Details siehe Maslow (1943)) entwickelten Roper[41] und Henderson[42] ihre Theorien und Modelle[43], die in der Folgezeit die Grundlage der für den deutschsprachigen Raum prägenden Arbeiten von Juchli[44] und Krohwinkel[45] bildeten.

Wie die in Tabelle 2 dargestellten sechs Aktivitäten[46] der ADL belegen, finden sich diese vollständig als Verrichtungen in der Pflegebedürftigkeitsdefinition gemäß § 14 SGB XI wieder. Ergänzend haben aber auch Merkmale der instrumental activities of daily living (IADL) Einzug gehalten wie auch weitere, über diese beiden Skalen hinausreichende Elemente. Dies ist der Grund, weshalb eine Betrachtung der ADL- und IADL-Einschränkungen zwar einen recht guten, ersten Eindruck hinsichtlich der Pflegebedürftigkeit einer Person vermittelt und der deutschen SGB XI-Definition nahekommt, diese aber nicht vollständig erfasst und aus diesem Grund für empirische Analysen nur unzureichende Information bereitstellt (siehe auch die Ausführungen in Kapitel 5.3.2).

Teile der in Tabelle 2 präsentierten ADL und IADL bilden die Basis des Barthel Index und somit auch der für die empirischen Betrachtungen dieser Arbeit relevanten Erweiterung, den carelevel-Index (siehe Kapitel 5.4 und Kapitel 5.5).

Tabelle 2: Übersicht ADL und IADL

ADL	IADL
Waschen / Baden	Telefonieren
Ankleiden	Einkaufen
Toilettengang	Essenszubereitung
Zu-Bett-Gehen / Aufstehen	Haushalt
Kontinenz	Wäsche

---

41 Uum Pflegemodell der Lebensaktivitäten siehe Roper (1976) bzw. zur Weiterentwicklung zum RLT-Modell Roper et al. (1993).

42 Zum Modell der Grundbedürfnisse siehe Henderson (1966).

43 Für eine Übersicht und Systematisierung der bedeutendsten Pflegetheorien siehe Moers und Schaeffer (2011) und Schoolmann (2012).

44 Zum Pflegemodell der Aktivitäten des täglichen Lebens siehe Juchli (1993).

45 Zum auf die Aktivitäten und existenziellen Erfahrungen des Lebens (AEDL) abstellenden Modell der fördernden Prozesspflege siehe Krohwinkel (1993) sowie zu dessen Weiterentwicklung durch zusätzliche Berücksichtigung des Faktors Beziehung (ABEDL) siehe Krohwinkel (2007).

46 Hierbei handelt es sich um die im Artikel benannten ADL-Aktivitäten. Diese Aufzählung ist jedoch keinesfalls als abschließend anzusehen und kann bei Bedarf angepasst und erweitert werden (vgl. Edvartsen (1996), S. 26).

ADL	IADL
Essen	Fortbewegung
	Medikamente
	Finanzgeschäfte

Quelle: eigene Darstellung nach Katz et al. (1963) bzw. Lawton und Brody (1969).

Ein wesentliches Differenzierungsmerkmal pflegerischer Leistungen stellt der Ort der Erbringung dar (Abbildung 29 illustriert die Leistungs- und Vertragsbeziehungen in der pflegerischen Versorgung). Zu unterscheiden ist in einem ersten Schritt zwischen der stationären Unterbringung in einem Pflegeheim und der im häuslichen Umfeld erbrachten ambulanten Pflege. Dieser gehört, wie in Abbildung 30 illustriert, die in der vorliegenden Arbeit im Fokus stehende informelle Pflege durch nicht-professionelle Kräfte[47] ebenso an wie die formelle, also durch Angestellte professioneller Pflegedienste erbrachte, Pflegeleistung (vgl. Stephens und Christianson (1986), S. 3f. bzw. differenzierter für Deutschland Klie (2009), S. 13f.).

Abbildung 29: Leistungs- und Vertragsbeziehungen

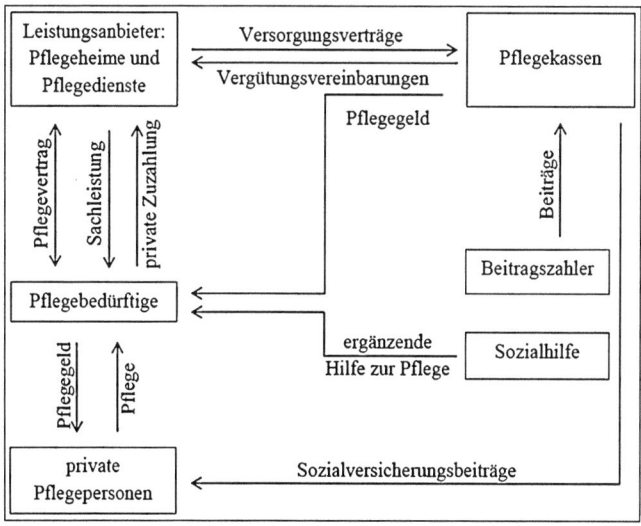

Quelle: eigene Darstellung in Anlehnung an Naegele und Bäcker (2011), S. 216.

---

47 Zu den verschiedenen Abgrenzungsmöglichkeiten informeller Pflege und den daraus resultierenden Differenzen hinsichtlich der Anzahl tatsächlich informell Pflegender siehe Büscher und Schnepp (2011), S. 470ff.

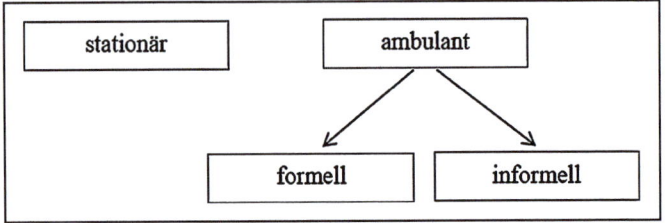

Quelle: eigene Darstellung.

Gemäß der Anforderungen des § 19 SGB XI gehen Pflegepersonen ihrer Aufgabe, den Pflegebedürftigen im häuslichen Umfeld zu pflegen, nicht erwerbsmäßig und für wenigstens 14 Stunden pro Woche nach. Die explizite gesetzliche Regelung wie auch die sozialversicherungsrechtliche Absicherung der Pflegenden führt dazu, dass die Pflege nicht mehr „informell" im eigentlichen Sinne des Wortes erbracht wird (vgl. Bartholomeyczik und Holle (2012), S. 950), was jedoch als lediglich sprachliche Feinheit in der Literatur keine weitere Beachtung erfährt. Nicht zu unterschätzen ist die stabilisierende Wirkung dieser aus Systemsicht kostengünstigsten Pflegeform, da informelle Pflege formelle Pflege komplett verhindern kann oder die Institutionalisierung zumindest verzögert (vgl. Jansen (1999), S. 607). Die Gründe für die Übernahme informeller Pflege können vielfältig sein, wie bspw. das Vorliegen eines (im)materiellen Austauschverhältnisses oder intrinsische Motivation und moralische Verpflichtung (vgl. Lüdecke (2007), S. 55ff.).[48]

3.1.2 Morbidität und Versorgungsbedarf

Im Gegensatz zur Gesetzlichen Krankenversicherung[49] spielt der medizinisch-technische Fortschritt bei der Identifikation der kostentreibenden Faktoren der Pflege keine bzw. nur eine untergeordnete Rolle (vgl. Knappe und Optendrenk (1999)). Allerdings trägt er dazu bei, dass sich bei vielen Krankheiten die Überlebenswahrscheinlichkeit und somit auch die –rate in den vergangenen Jahrzehnten deutlich erhöht hat und die ehemals schon in jüngeren Jahrgängen

---

48 Eine eingehende Diskussion der Motive findet sich Kapitel 4.2.
49 Erläuterungen zur Bedeutung und den Kosten des medizinisch-technischen Fortschritts für die GKV finden sich u.a. bei Breyer und Ulrich (2000), Ulrich (2006a) und Schnurr et al. (2010).

ausgedünnten Kohorten in größerer Anzahl ein hohes Alter und – wenn auch mit überlebten Vorerkrankungen - auch die Schwelle zur Pflegebedürftigkeit erreichen. Insbesondere trägt die Zunahme bei den chronisch-degenerativen Krankheiten[50] und die dadurch ausgelöste Verlagerung der häufigsten Krankheitsbilder zu dieser Entwicklung bei (vgl. Oberender und Zerth (2010), S. 197).

Diese Entwicklungen münden in der aus der GKV bereits seit längerem bekannten sogenannten Versteilerung von Ausgabenprofilen (vgl. Buchner (2002) und Ulrich (2003), S. 71f.). Nach einer ersten Hochrisikophase zu Beginn des Lebens nehmen die allgemeinen Gesundheitsrisiken zunächst stark ab, um im Mittel in der zweiten Lebenshälfte kontinuierlich und immer stärker anzusteigen (vgl. Wille (2003), Wille und Igel (2007), S. 24 und Badura und von dem Knesebeck (2012), S. 197). Des Weiteren führt eine zunehmende Multimorbidität zu immer gravierenderen Einschränkungen einer selbstständigen Lebensweise (vgl. Kuhlmey und Blüher (2011), S. 188f.). Die damit verbundenen Ausgaben für Medikamente und ärztliche Versorgung sorgen bereits in der GKV für hohen Kostendruck (vgl. Fetzer (2005)) - dieser ist in der SPV nochmals deutlich höher und kommt auf Grund der Struktur der Leistungsinanspruchnahme in Verbindung mit hohen und zukünftig weiter ansteigenden Fallzahlen ungleich stärker zum Tragen (vgl. Norton (2000), S. 957). Ein Grund für den zu erwartenden Anstieg der Zahl der Betroffenen (für weitere Ausführungen siehe Kapitel 5.2) auf bis zu 4,7 Millionen im Jahr 2050 (vgl. König et al. (2001), S. 3) oder gar, je nach unterstelltem Szenario der Bevölkerungsvorausberechnung, über 5,1 Millionen im Jahr 2060, ist in der Entwicklung der Pflegebedürftigkeitsquote während des Lebenszyklus zu sehen – sie ist stark alterskorreliert, wie auch die Darstellung in Abbildung 31 belegt. Ausgehend von einem Anteil von 1 % in der Altersgruppe der unter 75-Jährigen steigt das Risiko, pflegebedürftig zu werden, für die Gruppe der 75 bis 84-Jährigen bereits stark an und liegt bei 14,2 %. Über 38 % für die 85 bis 89-Jährigen ist ab einem Lebensalter von 90 Jahren deutlich mehr als die Hälfte der Menschen (59,1 %) von Pflegebedürftigkeit betroffen.

---

50 Insbesondere zu nennen sind Herz-Kreislauf-Erkrankungen, Krebs und demenzielle Erkrankungen, wobei die Bewältigung der letztgenannten eine der größten sozial- und gesundheitspolitischen Herausforderungen darstellt (vgl. Bickel (2005), S. 1, Horn und Genz (2002), S. 85, und Kasperbauer und Engel (2009), S.229f.). Darüber hinaus beruht Pflegebedürftigkeit auf der Kumulierung von „[...] multifaktoriell verursachten chronischen Erkrankungen oder Behinderungen [...]" (Kuhlmey und Blüher (2011), S. 191), der sogenannten Multimorbidität, die mit steigendem Lebensalter eine rasant zunehmende Anzahl gleichzeitiger Erkrankungen ausweist (vgl. Saß et al. (2009), S. 55ff.).

Abbildung 31: Pflegebedürftigkeitsquote im Lebenszyklus

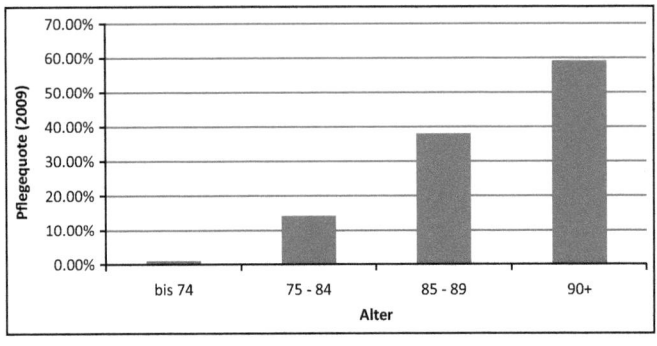

Quelle: eigene Darstellung mit Daten von destatis (2012).

Ob ein Anstieg der Lebenserwartung jedoch durch konstante Pflegequoten in vollem Umfang auch einen Anstieg der Anzahl Pflegebedürftiger nach sich zieht, ist ungewiss. Der Grund ist in den Wirkungen der aus dem Gesundheitswesen bekannten, gegensätzlichen Theorien der Medikalisierungs- bzw. Kompressionsthese zu sehen, welche Aussagen bezüglich des zu erwartenden, durchschnittlichen Gesundheitszustands einer alternden Bevölkerung treffen. Gemäß der Medikalisierungs- bzw. Morbiditätsexpansionsthese bewirkt eine Absenkung der Überlebensschwelle gemäß der These der konkurrierenden Risiken (vgl. Krämer (1997)) eine Verschlechterung des durchschnittlichen Gesundheitszustands der Bevölkerung, da sich eine Erhöhung der Lebenserwartung auch in einer Verlängerung der in Krankheit und mit Einschränkungen verbrachten Lebensjahre auswirkt (vgl. Gruenberg (1977)). Die Kompressionsthese hingegen postuliert eine Verkürzung in Krankheit verbrachter Lebensjahre sowie, durch deren Verschiebung ans Lebensende, ein späteres Eintreten im Lebenszyklus (vgl. Fries (1980)). Dies resultiert in einer Rektangularisierung der Überlebenskurven, also Aufschub und Kumulierung des Sterberisikos im hohen Alter (vgl. Manton und Tolley (1991) bzw. für Deutschland Zweifel (2001a), S. 9). Darüber hinaus existiert eine Vielzahl möglicher Misch- und Zwischenformen (bspw. bi-modaler Ansatz (siehe Deutscher Bundestag (2002), S. 184), dynamisches Gleichgewicht (siehe Manton (1982)), Modelle zur Erklärung der Prävalenzraten chronischer Krankheiten (siehe Freedman und Martin (2000) und Robine et al. (1998)) etc.).

Empirische Untersuchungen zur Überprüfung der Gültigkeit der Theorien zeichnen ein uneinheitliches Bild, sowohl im internationalen Vergleich (siehe Lutz und Scherbov (2003b)) als auch für Deutschland. Es finden sich neben Belegen, die überwiegend die Medikalisierungsthese stützen (siehe beispielhaft Breyer et al. (2012) und Hof (2001), S. 253f.), Studienergebnisse für ein wahrscheinlicheres Vorliegen der Kompressionsthese (siehe beispielhaft Felder (2008) und Dinkel (1999)). Aber auch für Zwischenformen oder schichtkorrelierte Gültigkeiten weist die Empirie Ergebnisse aus (siehe die oben hierzu aufgeführten Quellen). Für Deutschland lässt sich festhalten, dass für keines der beiden Entwicklungsszenarien in Reinform Bestätigung gefunden wird (vgl. Kroll und Ziese (2009), S. 111f.), tendenziell die Medikalisierungsthese jedoch höhere Relevanz erlangt (vgl. Cassel (2001), S. 87) und zumindest von einer teilweisen Erhöhung der Prävalenzraten ausgegangen werden muss (vgl. Raffelhüschen et al. (2003), S. 104 und Zeman (2000), S. 100), was auch aus der Kombination der in Kapitel 2.1 beschriebenen demografischen Entwicklungen und den in Abbildung 31 präsentierten Pflegebedürftigkeitsquoten ableitbar ist. Dies gilt für den Bereich der Pflege[51] nach Analysen der Prävalenzraten im Alter von 65 Jahren und darüber gleichermaßen, so dass im Ergebnis davor gewarnt wird, sich auf einen Rückgang der Pflegebedürftigkeitsquoten zu verlassen (vgl. Lafortune und Balestat (2007), S. 53).

Zur Bestimmung der durchschnittlichen Dauer einer Pflegebedürftigkeit liegen keine repräsentativen Daten vor. Allerdings legen empirische Studien nahe, dass Pflege in privaten Haushalten in 95 % der Fälle mindestens für die Dauer eines Jahres geleistet wird (vgl. Halsig (1995)) und im Mittel 8,2 Jahre (vgl. Schneekloth und Wahl (2005), S. 229) umfasst. Rund 80 % der Pflegebedürftigen sind nach drei Jahren nicht mehr in der ihnen zugeordneten Pflegestufe, weil sie entweder verstorben oder durch Neubegutachtung in eine höhere Pflegestufe aufgerückt sind (vgl. BMG (2009c), S. 40).

3.2 Die Rolle des MDK

Der Medizinische Dienst der Krankenversicherung (MDK) stellt die zentrale Einrichtung zur Feststellung von Pflegebedürftigkeit im Rahmen der SPV[52] dar

---

51 Auch hier existiert eine Minderzahl an Arbeiten, die zum Ergebnis einer Gültigkeit der Kompressionsthese kommt (siehe bspw. Ziegler und Doblhammer (2005)), welche jedoch statt biologischer Veränderungen möglicherweise „[...]politisch induzierte Kompression[...]" (Popp (2011), S. 213) messen und nachweisen. Allerdings ist auch in diesem Fall mit einem deutlich Anstieg der absoluten Zahl der Pflegebedürftigen bis zum Jahr 2050 zu rechnen, wie alternative Kompressions-Prognosen zeigen (vgl. Popp (2011), S. 238f.).

52 Eine ausführliche Beschreibung und Analyse der (insbesondere rechtlichen) Gemeinsamkeiten und Unterschiede in der medizinischen Begutachtung durch MDK (für die SPV) und Medicproof (für die PPV) im Rahmen der Pflegeversicherung findet sich bei Heinemann (2009).

und spricht in seinen Gutachten Empfehlungen an die zuständigen Pflegekassen hinsichtlich der Einstufung in eine Pflegestufe aus. Die Begutachtung hat zeitnah nach Antragsstellung zu erfolgen (vgl. Gansweid und Heine (2009), S. 73) und als Bewertungskriterien finden insbesondere

- die Häufigkeit von Hilfeleistungen pro Tag und
- die durchschnittliche mit standardisierten Vorgaben aus der Laienpflege bewertete zeitliche Dauer einzelner Verrichtungen

Abbildung 32: Abgrenzung der Pflegestufen

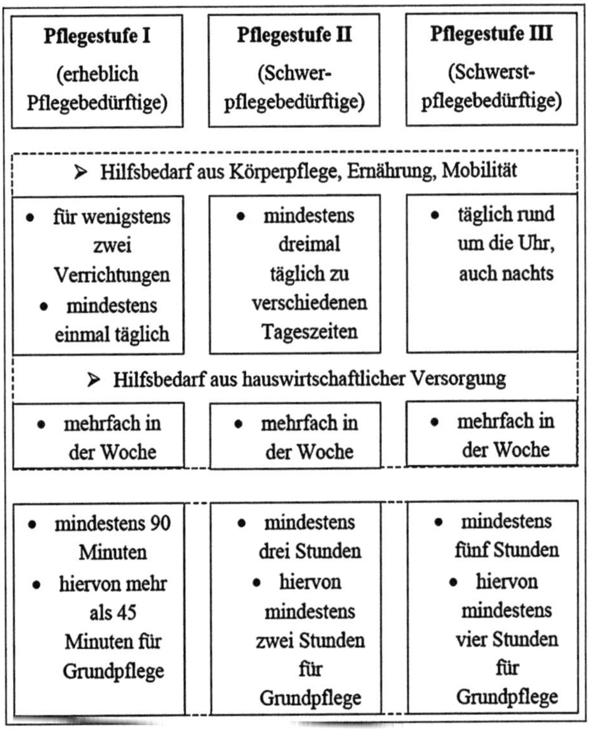

Pflegestufe I	Pflegestufe II	Pflegestufe III
(erheblich Pflegebedürftige)	(Schwer-pflegebedürftige)	(Schwerst-pflegebedürftige)
➢ Hilfsbedarf aus Körperpflege, Ernährung, Mobilität		
• für wenigstens zwei Verrichtungen • mindestens einmal täglich	• mindestens dreimal täglich zu verschiedenen Tageszeiten	• täglich rund um die Uhr, auch nachts
➢ Hilfsbedarf aus hauswirtschaftlicher Versorgung		
• mehrfach in der Woche	• mehrfach in der Woche	• mehrfach in der Woche
• mindestens 90 Minuten • hiervon mehr als 45 Minuten für Grundpflege	• mindestens drei Stunden • hiervon mindestens zwei Stunden für Grundpflege	• mindestens fünf Stunden • hiervon mindestens vier Stunden für Grundpflege

Quelle: eigene Darstellung nach § 15 SGB XI.

Anwendung zur Abgrenzung gemäß § 15 SGB XI. Hierbei gilt, dass bei Unterschreitung des für Pflegestufe I festgelegten Hilfsbedarfs (siehe Abbildung 32) kein Anspruch auf Leistungen der SPV besteht, da diese so konstruiert ist, erst ab erheblicher Pflegebedürftigkeit zu leisten. Die Einteilung erfolgt in drei Stufen, welche für erhebliche, schwere und schwerste Pflegebedürftigkeit stehen und

Anforderungen an die Häufigkeit des Hilfsbedarfs gemäß der in Tabelle 1 dargestellten Verrichtungen stellen (Teil 1 nach § 15 Absatz 1 SGB XI). Hinzu kommt
eine zeitliche Komponente, da – unterschieden nach Pflegestufen – auch die Grenzen des im wöchentlichen Durchschnitt, auf Basis der Leistungsfähigkeit einer
nicht als Pflegekraft ausgebildeten Pflegeperson, ermittelten Aufwands mindestens
erreicht werden müssen (Teil 2 nach § 15 Absatz 3 SGB XI). Diese Einstufung mit
dem daraus folgenden Anspruch auf Leistungen der SPV wird im Wesentlichen
lediglich durch die Regelungen für Härtefälle (vgl. Gansweid und Heine (2009),
S. 70f.) und zusätzliche Betreuungsleistungen für Menschen mit erheblichen Einschränkungen der Alltagskompetenz durchbrochen. Auch für die Einstufung von
Kindern gelten gesonderte Regelungen (siehe Gansweid und Stahlberg (2009)).

Der Umfang der Tätigkeit des MDK hat sich in den vergangenen Jahren ständig
erhöht, was zum einen an einer gestiegenen Anzahl an Erst- und Wiederbegut-
achtungsanträgen und zum anderen an einer Ausweitung der Zuständigkeitsbe-
reiche liegt, wozu insbesondere die Kompetenz zur Überprüfung und Sicherung
der Qualitätsstandards von Pflegeeinrichtungen gemäß § 114 SGB XI zählt (vgl.
Klie (2009), S. 23f.). Wie Abbildung 33 zeigt, verzeichnet die Gutachtertätigkeit
unter Vernachlässigung der Sondereffekte des Einführungsjahrs der Pflegeversicherung ein konstantes, moderates Wachstum. Dieses erfährt allerdings vor dem
Hintergrund der Anforderungen des PfWG einen sprunghaften Anstieg der Begutachtungen um rund 15 % von 2007 auf 2008. Im Jahr 2009 stabilisiert sich dieser Wert bei deutlich über 1,5 Millionen. Hiervon sind nach beantragter Leistung
über drei Viertel dem ambulanten Bereich zuzuordnen (vgl. MDS (2010), S. 16).

Abbildung 33: Anzahl der Begutachtungen des MDK (1995 – 2009)

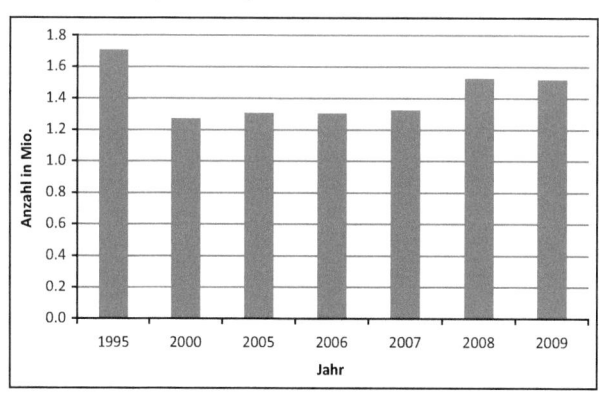

Quelle: eigene Darstellung mit Daten von destatis (2012) (bis 2007), MDS (2009) (für 2008) und
MDS (2010) (für 2009).

Abbildung 34: Ergebnis der Erstbegutachtungen des MDK (1995 – 2009)[53]

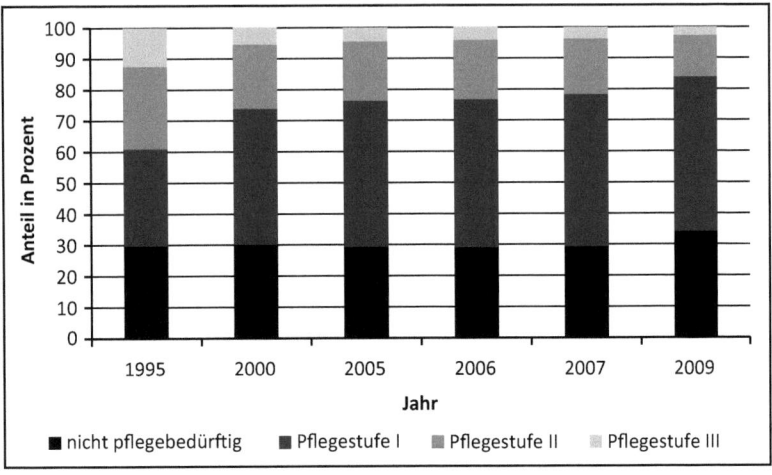

Quelle: eigene Darstellung mit Daten von destatis (2012) (bis 2007) und MDS (2010) (für 2009).

Die Einstufung als Ergebnis der Gutachtertätigkeit entwickelt sich seit Bestehen der Pflegeversicherung in Deutschland gemäß der in Abbildung 34 dargestellten Anteile. Während jener der als nicht pflegebedürftig Eingestuften über ein Jahrzehnt konstant bei ca. 30 % lag, weist der Wert des Jahres 2009 mit über 34 % einen rasanten Zuwachs auf. Auch die Zunahme des Anteils der in Pflegestufe I eingestuften Personen auf fast 50 % dokumentiert den Rückgang der Anteile der Personen, denen bereits bei der Erstbegutachtung eine der beiden höheren Pflegestufen zugewiesen wird.

3.3 Zur Ko-Existenz von Sozialer und Privater Pflegeversicherung

Neben der Sozialen Pflegeversicherung wurde von Seiten des Gesetzgebers die Private Pflegeversicherung (PPV) als Pflichtversicherung im Jahr 1995 aus der Taufe gehoben – zusammen bilden sie die Gesetzliche Pflegeversicherung (vgl. Naegele und Bäcker (2011), S. 210). Während für alle Mitglieder und mitversicherte Familienangehörige der Gesetzlichen Krankenversicherung grundsätzlich Versicherungspflicht in der Sozialen Pflegeversicherung herrscht, sind alle,

---

53 Differenzen zu 100 % ergeben sich rundungsbedingt. Die Werte für das Jahr 2008 finden mangels Verfügbarkeit keine Berücksichtigung.

für die dies nicht gilt, zum Abschluss einer Versicherung gegen das Pflegerisiko mit einem privaten Versicherungsunternehmen ihrer Wahl verpflichtet (vgl. Diedrich (2009), S. 53).[54] Dies entspricht dem Grundsatz „Pflegeversicherung folgt Krankenversicherung". Während die Beiträge der SPV einkommensabhängig erhoben werden, erfolgt die Prämienkalkulation im Rahmen der nach dem Kapitaldeckungsverfahren ausgestalteten privaten Pflegepflichtversicherung anhand des Alters bei Versicherungseintritt (vgl. Diedrich (2009), S. 54), jedoch existieren Ausnahmeregelungen. Wenngleich auch in die PPV, deutlich umfangreicher als dies etwa in der privaten Versicherungswirtschaft der USA der Fall ist (vgl. Glazer und McGuire (2011), S. 1013), gesetzlich verordnet soziale Elemente Einzug hielten, folgt noch viel mehr die SPV analog der Konzeption der GKV dem Leitbild der Solidarität, welches Aspekte intergenerationeller und -personeller Umverteilung einschließt (vgl. Stock et al. (2006), S. 1144). Insbesondere der Umverteilungscharakter bietet beständig Anlass zur ökonomischen Kritik, da die Verortung in der Sozialversicherung mit vielfältigen Verzerrungen verbunden ist und eine Verlagerung ins Steuer- und Transfersystem neben der Stärkung des Äquivalenzprinzips auch die Erfassung aller Bürger mit deren Gesamteinkommen zur Folge hätte (vgl. Maier und Ulrich (2012), S. 48ff).

Der Leistungskatalog von SPV und PPV entspricht sich, da die Leistungen laut § 110 SGB XI der Art und dem Umfang nach von Seiten der Privaten Pflegeversicherung gleichwertig, verglichen mit der Sozialen Pflegeversicherung, sicherzustellen sind (vgl. Fuchs und Preis (2009), S. 410). Somit entfaltet § 28 SGB XI auch im Bereich der PPV seine Wirkung. Dies ist insbesondere insofern von Bedeutung, da ansonsten der Geltungsbereich einer Versicherungspflicht außerhalb der Sozialversicherung zweifelhaft gewesen wäre (vgl. Heinemann (2009), S. 18). Während die Erstattungsregelung der SPV jedoch grundsätzlich nach § 4 Absatz 1 SGB XI das Sachleistungsprinzip vorsieht, gilt im Rahmen der PPV gemäß § 23 Absatz 1 SGB XI grundsätzlich das Kostenerstattungsprinzip. Eine Ausnahme bildet hierbei die informelle Pflege, die gemäß § 37 SGB XI dem Prinzip der Kostenerstattung folgt (vgl. Heinemann (2009), S. 18).

---

54 Hiervon unberührt sind die Regelungen der privaten Pflegezusatzversicherung, die außer im Zusammenhang mit der Förderung durch das Pflege-Neuausrichtungs-Gesetz (PNG) (siehe Kapitel 3.4.4.1) in dieser Arbeit nicht näher beleuchtet werden.

Abbildung 35: Versicherungsbestand der PPV (2000 – 2010)

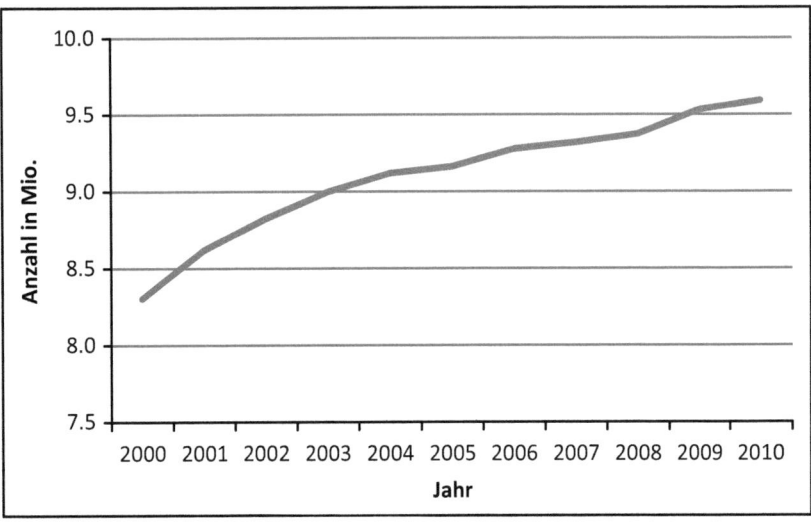

Quelle: eigene Darstellung nach Verband der Privaten Krankenversicherung (2011b), S. 90f.

Für all jene, die von ihrer Pflegekasse der SPV bzw. ihrem privaten Versicherungs-unternehmen der PPV als pflegebedürftig eingestuft und mindestens Pflegestufe I zugeordnet werden, erfolgt die Erfassung in der Pflegestatistik des Statischen Bundesamtes. Dies betrifft im Jahr 2010 knapp 2,3 Millionen Personen, die, unter anderem auf Grund der relativen Größe, zum weitaus überwiegenden Teil der Sozialen Pflegeversicherung zuzurechnen sind. Nach Überwindung der auch für die SPV zu konstatierenden Schwankungen in den Anfangsjahren nach der Einführung, hat sich die Zahl der Mitglieder der PPV, wie Abbildung 35 zeigt, seit dem Jahr 2000 mit geringen, aber beständigen Zuwächsen stabilisiert und beträgt im Jahr 2010 9.593.000 Versicherte. Deren kumulierte Summe der Altersrückstellungen beläuft sich zum Jahresende 2010 auf gut 22,5 Mrd. Euro (vgl. Verband der Privaten Krankenversicherung (2011b), S. 18). Der Versicher-tenzuwachs im gesamten Betrachtungszeitraum bis zum Jahr 2010 beträgt rund 15,5 %, wobei die damit verbundenen Beitragseinnahmen stabil um ca. 2 Mrd. Euro schwanken. Die Zahl der Leistungsempfänger stieg währenddessen um rund 33,7 % auf 142.696 im Jahr 2010 an, was einem Zuwachs der Versiche-rungsleistungen von über 48,3 % seit dem Jahr 2010 und einer absoluten Höhe von knapp 700 Mio. Euro in 2010 entspricht (vgl. Verband der Privaten Kran-kenversicherung (2011b), S. 90ff.).

Abbildung 36: Leistungsempfänger der PPV nach Pflegestufen (2005 - 2010)[55]

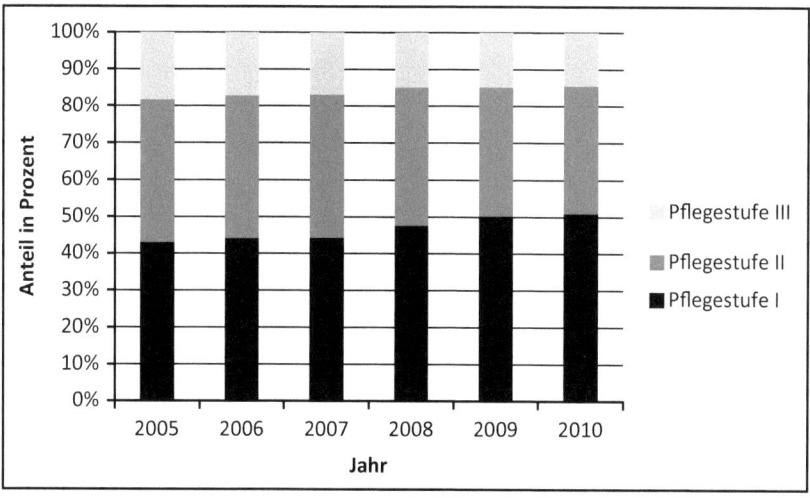

Quelle: eigene Darstellung nach Verband der Privaten Krankenversicherung (2006), S. 59, Verband der Privaten Krankenversicherung (2007), S. 62, Verband der Privaten Krankenversicherung (2008), S. 61, Verband der Privaten Krankenversicherung (2009), S. 63, Verband der Privaten Krankenversicherung (2011a), S. 63 und Verband der Privaten Krankenversicherung (2011b), S. 63.

Die als pflegebedürftig eingestuften Versicherten des Jahres 2010 verteilen sich anteilsmäßig wie folgt auf die drei Pflegestufen (vgl. Verband der Privaten Krankenversicherung (2011b), S. 63):

- Pflegestufe I: 50,97 %;
- Pflegestufe II: 34,60 %;
- Pflegestufe III: 14,43 %.

Eine Betrachtung der Entwicklung über die Zeit, wie in Abbildung 36, weist seit dem Jahr 2005 eine deutliche Ausweitung des Anteils erheblich Pflegebedürftiger (Pflegestufe I) von 42,89 % im Jahr 2005 auf knapp 51 % im Jahr 2010 zu Lasten der anderen beiden Pflegestufen aus. Dies lässt sich auch für den Bereich der SPV konstatieren, wenngleich in geringerem Umfang (siehe hierzu Kapitel 3.4.1 sowie Kapitel 3.4.2.2).

---

55 Auf Grund unvollständiger Angaben in den Vorjahren beginnt die Darstellung der Zeitreihe zur Entwicklung der Anteile der Leistungsempfänger nach Pflegestufen erst im Jahr 2005.

Abbildung 37: Leistungsempfänger (ambulant) der PPV nach Pflegestufen (2010)

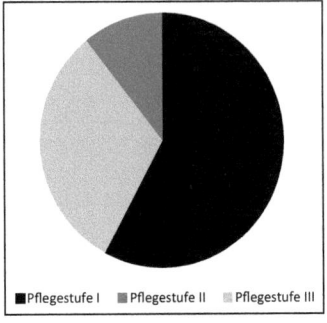

Quelle: eigene Darstellung nach Verband der Privaten Krankenversicherung (2011b), S. 63.

Abbildung 38: Leistungsempfänger (stationär) der PPV nach Pflegestufen (2010)

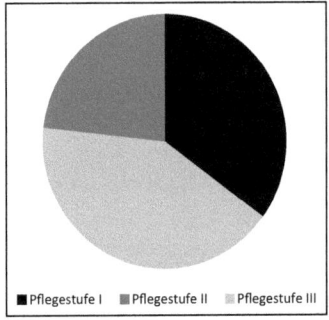

Quelle: eigene Darstellung nach Verband der Privaten Krankenversicherung (2011b), S. 63.

Die Differenzierung nach ambulanter und stationärer Pflege in Abbildung 37 und Abbildung 38 zeigt für das Jahr 2010, dass im Bereich der ambulanten Pflege mit fast 58 % der Leistungsempfänger in Pflegestufe I eine deutliche Verschiebung zugunsten dieser vorliegt und die Anteile der Pflegestufen II und III dementsprechend geringer ausfallen. Dementgegen steht die Verteilung über die Pflegestufen der stationären Pflege, bei welcher die Pflegestufen II und III ein deutlich stärkeres Gewicht einnehmen und sich in Pflegestufe I nur gut ein Drittel der Leistungsempfänger befindet. Dies ist analog der Gegebenheiten der SPV einerseits als Ausdruck der mit steigender Pflegebedürftigkeit einhergehenden stärkeren Belastung der Pflegenden zu sehen, aber andererseits auch dem Umstand geschuldet, dass die Zuordnung zu einer Pflegestufe alterskorreliert ist. Mit zunehmendem Alter der Pflegebedürftigen sinkt die Zahl bzw. die Bereitschaft und Möglichkeit zur Pflege auf Seiten der wichtigsten potenziellen Hauptpflegepersonen, nämlich der jeweiligen (Ehe-)Partner (vgl. Schneekloth (2005), S. 77) und eine stationäre Unterbringung ist oftmals unumgänglich (vgl. Backes et al. (2008), S. 4).

Während im Jahr 2010 rund 70 % der Leistungsempfänger der ambulanten Pflege und 30 % der stationären Pflege zuzurechnen sind, fällt die Struktur der Leistungsausgaben mit gut 54 % zu 46 % deutlich ausgeglichener aus. Verglichen mit der Ausgabenstruktur nach Leistungsarten bspw. aus dem Jahr 2000 (vgl. Verband der Privaten Krankenversicherung (2001)), fällt darüber hinaus der stark gestiegene Anteil für stationäre Leistungen auf. Die Auflösung nach Pflegestufen zeigt, dass dies insbesondere auf den im Zeitablauf beständig gestiegenen Anteil vor allem in Pflegestufe I und zu einem geringeren Teil auch in Pflegestufe II zurückzuführen ist. Gerade in den zahlenmäßig stark besetzten beiden unteren Pflegestufen, in denen die Pflegeleistung traditionell überwiegend ambulant erbracht wird, ist dies unter Kostengesichtspunkten ein alarmierendes Zeichen.

3.4 Die Soziale Pflegeversicherung

3.4.1 Historische Entwicklung

Das Gesetz zur sozialen Absicherung des Risikos der Pflegebedürftigkeit zieht mit seinem Inkrafttreten im Jahr 1995 einen vorläufigen Schlussstrich unter eine rund 20-jährige Debatte in der Bundesrepublik Deutschland (vgl. Ottnad (2003), S. 31). Auf Grund einer ständig steigenden Anzahl mit den finanziellen Belastungen einer Pflegebedürftigkeit überforderter Menschen, welche dann in letzter Konsequenz durch die Hilfe zur Pflege im Rahmen der Sozialhilfe aufgefangen wurden (vgl. Schulz-Nieswandt (1990), S. 21), waren Lösungen gefragt, die ein Altern in Würde sicherstellen (vgl. Deutscher Bundestag (1993), S. 2). Darüber hinaus galt es unter anderem, die Kommunen vor einer drohenden Überforderung zu bewahren, da diese als überwiegende Träger der Sozialhilfe die Last der ständig wachsenden Zahlungsverpflichtungen der Hilfe zur Pflege zunehmend schwerer schultern konnten (vgl. Schneekloth und Müller (2000), S. 26).[56] Diese und weitere Ziele[57] sah man mit der Etablierung einer neuen, eigenständigen und aus Gründen der Generationengerechtigkeit nach dem Umlageverfahren

---

56 Ein kurzer Überblick über die generellen gesellschaftlichen Motive zur Absicherung des Pflegerisikos sowie verschiedene Ausgestaltungsmöglichkeiten finden sich mit aktuellem Bezug unter anderem bei Barr (2011).

57 Eine ausführliche Diskussion der Ziele der Pflegeversicherung sowie eine Einschätzung hinsichtlich des Grades der Zielerreichung durch das Pflege-VG findet sich unter Rückgriff auf die von Musgrave et. al vorgestellten nicht-fiskalischen Ziele der

(für eine kurze Diskussion siehe Oberender und Fleckenstein (2004), S. 2) ausgestalteten Säule im Kanon der Sozialen Sicherung eher verwirklicht, als dies bspw. bei einer Integration in das System der Krankenversicherung oder mit dortigen Leistungsausweitungen der Fall gewesen wäre.

Tabelle 3: Zentrale Eckdaten der SPV

Inkrafttreten	Ereignis
01 / 1995	Beginn der Beitragszahlungen zur SPV
04 / 1995	Beginn der Leistungen zur häuslichen Pflege
07 / 1996	Beginn der Leistungen zur stationären Pflege
01 / 2002	Gesetz zur Ergänzung der Leistungen bei häuslicher Pflege von Pflegebedürftigen mit erheblichem allgemeinem Betreuungsbedarf
04 / 2008	Gesetz zur Stärkung des Wettbewerbs in der gesetzlichen Krankenversicherung

Quelle: eigene Darstellung.

Tabelle 3 zeigt die (im Rahmen dieser Arbeit) wichtigsten Stationen der Weiterentwicklung der SPV seit dem Inkrafttreten des PflegeVG am 1. Januar 1995.[58] Deutlich wird die dem Bezug von Leistungen um ein bzw. sechs Quartale vorgelagerte Einzahlungsphase, die dem Ziel diente, den neuen Sozialversicherungszweig mit einem Kapitalpolster auszustatten (vgl. BMG (2001), S. 8). Als bedeutender Einschnitt kann das Gesetz zur Ergänzung der Leistungen bei häuslicher Pflege von Pflegebedürftigen mit erheblichem allgemeinem Betreuungsbedarf (Pflegeleistungs-Ergänzungsgesetz – PflEG) aus dem Jahr 2002 angesehen werden, da es, in bis dahin unbekanntem Umfang, auf die Belange von durch die Verrichtungsdefinition des SGB XI vom Leistungsbezug Ausgeschlossenen eingeht. Im Rahmen der sogenannten „zusätzlichen Betreuungsleistungen" können Personen mit eingeschränkter Alltagskompetenz und erheblichem allgemeinen Betreuungsbedarf ihren eigentlichen Anspruch um bis zu 460 Euro pro Kalenderjahr übersteigende Leistungen in Anspruch nehmen, welche bspw. für niedrigschwellige Betreuungsangebote verwendet werden können. Durch die im GKV-WSG kodifizierte Pflicht zum Abschluss einer Kran-

---

Finanzpolitik (Allokations-, Distributions- und Stabilitätsfunktion; vgl. Musgrave et al. (1994)) bei Rothgang (1997), S. 9ff.

58 Für eine detaillierte Chronologie der letzten zweieinhalb Jahrzehnte sei auf Gaertner (2009), S. 5ff. verwiesen.

kenversicherung, welche auch für den Bereich der Pflege Wirkung entfaltet, ist eine umfassende Absicherung des Pflegerisikos der Bevölkerung durch die als Teilkaskoversicherung konzipierte Pflegeversicherung gewährleistet.

Dieser im Gegensatz zur GKV bewusst nicht umfassend angelegte Schutz der SPV, welche ihren Versicherten weitreichende Mitwirkungspflichten und Eigenverantwortung auferlegt (bspw. in den §§ 2, 3 und 6 SGB XI), findet seinen Niederschlag in einem niedrigeren Beitragssatz. Bis zum Beginn des Anspruchs auf Leistungen zur stationären Pflege lag dieser, von Arbeitnehmer und Arbeitgeber paritätisch aufgebracht, bei 1,0 % des beitragspflichtigen Bruttoeinkommens[59], danach lag er bei 1,7 %. Hierbei ist zu beachten, dass zum Zweck der teilweisen Entlastung und Kompensation[60] der durch den hälftigen Arbeitgeberanteil und der damit verbundenen Erhöhung der Lohnnebenkosten bedingten Verschlechterung der unternehmerischen Rahmenbedingungen, die Streichung des Buß- und Bettags als Feiertag in fast allen Bundesländern umgesetzt wurde. Die einzige Ausnahme bildet Sachsen; da dort die Kompensation abgelehnt wurde, tragen die in diesem Bundesland beschäftigten Arbeitnehmer den einprozentigen Ausgangsbeitrag alleine, die Erhöhungen wurden und werden jedoch jeweils hälftig aufgebracht. Des Weiteren existiert aus Gründen der Finanzierungsgerechtigkeit im Umlageverfahren seit dem Jahr 2005 ein von den Arbeitnehmern zu tragender Zuschlag für Kinderlose, die das 23. Lebensjahr vollendet haben, nach § 55 Absatz 3 SGB XI.

Da die Pflege- der Krankenversicherung folgt, ist sie hinsichtlich der Struktur ihrer Versicherten wie auch der Kriterien ihrer Zugehörigkeit mit der GKV vergleichbar (vgl. Pabst und Rothgang (2000), S. 353f.). Bei Erfüllung der generellen Voraussetzungen (Antragstellung, ausreichende Vorversicherungszeit, Feststellung der Pflegebedürftigkeit mit entsprechender Einstufung) ist die Höhe der im Vierten Kapitel SGB XI festgeschriebenen Leistungen unabhängig von der Höhe der geleisteten Einzahlungen. Zur Verfügung stehen nach § 28 SGB XI weitreichende Wahlmöglichkeiten zur Finanzierung und Abdeckung der Grundpflege und hauswirtschaftlichen Versorgung, welche nach § 63 Einkommensteuergesetz (ESTG) steuerfrei sind:

- Pflegesachleistungen (§ 36 SGB XI);
- Pflegegeld (§ 37 SGB XI);
- Kombinationen von Pflegesachleistungen und Pflegegeld (§ 38 SGB XI);
- Kurzzeitpflege (§ 42 SGB XI); teilstationäre Tages- und Nachtpflege (§ 41 SGB XI);
- vollstationäre Pflege (§ 43 SGB XI).

---

59 Zur Entwicklung der Beitragsbemessungsgrenze siehe Abbildung 42.
60 Eine Diskussion zu den unterschiedlichen Aspekten der Kompensation findet sich bei Meyer (1996), S. 362ff.

Davon stellen die beiden Erstgenannten Leistungen im Bereich der ambulanten Pflege dar. Während Pflegesachleistungen zur Finanzierung professioneller Pflegekräfte gewährt werden, ist das Pflegegeld für jene Pflegebedürftigen vorgesehen, die von einer nicht-professionellen Pflegeperson unterstützt werden. Diese Zahlungen können in Anerkennung des ehrenamtlich erbrachten Einsatzes an den Pflegeleistenden weitergereicht und von diesem steuerfrei vereinnahmt werden. Das Leistungsspektrum der SPV wird insbesondere durch folgende Auswahl von Angeboten und Maßnahmen ergänzt:[61]

- Hilfe und Beratung durch wohnortnahe Pflegestützpunkte (§ 92c SGB XI);
- Pflegekurse für informell Pflegende (§ 45 SGB XI);
- Pflegehilfsmittel und technische Hilfen sowie Zuschüsse zur pflegegerechten Gestaltung des Wohnumfeldes (§ 40 SGB XI);
- individuelle Pflegeberatung (§ 7a SGB XI);
- Leistungen zur sozialen Sicherung der Pflegepersonen (§ 44 SGB XI) sowie zusätzliche Leistungen bei Pflegezeit (§ 44a SGB XI);
- zusätzliche Betreuungsleistungen für Pflegebedürftige mit erheblichem allgemeinem Betreuungsbedarf (§ 45b SGB XI).

Die Höhe der Leistungen für die Pflegestufen I-III blieb seit Inkrafttreten bis zum 30. Juni 2008 unverändert. Das bedeutet, wie in Tabelle 4 ausgewiesen, für den Bereich der ambulanten Pflege, in dem die Wahl zwischen Geld- und Sachleistungen besteht, dass das Spektrum von 205 Euro bis 1.432 Euro reichte.[62] Auch im Zuge der Einführung des Euro wurden abgesehen von Rundungen keine Anpassungen vorgenommen, wie exemplarisch der Satz von 400 DM Pflegegeld in Pflegestufe I belegt. In Abhängigkeit von der bewilligten Pflegestufe lag die Geldleistung bei monatlich 205 Euro für Pflegebedürftige der Stufe I, bei 410 Euro in Stufe II und bei 665 Euro für Pflegestufe III. Der höhere Satz der ambulanten Pflege, in Form der Sachleistung bei Beauftragung eines professionellen ambulanten Pflegedienstes, zog den pflegestufenabhängigen Anspruch auf Leistungen von 384 Euro, 921 Euro bzw. 1.432 Euro nach sich. Im Bereich der stationären Pflege werden je nach Pflegestufe 1.023 Euro, 1.279 Euro oder 1.432 Euro für die pflegerische und hauswirtschaftliche Versorgung ausgezahlt; die aus Unterkunft und Verpflegung bestehenden sogenannten Hotelkosten sind von Seiten der Pflegebedürftigen selbst zu tragen. Darüber hinaus existierte auch

---

61 Teilweise erfuhren diese Maßnahmen erst im Zuge der Reformen der letzten Jahre (bspw. im Rahmen des PfWG) Aufnahme in das SGB.
62 Die Regelungen für Härtefälle bleiben hier wie auch im weiteren Verlauf der Arbeit unberücksichtigt.

zum damaligen Zeitpunkt bereits die Möglichkeit zur Kombination der beiden Varianten der ambulanten Pflege, bei der sich formelle und informelle Pflegeleistende den zeitlichen Aufwand und die Leistungen der Pflegeversicherung aufteilen. Hierzu wird die Höhe der abgerufenen Pflegesachmittel mit den insgesamt für die betreffende Pflegestufe zur Verfügung stehenden Sachleistungen ins Verhältnis gesetzt; der dann prozentual theoretisch noch zur Verfügung stehende Anteil wird auf die entsprechenden Mittel der Geldleistung angewendet.

Tabelle 4: Leistungen der SPV bis Juni 2008 nach Pflegestufen

Pflegestufe	Leistung pro Monat in Euro		
	ambulant		stationär
	Geldleistung	Sachleistung	
I	205	384	1.023
II	410	921	1.279
III (Härtefall)	665	1.432 (1.918)	1.432 (1.688)

Quelle: eigene Darstellung nach BMG (2009b), S. 2f.

Das zentrale ursprüngliche Ziel, eine Verringerung des Risikos durch den Eintritt des Pflegefalls finanziell überfordert und auf Hilfe zur Pflege angewiesen zu sein, wurde erreicht. Die Anzahl der Betroffenen ging von 453.613 Personen vor Einführung der Pflegeversicherung im Jahr 1994 auf 273.063 Personen im Jahr 2006 zurück (vgl. Deutscher Bundestag (2008), S. 29). Hinzu kommt, dass die Eltern-Kind-Beziehung von unmittelbaren Versorgungszwängen entlastet wurde (vgl. Kohli (2007), S. 60), stellte doch die Familie die zentrale und als „[...]größte[r] Pflegedienst der Nation[...]" (Höhn (1995), S. 10) bezeichnete Institution zur Erbringung von Pflegeleistungen dar. An dieser hervorgehobenen Bedeutung informell Pflegender hat sich auch nach Einführung der SPV nur wenig geändert: Der Vorrang der ambulanten Pflege als Ausdruck des im Zusammenhang mit der Gesundheitsreform aus dem Jahr 2000 formulierten Paradigma „ambulant vor stationär" entspricht auch dem Wunsch sowohl der deutlichen Mehrheit (potenziell) Pflegebedürftiger als auch der Mehrzahl derer, die diese Pflegeleistung als informell Pflegende erbringen müssen (vgl. Kolip und Lademann (2012), S. 528f. sowie Schneekloth (2005), S. 84). Hierbei nimmt Deutschland keine Sonderstellung ein, denn auch internationale Studien weisen eine starke Präferenz nach, das Leben wie gewohnt fortzusetzen (vgl. Börsch-Supan (1989), S. 107ff. und de Jong Gierveld (2007), S. 177). Neben anderen, etwa auf biographische Bezüge (vgl. {Zeman 2000 #528) abstellenden, Gründen schrecken die Defizite (bspw.

Vernachlässigung zwischenmenschlicher Aspekte) der sogenannten bedürfnis-orientierten Pflegemodelle der professionellen Pflege früherer Jahre mit ihrer funktional ausgerichteten Pflegeorientierung (siehe hierzu bspw. Elkeles (1994)) nach wie vor viele (potenziell) Pflegebedürftige ab (vgl. Schroeter (2008), S. 64f.).

Dies spiegelt sich auch in den in Abbildung 39 dargestellten Zahlen über die Zeit wider. Während die Fallzahlen der Pflegestufen II und III bei geringem Wachstum über die komplette Zeit stabil bei unter 0,7 bzw. unter 0,3 Millionen Betroffenen liegen, sind große Teile des Wachstums der Gesamtzahl der Leistungsempfänger auf die Zunahme der Pflegefallzahlen in Pflegestufe I zurückzuführen. Das Inanspruchnahmeverhalten[63] hinsichtlich der präferierten Leistungsarten zeigt, bei einem verhältnismäßig konstanten Anteil an Empfängern von Pflegesachleistungen, insbesondere die gegenläufigen Effekte bei Pflegegeld und vollstationärer Pflege. Ein immer größerer Anteil stationär versorgter Leistungsempfänger steht einem in absoluten Zahlen zwar ebenfalls wachsenden, hinsichtlich der relativen Bedeutung aber schrumpfenden Anteil an Empfängern von Pflegegeld gegenüber. Bezogen im Jahr 1995 noch 88 % der ambulant versorgten Leistungsberechtigen Geld- und nur 12 % Sachleistungen, so waren es im Jahr 2007 bereits 79 % zu 21 % (vgl. BMG (2012)).

Abbildung 39: Anzahl der Leistungsempfänger der SPV (1995 – 2007)

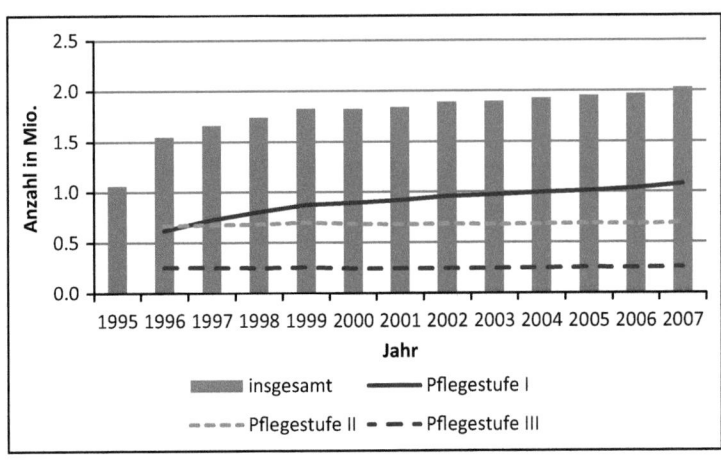

Quelle: eigene Darstellung mit Daten von BMG (2012).

---

63 Zu den Konsequenzen des sogenannten Heimsog-Effekts siehe Häcker und Raffelhü-schen (2006).

Die beschriebenen Entwicklungen führen, analog zur Zahl der Empfänger, zu immer weiter steigenden Gesamtausgaben der SPV auf bis zu 18,34 Milliarden Euro im Jahr 2007, wovon sich die Leistungsausgaben auf rund 17,4 Milliarden Euro summieren (siehe Abbildung 40). Im Jahr 2003 überstieg die Summe der Ausgaben für stationär versorgte Pflegebedürftige erstmals den Umfang der Leistungen an Pflegebedürftige im ambulanten Bereich. Unter Vernachlässigung der Anfangsjahre, die unter anderem durch den zeitverzögerten Anspruch auf stationäre Leistungen auch dem Aufbau eines finanziellen Polsters dienten, ist in der Mehrzahl der Jahre ein leicht negatives Jahresergebnis zu verzeichnen. Es resultiert (mit Ausnahme des Jahres 2006, in dem ein starkes Wachstum der Beitragseinnahmen ein positives Ergebnis verursacht) ein Abschmelzen der Rücklagen von annähernd fünf Milliarden Euro im Jahr 1998 auf weniger als 3,2 Milliarden Euro bzw. 2,06 Monatsausgaben der SPV.

Abbildung 40: Leistungsausgaben und Ergebnis der SPV (1995 – 2007)[64]

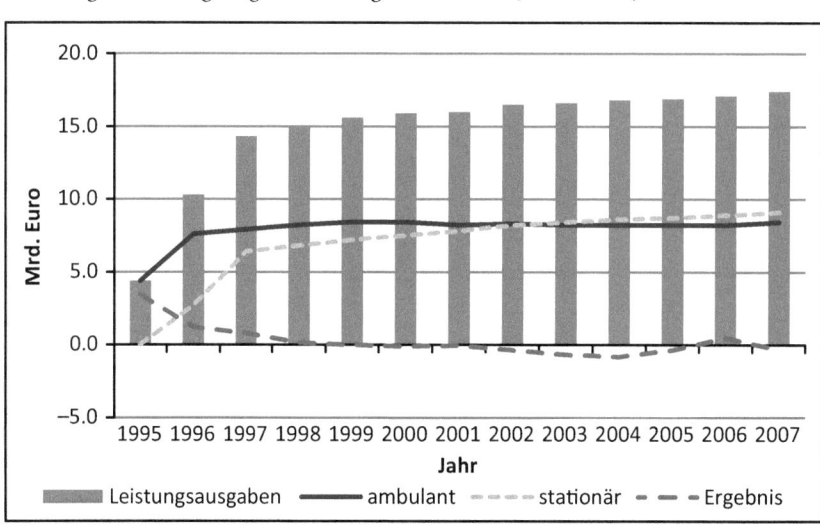

Quelle: eigene Darstellung mit Daten von BMG (2012).

---

64 Die Leistungsausgaben bilden zusammen mit einem über die Zeit beständig angewachsenem Ausgabenblock, welcher sich im Jahr 2007 auf rund 890 Millionen Euro beläuft, die Gesamtausgaben der SPV.

Die bereits beschriebene, gegensätzliche Entwicklung hinsichtlich des In-
anspruchnahmeverhaltens der Pflegebedürftigen findet auch bei den korrespondierenden Ausgaben seinen Niederschlag. Auf Grund divergierender
Leistungssätze jedoch vergrößern sich, wie in Abbildung 41 dargestellt, die von
den Pflegebedürftigen durch die Wahl der Leistungsart ausgelösten Verschiebungen. Das Verhältnis der Ausgaben von Geld- zu Sachleistungen im Jahres-
durchschnitt innerhalb der ambulanten Pflege verschob sich von 81 % zu 18 %
im Jahr 1995 auf 62 % zu 38 % im Jahr 2007. Das bedeutet, dass im Bereich
der ambulanten Pflege der 21-prozentige Anteil der Leistungsbezieher 38 % der
Leistungsausgaben beansprucht.

Abbildung 41: Geld-Sachleistungs-Verhältnis der SPV (1995 – 2007)

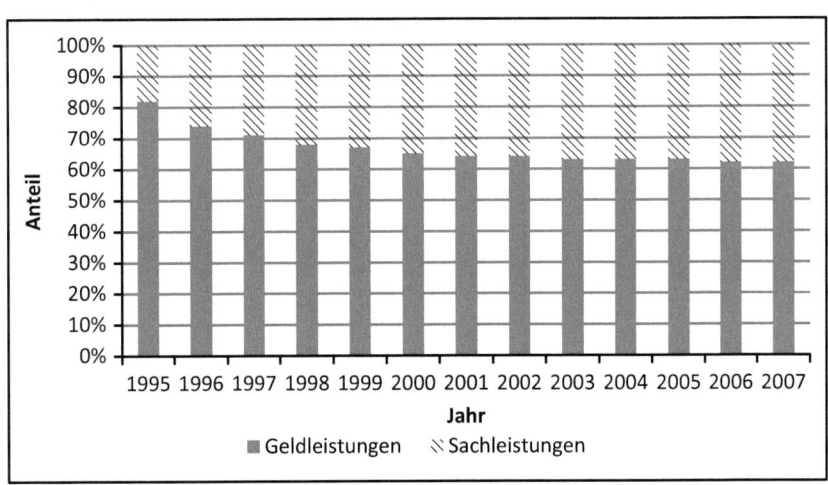

Quelle: eigene Darstellung mit Daten von BMG (2012).

Da die beschriebenen Entwicklungen zu deutlichen Steigerungen der Leistungsausgaben führen und so auf Dauer das sensible Gleichgewicht der SPV bedrohen, reagierte der Gesetzgeber mit dem Versuch, durch eine Verbesserung der
Rahmenbedingungen der ambulanten Pflege gegenzusteuern: Die Regelungen
des zum Juli 2008 in Kraft getretenen Gesetzes zur strukturellen Weiterentwicklung der Pflegeversicherung (siehe Deutscher Bundestag (2012)) sowie die als
Reaktion darauf sich teilweise bereits abzeichnenden Veränderungen in der SPV
werden in Kapitel 3.4.3 ausführlich dargestellt.

3.4.2 Status quo

3.4.2.1 Finanzierung des Systems

Neben leistungsseitigen Aspekten tragen auch die zu erwartenden Entwicklungen auf der Finanzierungsseite dazu bei, dass die Pflegesicherung der wohl anfälligste und „[…] wahrscheinlich am meisten gefährdete Sozialversicherungszweig […]" (Dietz (2004), S. 201) ist. Wie bereits die Entwicklung der Ausgaben und des Ergebnisses in Abbildung 40 nahelegt, wächst die im Umlageverfahren ausgestaltete SPV – mit Ausnahme der Jahre 2003 und 2007 - konstant von Jahr zu Jahr mit der Entwicklung der Grundlohnsumme. Da diese Finanzierungsbasis jedoch ein geringeres Wachstum als das Bruttoinlandsprodukt aufweist (vgl. Wille (2010) am Beispiel der GKV), kommt es somit bei steigenden Preisen für Pflegeleistungen zu einer schleichenden Entwertung der Kaufkraft für die nominal ausgewiesenen und bis zum Jahr 2008 der Höhe nach unveränderten Leistungssätze der Pflegeversicherung. Deren diskrete Erhöhung zieht eine zeitgleiche Anpassung des Beitragssatzes nach sich, der seit dem 1. Juli 2008 1,95 % des beitragspflichtigen Einkommens (jeweils 0,975 % von Arbeitnehmer und Arbeitgeber)[65] beträgt, Kinderlose zahlen seit dem Jahr 2005 ein Zuschlag von 0,25 Prozentpunkten und somit 2,2 %.[66] Diese paritätische Form der solidarischen Finanzierung erweist sich insbesondere in wirtschaftlichen und haushaltspolitischen Krisenzeiten auf Grund seiner (weitgehenden) Unabhängigkeit von öffentlichen Zuwendungen als deutlich robuster, als vergleichbare, steuerfinanzierte Systeme (vgl. Klusen (2011), S. 367 in Analogie für die GKV).[67]

Die Obergrenze, bis zu der der Beitragssatz Anwendung findet, hat sich, wie Abbildung 42 zeigt, seit Bestehen der SPV im Jahr 1995 (umgerechnet knapp 3.000 Euro (West) respektive knapp 2.500 Euro (Ost)) auf 3.825 Euro im Jahr 2012 deutlich erhöht. Als beitragspflichtiges Einkommen gelten hierbei neben

---

65 Auf Grund der in Kapitel 3.4.1 beschriebenen Sonderrolle des Bundeslands Sachsen betragen die Anteile dort 1,475 % für Arbeitnehmer und 0,475 % für Arbeitgeber.

66 Die Beiträge Arbeitsloser zur SPV werden von Seiten der Arbeitsagentur getragen. Des Weiteren existieren Ausnahmen bspw. für Rentner oder Studenten, die hier jedoch nicht näher beleuchtet werden.

67 Für eine Übersicht über die verschiedenen, in OECD-Ländern verbreiteten Typologien zur Absicherung des Pflegerisikos siehe Colombo (2012) sowie hinsichtlich ausgewählter Länder die Beiträge in Österle (2011) und Costa-Font und Courbage (2012b), S. 101ff.

Löhnen und Gehältern auch Lohnersatzeinkommen, nicht jedoch Kapitalerträge oder Einkünfte aus Vermietung und Verpachtung.

Abbildung 42: Entwicklung der Beitragsbemessungsgrenze (1995 – 2012)

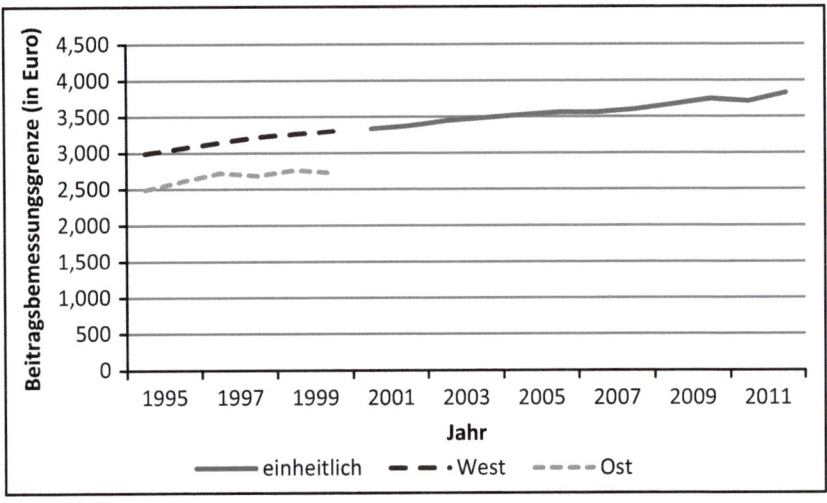

Quelle: eigene Darstellung mit Daten von {BMG (2012).

Der mit den in dieser Arbeit beschriebenen zukünftigen Entwicklungen der SPV einhergehende Finanzbedarf führt zu zum Teil dramatischen Prognosen des Beitragssatzes bis zum Jahr 2050/2060 (vgl. Popp (2011), S. 327ff.). Aus diesem Grund existiert eine Vielzahl ökonomischer, an der Finanzierungsseite der Pflegeversicherung - sowie für die eng mit der Zukunftsperspektive der Sozialen Pflegeversicherung verbundene Gesetzliche Krankenversicherung - anknüpfender Reformvorschläge (vgl. Wille (2006)). Eine kurze Übersicht und Systematisierung nach der Art der Finanzierung der bedeutendsten, aber bislang nicht umgesetzten Ausgestaltungsmöglichkeiten einer Weiterentwicklung der Pflegeversicherung in Deutschland, folgt in Anlehnung an die vergleichende Synopse von Schulze Ehring.[68]

---

68 Eine Analyse mit spezieller Betrachtung intergenerativer Verteilungseffekte findet sich bei Häcker (2008), S. 131ff.

Tabelle 5: Systematisierung der Reformvorschläge

Umlageverfahren
Bürgerversicherung[69]
Pauschalbeitragssystem des Sachverständigenrats[70]
Umlageverfahren und ergänzende Kapitaldeckung
Rürup-Modell[71]
Kapitaldeckungsverfahren
Kronberger Kreis und Vereinigung der Bayerischen Wirtschaft[72]
Eigenvorsorge-Modell[73]
Modell der Herzog-Kommission[74]
Auslaufmodell nach Raffelhüschen[75]
Kohortenmodell des Sachverständigenrats[76]

Quelle: eigene Darstellung aus Schulze Ehring (2007), S. 8ff.

Viele der diskutierten Varianten erscheinen prinzipiell durchsetzbar – den einen Königsweg zur nachhaltigen Reform alleine auf Seiten der Systemfinanzierung zu suchen, dürfte auf Grund der Komplexität und Pfadabhängigkeit der gesundheits- und pflegepolitischen Entscheidungen der Vergangenheit jedoch vergebens sein (vgl. Rürup (2002), S. 22).

3.4.2.2 Leistungsausgaben und Versorgungsstruktur

Die Leistungsseite der SPV weist bis Mitte des Jahres 2008 seit Bestehen im Jahr 1995 der Höhe nach unveränderte Leistungen aus. Im Zuge der Reform im Rahmen des PfWG wurde zunächst eine diskrete Dynamisierung in drei Schritten bis zum Jahr 2012 festgeschrieben. Dem schließt sich gemäß § 30 SGB XI eine

---

69 Für nähere Ausführungen siehe bspw. Lauterbach (2005).
70 Für nähere Ausführungen siehe bspw. SVR (2004), S. 562ff.
71 Für nähere Ausführungen siehe bspw. Kommission für die Nachhaltigkeit in der Finanzierung der Pflegeversicherung (2003).
72 Für nähere Ausführungen siehe bspw. Kronberger-Kreis (2005) und vbw (2004), S. 28ff.
73 Für nähere Ausführungen siehe bspw. Donges et al. (2005), S. 21ff. und Eekhoff (2008), S. 176f.
74 Für nähere Ausführungen siehe bspw. Herzog-Kommission (2003).
75 Für nähere Ausführungen siehe bspw. Raffelhüschen et al. (2005).
76 Für nähere Ausführungen siehe bspw. SVR (2004), S. 556ff.

Überprüfung der Leistungshöhen im dreijährigen Rhythmus an, bei der die kumulierte Preisentwicklung der letzten drei abgeschlossenen Kalenderjahre als Orientierungswert für die Anpassungsnotwendigkeit dient. Die Steigerungen sind als Ausgleich sowohl für inflationsbedingte Kostensteigerungen als auch für den durch den negativen Preisstruktureffekt (vgl. Baumol (1967), S. 416f.) der personalintensiven Pflege ausgelösten Realwertverlust der Leistungen zu verstehen.

Wie die Zahlen in Tabelle 6 verdeutlichen, erfolgten die Anpassungen der Leistungssätze unter Wahrung des Grundsatzes „ambulant vor stationär" (vgl. SVR (2007), S. 200). Aus der relativen Aufwertung der ambulanten Leistungen, insbesondere der unteren beiden Pflegestufen, ergibt sich eine Stärkung der (finanziellen) Attraktivität, was - zumindest theoretisch - Auswirkungen auf die Bereitschaft zur informellen Pflege hat (vgl. Michaelis et al. (2005), S. 8f.). Somit wurde auch von Seiten des Gesetzgebers die Wichtigkeit der ambulanten und insbesondere der informellen Pflege, die nach wie vor die dominierende Rolle bei der Erbringung von Pflegeleistungen einnimmt (vgl. Statistisches Bundesamt (2011b), S. 4), unterstrichen.

Tabelle 6: Leistungen der SPV seit Juli 2008 nach Pflegestufen

Pflegestufe	Leistung pro Monat in Euro (seit Juli 2008)		
	ambulant		stationär
	Geldleistung	Sachleistung	
I	215	420	1.023
II	420	980	1.279
III (Härtefall)	675	1.470 (1.918)	1.470 (1.750)
Pflegestufe	Leistung pro Monat in Euro (seit Januar 2010)		
	ambulant		stationär
	Geldleistung	Sachleistung	
I	225	440	1.023
II	430	1.040	1.279
III (Härtefall)	685	1.510 (1.918)	1.510 (1.825)

Pflegestufe	Leistung pro Monat in Euro (seit Januar 2012)		
	ambulant		stationär
	Geldleistung	Sachleistung	
I	235	450	1.023
II	440	1.100	1.279
III (Härtefall)	700	1.550 (1.918)	1.550 (1.918)

Quelle: eigene Darstellung nach BMG (2009b), S. 2f.

Der in den letzten Jahren beschleunigte Anstieg in der Zahl der von Pflegebedürftigkeit Betroffenen (siehe Abbildung 43) ist vor allem auf Zuwächse in Pflegestufe I zurückzuführen, wohingegen in den Pflegestufen II und III in absoluten Zahlen nahezu Stagnation bzw. im Jahr 2011 sogar ein leichter Rückgang und hinsichtlich der Anteile ein Schrumpfen während des kompletten Betrachtungszeitraums zu konstatieren ist. Dies schlägt sich auch in einem geänderten Inanspruchnahmeverhalten hinsichtlich der verschiedenen Leistungsarten nieder: In den Daten des BMG (2012) fällt auf, dass mit Inkrafttreten des PfWG im Jahr 2008, neben einem Absinken des Anteils der Empfänger von Pflegesachleistungen, erstmals auch die Tendenz zu einer stärkeren Inanspruchnahme von Leistungen zur vollstationären Pflege durchbrochen wird und die Anteile sinken.

Dem stehen starke relative wie auch absolute Zuwächse bei den Kombinationsleistungen entgegen (von unter 220.000 Empfängern im Jahr 2007 auf über 320.000 Empfänger im Jahr 2011). Dies ist im Kontext des Versuchs des Gesetzgebers gegenzusteuern und die Attraktivität einer möglichst langen Pflege im ambulanten Bereich zu erhöhen, zu sehen. Über die Kombinationsmöglichkeit innerhalb der ambulanten Leistungserbringung hinaus (siehe Kapitel 3.4.1), existiert seit Mitte des Jahres 2008 ein erhöhter Anreiz zum gleichzeitigen Bezug von ambulanten und Leistungen der teilstationären Pflege, da die Obergrenze für diese Variante auf bis zu 150 % des bisherigen Anspruchs erhöht wurde. Die vollen ambulanten Leistungen der entsprechenden Pflegestufe übersteigend, ist nun bspw. ein zusätzlicher, hälftiger Bezug der Leistungen der Tages- und Nachtpflege möglich (vgl. Statistisches Bundesamt (2011a), S. 15). Der Trend einer zurückgehenden Präferenz für das Pflegegeld (alleine) ist hingegen ungebrochen (vgl. destatis (2012)). Zusammen genommen ist im Bereich der ambulanten Pflege eine Stabilisierung des Verhältnisses von Geld- zu Sachleistungen festzustellen, welches sich sowohl bei den Ausgaben (61 zu 39 in 2011) als auch bei den Empfängern (79 zu 21 in 2011) zeigt (vgl. BMG (2012)).

Abbildung 43: Anzahl der Leistungsempfänger der SPV (2008 – 2011)

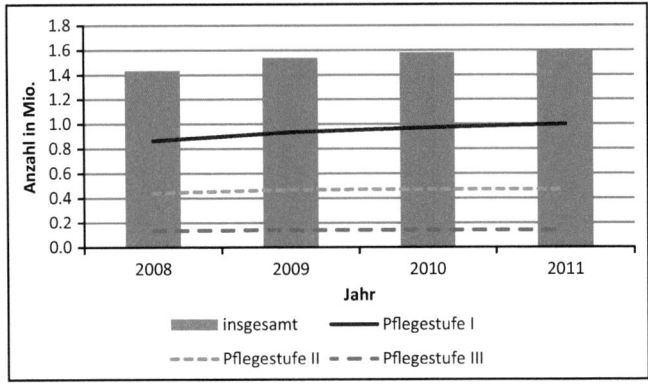

Quelle: eigene Darstellung mit Daten von BMG (2012).

Die beschriebenen Entwicklungen ziehen die in Abbildung 44 ablesbaren finanziellen Konsequenzen nach sich: Während sich die gesamten Leistungsausgaben im Jahr 2011 der Marke von 21 Milliarden Euro nähern, haben sich die Anteile der Ausgaben für ambulante und stationäre Leistungen weiter angenähert und liegen nahezu gleichauf. Ebenso wird deutlich, dass die auf Grund der Beitragssatzanpassung im Jahr 2008 in den ersten beiden Jahren erzielten Überschüsse zwar nach wie vor vorhanden, jedoch stark rückläufig sind. Für das finanzielle Polster der SPV bedeutet dies, dass die Rücklagen deutlich erhöht werden konnten und zum Ende des Jahres 2011 rund 5,5 Milliarden Euro bzw. fast drei Monatsausgaben betragen.

Abbildung 44: Leistungsausgaben und Ergebnis der SPV (2008 – 2011)

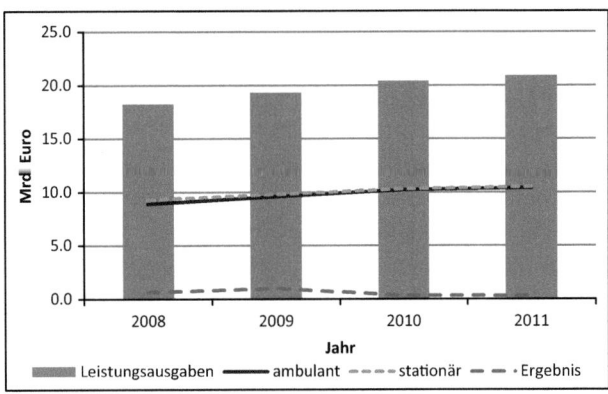

Quelle: eigene Darstellung mit Daten von BMG (2012).

Dennoch würde insbesondere ein Rückgang des informellen Pflegepotenzials die mittel- und langfristige Situation der Pflegeversicherung verschärfen und wäre aus Systemsicht kaum zu verkraften. Dieses Potenzial auszubauen, erscheint illusorisch, da bereits ein Beibehalten des Status quo eine fast unlösbar erscheinende Aufgabe darstellt (vgl. Popp (2011), S. 279ff.). Der Anteil der zur ambulanten Betreuung Pflegebedürftiger notwendigen Hauptbetreuungspersonen müsste sich demnach, gemessen an der Bevölkerungsentwicklung, annährend verdoppeln. Hinzu kommt der Einsatz weiterer, ergänzender Helfer, so dass sich ein Bedarf von annährend 10 % der bundesdeutschen Bevölkerung ergibt, welcher im Jahr 2060 – auch bei zusätzlicher Zuwanderung - mehr oder weniger Zeit mit pflegerischen Aufgaben verbringen müsste (vgl. Popp (2011), S. 299). Wenngleich dies auf Grund der gesellschaftlichen Rahmenbedingungen wohl ausgeschlossen werden kann, lohnt sich auch in Zukunft die Verhinderung einer größeren Anzahl stationär Versorgter, da bereits eine relativ kleine Gruppe von „Wechslern" einen bedeutenden Anstieg der Kosten der SPV nach sich zieht (vgl. Popp (2011), S. 330f.), was zwangsläufig einen höheren Beitragssatz oder geringere Leistungen zur Folge haben muss. Umso wichtiger erscheint es, jene, die die Bereitschaft zur informellen Pflege mitbringen, in ihrem Entschluss zu bestärken und in einem ökonomisch sinnvollen Rahmen dabei zu unterstützen.

3.4.3 Das Pflege-Weiterentwicklungsgesetz

Seit Einführung der Pflegeversicherung im Jahr 1995 entzündet sich an ihrer Ausgestaltung fortwährend Kritik; so häufen sich etwa Klagen bzgl. einer existierenden Unterfinanzierung (vgl. Naegele (2003), Naegele (2007), S. 20 sowie Rothgang und Preuss (2007)) und auch die Ausrichtung hinsichtlich unzureichender Nachhaltigkeit (vgl. Möwisch et al. (2008), S. 3) steht immer wieder im Fokus. Als Reaktion darauf sind die steten Reformbemühungen unterschiedlichster Natur zu sehen, die zum Teil den Eindruck entstehen lassen, die Pflegeversicherung sei der „Experimentierkasten" der Gesundheit. Auch der bisherigen Praxis vollkommen fremde Herangehensweisen, wie bspw. das Persönliche (Pflege-)Budget (siehe hierzu exemplarisch Michaelis (2005), Klie (2007) und Igl (2005), S. 67), finden sich in der langen Liste der Ansätze, die jedoch nur zu einem Teil umgesetzt, zum Teil aber auch (u.a. aus Gründen der finanziellen Gegebenheiten) nicht weiter verfolgt wurden. Häufigkeit und Intensität der Reformbestrebungen in der Pflege haben in den letzten Jahren zugenommen. Neben der wichtigen Absicherung durch professionelle Institutionen, wurde aber auch die Bedeutung der ambulant erbrachten Pflege erkannt und im Rahmen der letzten großen Pflegereform aus dem Jahr 2008 mit dem Gesetz zur strukturellen Weiterentwicklung der Pflegeversicherung das Ziel einer Stärkung dieser, insbesondere hierbei der informellen Pflege, vorangetrieben. Die folgende Auflistung[77] zeigt die wichtigsten Maßnahmen des PfWG, wie bspw. den Ausbau der Beratungsleistungen und -ansprüche, welchen (milieuabhängig) große Bedeutung zukommt (vgl. Heusinger und Klünder (2004), S. 193):

- Schaffung von Pflegestützpunkten;
- Individualanspruch auf umfassende Pflegeberatung (Fallmanagement);
- Verbesserung der Rahmenbedingungen insbesondere für neue Wohnformen durch gemeinsame Inanspruchnahme von Leistungen;
- erweiterte Einsatzmöglichkeiten für Einzelpflegekräfte;
- schrittweise Anhebung der ambulanten und stationären Leistungen;
- Ausweitung der Leistungen für Menschen mit eingeschränkter Alltagskompetenz und Einbeziehung von Menschen der so genannten Pflegestufe 0;
- Verbesserung der Leistungen zur Tages- und Nachtpflege;
- Leistungsdynamisierung;
- Erhöhung der Fördermittel zum weiteren Ausbau niedrigschwelliger Betreuungsangebote sowie für ehrenamtliche Strukturen und die Selbsthilfe im Pflegebereich;
- Einführung einer Pflegezeit für Beschäftigte;
- Stärkung von Prävention und Rehabilitation in der Pflege;
- Ausbau der Qualitätssicherung und Weiterentwicklung der Transparenz;
- Unterstützung des generationsübergreifenden bürgerschaftlichen Engagements;
- Abbau von Schnittstellenproblemen, Förderung der Wirtschaftlichkeit;
- Stärkung der Eigenvorsorge;
- Anhebung des Beitragssatzes um 0,25 Prozentpunkte;
- Portabilität der Alterungsrückstellungen auch im Bereich der privaten Pflege-Pflichtversicherung;
- Maßnahmen zur Entbürokratisierung.

Herauszustellen sind hierbei u.a. die Anhebung der Leistungen mit späterer Dynamisierung, die Möglichkeit für Angehörige zur Pflegezeit, der Einbezug von Menschen mit eingeschränkter Alltagskompetenz bei gleichzeitigem Ausbau des Angebots niederschwelliger Betreuungsangebote und die Erhöhung des

---

77 Die Auflistung folgt den Ausführungen in Deutscher Bundestag (2007), S. 1f. und Deutscher Bundestag (2008), S. 14f.

Beitragssatzes von 1,7 bzw. 1,95 % auf 1,95 bzw. 2,2 % des beitragspflichtigen Einkommens zur Gegenfinanzierung.

Die Umsetzung dieses Maßnahmenbündels erfolgt äußerst heterogen. Während viele Punkte mit Inkrafttreten des Gesetzes auch spürbare Wirksamkeit entfalteten, weisen Tempo und Grad der bisherigen Umsetzung, bspw. in Bezug auf die Errichtung der Pflegestützpunkte, deutliche regionale Unterschiede auf (vgl. Rothgang et al. (2009), S. 30f.). Mögliche langfristige Auswirkungen der Maßnahmen des PfWG lassen sich zu diesem Zeitpunkt noch nicht abschätzen bzw. bedürfen weiterer Untersuchungen.[78]

3.4.4 Zukünftige Herausforderungen

3.4.4.1 Das Pflege-Neuausrichtungs-Gesetz

Als spätes Resultat des von vielen Seiten als großer Wurf erhofften „Jahr der Pflege 2011" wurde mit der Verabschiedung des Pflege-Neuausrichtungs-Gesetzes zum Oktober 2012 bzw. Januar 2013 zumindest ein erster Schritt auf dem Weg zu einer Neuordnung der Finanzierungs-, aber auch der Leistungsseite der SPV getan. Kernpunkte der angestrebten Verbesserungen stellen u.a. die Versorgung demenziell Erkrankter im ambulanten Bereich, eine Flexibilisierung der Leistungsinanspruchnahme durch Zeitkontingente, Maßnahmen zur Verbesserung der Situation der pflegenden Angehörigen, finanzielle Anreize für Wohnmaßnahmen außerhalb der stationären Betreuung sowie Nachbesserungen in den Bereichen Service und Beratung dar. Darüber hinaus wird der Abschluss einer privaten, kapitalgedeckten Pflegevorsorge (Pflegezusatzversicherung) nach dem Vorbild der Riester-Rente steuerlich mit fünf Euro pro Monat gefördert. Zur Gegenfinanzierung steigt der Beitragssatz um 0,1 Prozentpunkte, was Mehreinnahmen in Höhe von ca. 1,1 Milliarden Euro jährlich nach sich zieht.

Leistungsseitig knüpft das PNG somit an die Regelungen des Familienpflegezeitgesetzes an, bei dem Arbeitnehmer unter bestimmten Voraussetzungen ihrer wöchentlichen Arbeitszeit auf bis zu 15 Stunden zugunsten einer Pflegephase reduzieren können. Mit Hilfe eines Zeitkontos müssen die über die Dauer von bis zu zwei Jahren angesammelten „Fehlstunden" im Anschluss an die Pflegezeit wieder ausgeglichen werden. Diese Orientierung am Modell der Altersteilzeit

---

78 Bisherige Studien können auf Grund der Vielzahl spezieller Fragestellungen und daraus resultierender kleiner Fallzahlen, etwa zur Inanspruchnahme der Pflegezeit, nur unzureichend statistisch abgesicherte und verwertbare Informationen liefern (vgl. Schmidt und Schneekloth (2011), S. 31f.).

ermöglicht eine temporäre Verbesserung der Vereinbarkeit von Beruf und Pflege, behebt jedoch nicht die grundlegenden Schwächen des derzeit gültigen Pflegbedürftigkeitsbegriffs.

Auf Grund der Kritik an der sogenannten „Verrichtungsorientierung" des Pflegebedürftigkeitsbegriffs, bei der objektiv hilfebedürftige Personengruppen (insbesondere Demenzkranke) vom bisherigen Einstufungsverfahren nicht oder nur unzureichend erfasst werden (vgl. Klie (2009), S. 10f.), besteht weitgehender wissenschaftlicher, politischer und gesellschaftlicher Konsens hinsichtlich der Notwendigkeit einer Umstrukturierung und Neuordnung der Kriterien, an denen Pflegebedürftigkeit gemessen und bewertet wird. Prominentester, aber im Rahmen des PNG nicht umgesetzter Vorschlag, ist das sogenannte neue Begutachtungsassessment (NBA), welches modular am Grad der Selbstständigkeit des potenziell Pflegebedürftigen ausgerichtet, das Ausmaß des Pflegebedarfs zu ermitteln versucht. Mit seiner Punkteskala steht es in der Tradition bspw. des Barthel Index (für nähere Erläuterungen siehe Kapitel 5.4). An Stelle der bisherigen drei Pflegestufen sollen demnach zukünftig fünf Bedarfsgrade unterschieden werden, was zwangsläufig Verschiebungen auslöst.[79]

Wichtig erscheint, neben der mit Höherstufungen verbundenen Erhöhung der finanziellen Belastung der SPV (vgl. Rothgang et al. (2008) und Popp (2011), S. 182f.), unter Gerechtigkeitsaspekten vor allem der Gesichtspunkt möglicher Herabstufungen und somit einer Abwertung der Ansprüche jahrelanger Einzahler. Dies nachhaltig zum Wohle aller (auch zukünftiger) Pflegebedürftigen zu lösen und dabei gleichzeitig die Beitragszahler nicht über Gebühr zu fordern, sollte der – nicht leicht zu erfüllende – Anspruch sein, in dem Wissen, dass eine Pareto-Verbesserung nicht erreicht werden kann (vgl. Ulrich und Maier (2012)).

3.4.4.2 Fachkräftemangel

Das in Teilen noch unerschlossene Potenzial der Gesundheitswirtschaft als Wachstumsmotor unserer Gesellschaft in den kommenden Jahrzehnten (vgl. Münch (2011), S. 239ff.) kulminiert in der Betrachtung der sich bietenden Chancen des Pflegemarktes. Wenngleich hinsichtlich seiner exakten Höhe nach prognosetypisch mit Unsicherheit behaftet, wird der Bedarf an Betreuungseinrichtungen, aber insbesondere an dort sowie ambulant tätigem pflegerischem Personal, sich bis zum Jahr 2050 deutlich erhöhen (vgl. Schallermair (1999),

---

79 Für weiterführende Informationen siehe BMG (2009a) und BMG (2009c).

S. 301ff. und Doblhammer et al. (2012), S. 117ff.). Insbesondere in Zeiten hoher Arbeitslosigkeit erwies sich der Pflegebereich als Jobmotor der deutschen Wirtschaft und generierte allein bis zum Jahr 2006 rund 300.000 neue Arbeitsplätze (vgl. Deutscher Bundestag (2008), S. 35). Für das Jahr 2009 weist die Statistik einen Personalstand von 621.392 Beschäftigten im ambulanten und stationären Bereich aus, wovon über 200.000 Menschen in Vollzeit arbeiten (vgl. Statistisches Bundesamt (2011a), S. 24).

Der auch zukünftig wachsende Bedarf an gut ausgebildetem, professionellem Pflegepersonal stellt die nächste Welle eines zyklisch regelmäßigen Szenarios mit abwechselnden Phasen, geprägt durch verhältnismäßig hohe Arbeitslosigkeit und sich anschließendem offenkundigen quantitativen Mangel bis hin zum regionalen Pflegenotstand (vgl. Bartholomeyczik und Holle (2012), S. 939), dar. Konnten derartige Engpässe bislang bspw. auf Grund hoher Arbeitslosenzahlen stets abgefedert werden, stellen das generell abnehmende Arbeitskräfteangebot und der nahezu alle Wirtschaftszweige erfassende Fachkräftemangel die Pflegebranche vor große Herausforderungen (vgl. Beske (2011), S. 34). Es steht zu erwarten, dass auf Grund der sich bietenden Alternativen das Potenzial und die Bereitschaft zum Umstieg in den Pflegesektor dieses Mal tendenziell geringer ausfällt. Selten war demnach das Risiko höher, dass der Bedarf zukünftig nicht gedeckt werden kann (siehe auch die Berechnungen von Hackmann (2010)). Der Hauptgrund hierfür ist einem immer stärker zu Tage tretenden Auseinanderfallen von der Nachfrage nach professionellen Fachkräften (ambulant wie stationär) und dem Arbeitsangebot zu sehen. Ausgehend von der oben skizzierten und in den vergangenen Jahren aufgebauten hohen Anzahl an Beschäftigten, müsste sich diese bis zum Jahr 2060 mehr als verdoppeln (vgl. Popp (2011), S. 245ff.), während für das Erwerbspersonenpotenzial in der gleichen Zeit in nahezu allen Prognosen ein (szenarienabhängiger) Rückgang von ca. 20 % vorhergesagt wird (vgl. Velladics (2004), S. 30ff. und Popp (2011), S. 262ff.).

Dabei ist der deutsche Arbeitsmarkt für Pflegefachkräfte nicht isoliert zu betrachten. Vielmehr existieren bereits heute vielfältige Interdependenzen und Arbeitskräftewanderungen über die Landesgrenzen hinweg (vgl. Weidner (2007), S. 86). Der steigende Bedarf an Pflegekräften in fast allen OECD-Ländern (vgl. Jacobzone (1999)) legt nahe, dass nicht alle Länder diesen befriedigen können. Zur Sicherung einer hohen Qualität der pflegerischen Versorgung ist somit zukünftig die Entwicklung und Stärkung anderer, nicht ausschließlich auf professionelle Pflegekräfte ausgerichteter, Modelle und Varianten gefragt.

Für Deutschland gilt dies umso mehr, da auf Grund des Zusammenfallens des sich abzeichnenden Mangels an professionellen Pflegekräften und eines rückläufigen informellen Pflegepotenzials (vgl. Blinkert und Klie (2008), S. 25f.) die komplette bisherige Palette rechtlich einwandfreier und bezahlbarer Pflegeoptionen betroffen ist. Der immer öfter festzustellende Einsatz ausländischer, oftmals osteuropäischer Pflegehelfer, die für die ambulante pflegerische Versorgung einen nicht zu vernachlässigenden Beitrag leisten (vgl. Theobald (2009), S. 28), bislang jedoch in einer rechtlichen Grauzone operieren, könnte einen Schlüssel zur Lösung des Problems darstellen. Durch die Schaffung von Rechtssicherheit und die Kopplung an klare Vorgaben und Qualifikationen könnte, bspw. in Anlehnung an das in Österreich seit dem Jahr 2007 praktizierte Modell[80], eine in der Praxis ohnehin Anwendung findende Vorgehensweise - deutlich kurzfristiger als Ausbildungs- und Qualifizierungsmaßnahmen wirkend – bei entsprechender Einbettung und Abstimmung mit bereits existierenden Angeboten für Entspannung sorgen.

3.4.5 Zusammenspiel formeller und informeller Pflege

Unbestritten erfüllt die in Deutschland inzwischen fest etablierte institutionelle Absicherung des Pflegerisikos eine wichtige Rolle. In diesem sozialen Netz entfalten nach wie vor die vielfältigen intra- und intergenerationellen Beziehungen ihre Wirkung und ermöglichen das Funktionieren des Sozialstaats. Wenngleich bereits positive Ansätze eines Zusammenwirkens beider Formen der Erbringung der Pflegeleistung, wodurch langfristig tragfähige Pflegearrangements gefördert und gestützt werden (vgl. Blüher (2004), S. 46 und Tesch-Römer und Mardorf (2009), S. 204), zu verzeichnen sind, wird das Spektrum der möglichen monetären (Einsparpotenzial) und nichtmonetären (Fokussierung auf Kernkompetenzen) Anreize, die derartige Lösungen bieten, bislang kaum ausgeschöpft.

Dies liegt unter anderem in der bislang nur spärlich vorhandenen Forschung zu diesem Themengebiet begründet, die, größtenteils pflegewissenschaftlich ausgerichtet (siehe beispielhaft Zeman (1997), Jansen (1998) und Entzian und Klie (2000) sowie im internationalen Kontext bspw. das AdHOC-Projekt: Carpenter et al. (2004)), zwar einen wichtigen Beitrag zur Grundlagenforschung liefert, aber nicht die Relevanz des Gebiets in seiner vollen Breite - bspw. auch aus ökonomischer Perspektive - abzudecken vermag. Auch die unabhängige

---

80 Für weiterführende Informationen siehe Schmid (2009), S. 68ff., Stöckl (2011), S. 67f. und S. 75ff. sowie Österle et al. (2011), S. 56f.

Evaluierung bereits implementierter Ansätze stellt bislang eine Forschungslücke dar (vgl. Hokema und Sulmann (2009), S. 214).

Eine zukünftig dringend notwendige Verbesserung des Zusammenspiels informeller und professioneller Pflegender im heimischen Umfeld[81] wird in vielen Veröffentlichungen angemahnt (siehe exemplarisch Blinkert und Klie (2008), Deutsches Institut für angewandte Pflegeforschung e.v. (2010), S. 147, Büscher (2011), S. 502ff. und betreffend des Zusammenwirkens anhand beispielhafter Krankheitsbilder in Garms-Homolová (2011), S. 416ff.). Auf Grund des schwindenden informellen Pflegepotenzials wird die professionelle Pflege bereits zunehmend familienergänzend tätig (vgl. Brandenburg und Klie (2003), S. 159), allerdings stehen vielfältige Schnittstellenprobleme (siehe hierzu Röttger-Liepmann (2007), S. 188ff.) einer effizienten gemeinschaftlichen Bewältigung der Pflegeaufgabe bislang entgegen.

3.5 Zwischenfazit

Mit der beständig wachsenden Zahl Pflegebedürftiger in Deutschland haben sich auch der Anspruch an die Pflegeversicherung sowie deren Komplexität erhöht. Während Nachjustierungen und Weiterentwicklungen (abgesehen von der Erhöhung der Beitragssätze) bislang ausschließlich auf der Leistungsseite verortet waren, wird durch das PNG zukünftig auch auf der Finanzierungsseite angesetzt. Im internationalen Vergleich erweist sich die überschaubare Anzahl unterschiedlicher Finanzierungsformen als eine gute Basis für Vergleiche – leistungsseitig ist dies auf Grund unterschiedlicher Abgrenzungen von Pflegebedürftigkeit und der Vielzahl nationaler Regelungen weitaus diffiziler.

Unter den in Deutschland beteiligten Institutionen nimmt der MDK mit seiner Gutachtertätigkeit eine Schlüsselrolle bei der Feststellung von Pflegebedürftigkeit ein. Hierbei stellt insbesondere die Korrektur des gemeinhin als unzureichend kritisierten Verrichtungsbezugs der Pflegebedürftigkeitsdefinition eine zentrale Herausforderung für die zukünftige Neuordnung in diesem Bereich dar. Die mit der Ambulantisierung der Pflege intendierte Einschränkung der Nutzung kostenintensiver stationärer Versorgungsangebote, um auch aus ökonomischen Gründen den stationären Sektor zu entlasten und den Ausgabenanstieg im Gesundheitswesen zu bremsen (vgl. Schaeffer und Ewers (2001), S. 13), erweist sich auf Grund der demografischen und gesellschaftlichen Entwicklungen als zunehmend schwieriger praktikabel. Durch bessere Vereinbarkeit

---

81 Hierzu zählen ebenfalls Wohnformen der Zukunft, wie sie von Kremer-Preiß (2007) beschrieben und bewertet werden.

von familiärer Pflege und Berufstätigkeit kann der steigende Bedarf an professionellen Pflegeleistungen zwar nicht vollständig kompensiert, aber doch begrenzt werden (vgl. Naegele und Bäcker (2011), S. 226). Neben Ansätzen effizienzsteigender Reformen im Bereich der SPV (siehe Augurzky et al. (2011), S. 11) stellen Maßnahmen zur Stärkung der Bereitschaft zur informellen Pflege somit eine weitere, wichtige Säule zur zukunftsorientierten, nachhaltigen und finanzierbaren Ausgestaltung der Pflege in Deutschland dar.

4 Theorie der Pflege

4.1 Wohlfahrtsstaatentypen und Pflegeabsicherung

Die Absicherung gegen das Pflegerisiko wie auch die Notwendigkeit zur demografiefesten Ausgestaltung der Systeme stellt auch jenseits nationaler Regelungen ein zentrales Anliegen der Regierungen der jeweiligen Länder dar. Die am weitesten verbreitete Klassifikation der unterschiedlichen zu Grunde liegenden Konzeptionen der Wohlfahrtsstaatentypen ist die nach Esping-Andersen (1989) bzw. Esping-Andersen (1990), welche im Folgenden ebenso wie die Einteilung in Bismarck- und Beveridge-Systeme kurz erläutert wird. Darüber hinaus existiert eine Vielzahl daraus entwickelter, aber auch weiterer Systematisierungen, die in Kapitel 6.1 auszugsweise dargestellt werden.

Gemäß der Typologisierung der vergleichenden Wohlfahrtsstaaten- bzw. Wohlfahrtsregimeforschung nach Esping-Andersen lässt sich anhand der Kategorien

- Ausmaß der De-Kommodifizierung,
- Ausmaß der Stratifizierung und
- dem Verhältnis von Staat, Markt und Familie bei der Wohlstandproduktion

das Ausmaß der Gewährung sozialer Staatsbürgerrechte bestimmen und eine Dreiteilung der Wohlfahrtsstaaten konstatieren: Demnach existieren Wohlfahrtsregime

- liberaler,
- konservativer und
- sozialdemokratischer

Prägung, welche nach Leibfried (1992) um den Typus des

- rudimentären bzw. postautoritären

Wohlfahrtsstaates zu ergänzen sind (vgl. Stöckl (2011), S. 41f. bzw. Backes et al. (2011), S. 9f.).

Die im theoretischen Modell klare Trennung der einzelnen Wohlfahrtsstaatstypen ist jedoch empirisch für keinen Fall zu belegen (vgl. Esping-Andersen (1989), S. 27) und die Gültigkeit über alle Teilbereiche praktischer Sozialpolitik ist in Frage zu stellen.[82] Insbesondere die Analyse der Struktur und Organisation

---

82 Details zur Wettbewerbskonzeption der Pflegeversicherung werden im Rahmen dieser Arbeit nicht näher betrachtet, da hiervon im aktuellen System ohne

der Pflegeregime (vor allem hinsichtlich der Vernachlässigung von Sachleistungen (vgl. Rothgang (2009), S. 30)) innerhalb der unterschiedlichen Wohlfahrtsstaatentypen Europas legt nahe, dass die Grenzziehung für Leistungen bei Pflegebedürftigkeit davon abweichend verläuft.

Eine derartige Einordnung in Bismarck- bzw. Beveridge-Systeme folgt der Kategorisierung nach Esping-Andersen, verzichtet jedoch auf die Trennung zwischen konservativem und rudimentärem Wohlfahrtsregimetyp auf der einen und sozialdemokratischem und liberalem Wohlfahrtsregimetyp auf der anderen Seite und fasst sie jeweils zusammen. Es zeigt sich, dass ein Hauptkriterium zur Unterscheidung der beiden Systeme die Art ihrer Finanzierung (nämlich beitragsfinanziertes Versicherungsmodell bzw. steuerfinanziertes Fürsorgemodell) darstellt, wobei für Pflegeregime des Bismarck-Typs eine weitere Aufteilung danach vorgenommen werden kann, ob ein eigenständiges Pflegesicherungssystem vorliegt oder nicht.

Tabelle 7: Wohlfahrtsstaatentypen und Pflegesicherungssysteme in der EU

Wohlfahrts-regime	Pflegesicherungssystem		
	Bismarck-Modell		Beveridge-Modell
	eigenständiges System	kein eigenständiges System	
sozial-demokratisch			**Typ A** Dänemark Finnland Schweden
konservativ	**Typ B** Deutschland Österreich Luxemburg Niederlande	**Typ C** Belgien Frankreich Italien	
liberal			**Typ D** Vereinigtes Königreich Irland
rudimentär		**Typ E** Spanien Portugal Griechenland	

Quelle: eigene Darstellung in Anlehnung an Rothgang (2009), S. 32.

Kassenwettbewerb bei gleichzeitig (weitgehend) festgeschriebenem Leistungsspektrum kein Einfluss auf die untersuchten Fragestellungen zu erwarten ist. Weiterführende Erläuterungen finden sich bspw. bei Rothgang (2009), S. 27ff.

Wie die in für die Länder der EU-15 von Rothgang vorgenommene Einteilung in Tabelle 7 zeigt, lassen sich fünf Pflegesicherungstypen identifizieren, welche als

- Typ A: skandinavischer Fürsorgestaat,
- Typ B/C: zentraleuropäischer Versicherungsstaat mit/ohne eigenständigem Pflegesicherungssystem,
- Typ D: angelsächsischer Fürsorgestaat und
- Typ E: südeuropäischer Versicherungsstaat

bezeichnet werden können. Wenngleich sich diese Einteilung auch empirisch gut belegen lässt (vgl. Rothgang (2009), S. 31), dürfen insbesondere im Bereich der Pflege die gelebten Verflechtungen der Realität nicht außer Acht gelassen werden (vgl. Schulz-Nieswandt (2006), S. 123f.).

Hierzu zählt das soziale Netz bzw. die daraus resultierenden Beziehungen und Unterstützungen, welche eine zentrale Rolle im System Pflege spielen. Insbesondere quantitative Aspekte der Netzwerkstruktur wie bspw. die

- Größe,
- Dichte,
- Homogenität oder
- Stabilität,

aber auch interindividuelle Merkmale wie bspw. die

- Häufigkeit,
- Intensität oder
- Dauerhaftigkeit

der Kontakte werden in der Literatur als Indikatoren im Rahmen des Netzwerkansatzes herangezogen (vgl. Badura und von dem Knesebeck (2012), S. 201). Des Weiteren ist es unerheblich, in welchem Verhältnis die Personen des Netzwerkes zueinander stehen. Dies erscheint für die Zukunft der informellen Pflege bedeutend, da der Anteil informeller Pflegeleistungen von Personen, die in keinem verwandtschaftlichen Verhältnis zur Pflegeperson stehen, in den vergangenen Jahren deutlich zugenommen hat, wie die Verdopplung des Anteils einer nicht zur Familie gehörenden Hauptpflegeperson auf rund 8 % binnen eines Jahrzehnts seit Mitte der 90er Jahre belegt (vgl. Schneekloth und Wahl (2005), S. 231f.).[83]

---

83 In Einklang mit diesen Ergebnissen wird aus Gründen der Datenverfügbarkeit in den Kapiteln 5 und 6 keine Differenzierung nach der Herkunft der informellen Pflegeleistung vorgenommen.

Generell kann die Bereitstellung informeller Pflege sowohl intra- also auch intergenerationell erfolgen, wobei in der soziologischen Literatur Modelle generationenübergreifender Hilfeleistungen dominieren.[84] Die Theorie intergenerationeller Beziehungen geht zurück auf das Modell intergenerationeller Solidarität von Bengtson und Roberts (1991) und erfährt eine Erweiterung über die Kernfamilie hinaus in Bengtson (2001). Auch hier wird außerfamiliären Helfern das Potenzial zugesprochen, zukünftig eine wichtige Funktion im (erweiterten) familiären Netzwerk einnehmen zu können (vgl. Amato und Booth (1997), Martin (2004), S. 5f. und Hagestad (2006)). Soziologisch betrachtet sind diese Erkenntnisse nicht neu, wie die Untersuchungen bspw. von Litwak (1960) und Sussman (1965) belegen. Auch die Beobachtung, dass bislang der deutlich überwiegende Teil informeller Pflege durch Angehörige (insbesondere Kinder zu fast 50 %, Partner oder Schwiegerkinder gemäß ihrer quantitativen Bedeutung in dieser Reihenfolge absteigend) geleistet wird (vgl. Czekanowski et al. (2008), S. 126f.) steht in Einklang mit den Erkenntnissen der Arbeit von Shanas (1979). Analog dazu schlagen Steinbach und Kopp in ihrer Untersuchung zur Häufigkeit intergenerationeller Kontakte in Deutschland die Betrachtung von drei statt wie bislang üblich zwei Generationen vor (vgl. Steinbach und Kopp (2008), S. 100), was wiederum für eine generelle Erweiterung des Fokus spricht.

Die Bereitschaft zur informellen Pflegeleistung unterliegt gemäß der Theorie des crowding out permanent der Gefahr, durch Ausweitungen staatlich bereitgestellter Pflege verdrängt zu werden. Dem entgegen besagt die Theorie des crowding in, dass gerade durch die Bereitstellung weiterer öffentlicher Möglichkeiten auch die Bereitschaft zur informellen Pflege bspw. durch das Wegfallen des Zwangs erstarkt. Beide Theorien erscheinen (zumindest in Teilen) plausibel, die Evidenz ist gemischt: So wurde das crowding out privater Unterstützung durch Leistungen des Wohlfahrtsstaates lange Zeit angenommen, inzwischen jedoch stark in Zweifel gezogen, respektive sogar empirisch widerlegt (vgl. Kohli (1999), Künemund und Rein (1999) und Künemund und Vogel (2006); Künemund (2008), S. 112ff.). Darüber hinaus finden Motel-Klingebiel und Tesch-Römer (2006) Belege für das Vorliegen eines crowding in-Effekts. Reil-Held (2006) hingegen weist mit Daten der Einkommens- und Verbrauchsstichprobe 1998 das Vorliegen von crowding out nach. Brandt et al. (2009b) zeigen, dass je nach Untersuchungsgegenstand unterschiedliche Effekte auftreten können.

---

84 Darüber hinaus existiert eine Vielzahl empirischer Analysen zu intergenerationellen Transfers (z.T. differenziert nach Wohlfahrtsregimen), u.a. bei Szydlik (2000), Attias-Donfut et al. (2005), Daatland und Lowenstein (2005); Marcoen (2005) und Albertini et al. (2007).

Allerdings gilt wiederum, dass eine eindimensionale, einzig modellgetriebene Analyse der Komplexität der Sachverhalte der Pflege nicht gerecht wird. Vielmehr unterliegen, wie bereits in Kapitel 2.1.1 dargestellt, die Bereitschaft, aber auch die Möglichkeit zur Bereitstellung informeller Pflegeleistungen neben dem Einfluss politischer Entscheidungen, auch dem Wandel der Gesellschaft, ihrer Werte und (räumlichen) Strukturen (unterschieden nach Pflegeregimen finden sich Grundlagen und Beispiele zur Familienpolitik und Stellung bzw. Bedeutung der Familie in der Gesellschaft in den Beiträgen in Pfennig und Bahle (2000)).

4.2 Theorie der Pflegeentscheidung

Die ökonomische Literatur zur theoretischen Betrachtung von Entscheidungssituationen im Bereich der Pflege gliedert sich in mehrere Stränge. Im Rahmen dieser Arbeit stehen jedoch weder die Betrachtungen bspw. der Auswirkungen auf dem Arbeitsmarkt (für weiterführende Literatur siehe Kapitel siehe Kapitel 1.2) noch die umfangreichen versicherungsökonomischen Analysen zur Frage, ob – und wenn ja in welchem Umfang – sich Individuen gegen das Risiko der Pflegebedürftigkeit absichern sollten (exemplarisch: Zweifel und Strüwe (1996), Meier (1998) und Brown und Finkelstein (2011)) im Mittelpunkt. Fokussiert werden vielmehr die Beweggründe von oftmals intergenerationellen Transfers von Zeit und Geld, welche in der Regel auf Altruismus oder einer Austauschbeziehung beruhend motiviert werden (vgl. Schneider (2006), S. 496f.). Diese Varianten mit dem Unterschied kooperativen oder strategischen Verhaltens der am Pflegeprozess beteiligten Parteien werden im Folgenden kurz dargestellt.

Wie auch in dem in Kapitel 4.3 skizzierten einfachen Modell zur Pflegeentscheidung in der Familie bedeutet Altruismus in diesem Zusammenhang, dass in die Nutzenfunktion eines nutzenmaximierenden Individuums neben dessen eigenem Konsum und Freizeit auch das Wohlergehen bzw. der Nutzen anderer Familienmitglieder eingeht.[85] Das Modell fußt auf den Überlegungen und Annahmen von Becker (1965) und den daraus entwickelten Versionen. Beckers ursprüngliches Modell der Haushaltsproduktion bedient sich der Basis der aus dem neoklassischen Optimierungsansatz abgeleiteten Optimierungsfunktion (vgl. Seel (1991), S. 148ff.). Die Entscheidung, welche Form der Pflege bevorzugt wird[86],

---

85 Der empirische Nachweis für das Vorliegen altruistischer Motivation als ein möglicher, wichtiger Faktor bei der Bereitstellung informeller (und formeller) Pflegeleistungen findet sich u.a. bei Byrne et al. (vgl. Byrne et al. (2009), S. 1225).

86 Für eine sozialökonomische Analyse der Determinanten der Inanspruchnahme stationärer Pflegeleistungen siehe Schulz-Nieswandt (1994).

wird in erster Linie von der körperlichen und geistigen Gesundheit, den finanziellen Umständen sowie der familiären Situation beeinflusst (vgl. Norton (2000), S. 959). Wenngleich das Vorliegen einer gesamtfamiliären Nutzenfunktion empirisch nicht belegt ist, stellt das familienökonomische Modell ein einleuchtendes und praktikables Vehikel der Entscheidungsfindung in der Familie dar, zumal bspw. die Ergebnisse der empirisch gut belegten „packaging"-Theorie von Rainwater et al. (1986) dies stützen und die Familie als Verantwortungsgemeinschaft zu sehen ist (vgl. Janik (2003), S. 113). Insbesondere für Deutschland kann daher der vereinzelt geäußerten Auffassung, diesen familienökonomischen Ansatz auf Grund vermeintlich fehlender empirischer Belege (vgl. Altonji et al. (1992)) abzulehnen (vgl. Michaelis et al. (2005), S. 7 und Michaelis (2005), S. 5, die im Rahmen ihrer Analyse dann jedoch durch die altruistische Motivation des Pflegenden und die Integration des Gesundheitszustandes des Pflegebedürftigen als Argument in die Nutzenfunktion des Erbringers der Pflegeleistung zumindest eine teilweise gesamtfamiliäre Nutzfunktion verwenden), nicht gefolgt werden. Die Ergebnisse der empirischen Untersuchung von Altonji et al. (1992) beruhen vor allem auf der speziellen und sowohl von Europa im Allgemeinen als auch von Deutschland im Besonderen deutlich abweichenden Familien- und Sozialstruktur der Vereinigten Staaten und können nicht ungeprüft übertragen werden.[87]

Verhaltensmodelle, die ein strategisches Austauschmotiv zur Grundlage haben, gehen in der Regel auf die Arbeit von Bernheim et al. (1985) zurück. Deren Modell, welches unter Verwendung der soziologischen und psychologischen auf dem Austauschmotiv beruhenden Familientheorien bspw. von Thibaut und Kelley (1959), Homans (1961) und Blau (1964) konstruiert wurde, liegt ebenfalls eine Vielzahl nachfolgender Erweiterungen und empirischer Analysen zu Grunde.[88] Wenngleich auch hier Altruismus nicht ausgeschlossen ist, ist das prägende Element im strategischen Verhalten von Pflegebedürftigem und informell Pflegeleistenden zu sehen. Hierbei ermöglicht unter Umständen die Aussicht auf

---

87 Hinzu kommen die von den Autoren selbst benannten ökonometrischen Schwachstellen bspw. ihrer Instrumentenvariablen (vgl. Altonji et al. (1992), S. 1), was die gewonnenen Erkenntnisse und Schlussfolgerungen zusätzlich in Frage stellt.

88 Beispielhaft sei auf Sloan et al. (1996), Hoerger et al. (1996) und Sloan et al. (1997) verwiesen. Hinzu kommen Arbeiten, die das Modell von Bernheim et al. (1985) als Basis verwenden, dann aber einen deutlichen Schwerpunkt auf die spieltheoretische Ausgestaltung und Analyse sowie Verhandlungslösungen legen. Hierfür können Stern (1995), Pezzin und Schone (1999), Hiedemann und Stern (1999), Engers und Stern (2002) und Byrne et al. (2009) sowie in der dynamischen Betrachtung Goree et al. (2011) exemplarisch angeführt werden.

(eventuell posthume) finanzielle Zuwendung die Bereitstellung größerer Zeitumfänge oder monetärer Mittel zu Gunsten des Pflegebedürftigen, als dies vom informell Pflegenden eigentlich vorgesehen ist und ohne die Androhung des Zurückhaltens der Zahlungen bzw. einer Enterbung der Fall wäre.

Die in den siebziger und achtziger Jahren des vergangenen Jahrhunderts entwickelten soziologischen Tauschkonzepte (für eine Übersicht siehe Sabatelli und Shehan (1993), S. 395f.) beschreiben unter anderem die Reziprozität zwischen den Generationen, welche sich sowohl in den Modellen nach Becker als auch in denen nach Bernheim et. al (bspw. in der Form beidseitigen Altruismus) wiederfinden lässt.[89] Zahlreiche Veröffentlichungen betonen die vielfältigen Ressourcentransfers zwischen den Generationen und ihre Bedrohung durch den demografischen Wandel (siehe exemplarisch Grundy (2007) und Attias-Donfut und Wolff (2000), S. 28ff.). Diese, empirisch belegte und insbesondere im Rahmen der Pflege auftretende, intergenerationelle Reziprozität (vgl. Saraceno (2008), S. 10f.) deutet auf die Maximierung eines gemeinsamen (Familien-)Nutzens[90] hin, der in beiderseitigem Interesse liegt.

Darüber hinaus bestimmt sich die Wohlfahrtsposition Pflegebedürftiger wie auch ihrer Angehöriger im Spannungsfeld zwischen Staat, Markt und Haushalt (vgl. Esping-Andersen (1999), S. 73), wobei der Haushalt in Form der Familie den klassischen Wohlfahrtsmix ergänzt (vgl. Evers (1990), S. 8ff.). Dies führt dazu, dass familiäre Hilfe zwar bei weitem nicht obsolet, mit Existenz einer Versicherung gegen das Pflegerisiko aber für den Einzelnen nicht mehr essenziell ist. Dennoch lassen sich neben der Wichtigkeit für das Funktionieren der SPV auch eine Vielzahl individueller Motive wie bspw. das Empfinden einer moralischen Verpflichtung (vgl. Klie und Blinkert (2002), S. 208f.), die die Pflegebereitschaft bedingen, identifizieren (vgl. Kofahl (2008), S. 136ff.). Diese spiegeln sich in der Regel in den oben diskutierten Modellen wider und sind gleichzeitig Gegenstand zahlreicher empirischer Untersuchungen, welche sich schwerpunktmäßig

---

89 Beispielhaft sei für den europäischen Raum auf die Ergebnisse der empirischen Studie von Breuil-Genier verwiesen, der die Wichtigkeit nicht-professioneller Hilfen für ältere Menschen in Frankreich betont (vgl. Breuil-Genier (1998). Auch die Studien bspw. von Hank und Buber (2007), Bonsang (2008) und Brandt et al. (2009a) mit Daten des SHARE-Datensatzes betonen die intergenerationelle Solidarität in verschiedenen europäischen Ländern und Schulz-Nieswandt beschreibt inter- wie auch intra-generationelle Reziprozität als prägend für den Lebensabschnitt „Alter" im gesellschaftlichen Gefüge (vgl. Schulz-Nieswandt (2006), S. 102f.).

90 Eisen und Mager, die diese Auffassung ebenfalls vertreten, bezeichnen die Familie als „Produktions- und Versicherungseinheit" (Eisen und Mager (1996), S. 277).

mit Analysen des strategischen Austauschmotivs beschäftigen (siehe bspw. Cox (1987), Kotlikoff und Morris (1989), Cox und Rank (1992), Perozek (1998) und Norton und van Houtven (2006)). Dem interdisziplinären Ansatz gerecht werdend, betont Künemund die Wichtigkeit der soziologischen Perspektive bspw. hinsichtlich des Verständnisses des Reziprozitäts-Begriffs über die ökonomische Betrachtung hinaus (vgl. Künemund (2008), S. 109).

4.3 Familienökonomisches Modell zur Pflegeentscheidung

4.3.1 Grundmodell

Das im Folgenden präsentierte mikroökonomische Modell[91] fußt auf den Grundlagen der Arbeiten von Becker (siehe insbesondere Becker (1965), Becker (1981a), Becker (1981b) und Becker (1993)) sowie der daraus entwickelten theoretischen Modelle zur Erklärung der Anteile stationärer, formeller und informeller Pflegeleistungen (siehe unter anderem Kotlikoff und Morris (1990) und Nocera und Zweifel (1996)) und folgt insbesondere Fevang et al. (2008a), S. 3ff. Wichtige und für die Einfachheit des Modells zentrale Annahme ist die Unterstellung von Altruismus, welcher hier das generelle Interesse am Wohlergehen des anderen zum Ausdruck bringt. Im Modell ermöglicht diese Annahme den Verzicht auf eine ganze Reihe weiterer Parameter (bspw. Transaktionskosten) und beinhaltet implizit die Vorteile der Langfristigkeit der Austauschbeziehung im Familienverbund.

Das familienökonomische Modell der Haushaltsproduktion im Rahmen dieses Kapitels dient der Erklärung der Determinanten der Bereitstellung informeller Pflegeleistungen an einen Elternteil als endogene Variable. Es gelten die folgenden Annahmen:

- die Leistung des berufstätigen Kindes als informell Pflegender seines Elternteils ist altruistisch motiviert;
- es zieht Nutzen aus den Gütern Konsum und Freizeit;
- Einkommen kann nicht in spätere Perioden transferiert werden;
- Pflegebedürftiger und Pflegender leben in getrennten Haushalten, so dass der Eintritt der Pflegebedürftigkeit keinen direkten Einfluss auf Haushaltseinkommen oder –produktion des Pflegenden ausübt;
- das Elternteil lebt alleine;

---

91 Die Variablen des Modells wurden entsprechend der gängigen Vorgehensweise bezeichnet. Sie entsprechen nicht zwangsläufig denen vorheriger Kapitel.

- Pflegebedürftigkeit stellt sich in der zweiten Periode ein;
- die gesamte Pflegeleistung verteilt sich auf zwei Erbringer - einerseits durch das Kind (informell) und andererseits durch professionelle Pflege (formell)[92].

Im einfachen Grundmodell werden zwei Perioden ($t = 0$ und $t = 1$) betrachtet, wobei $t = 0$ die vom Elternteil in Gesundheit und ohne Pflegebedarf verbrachte Periode darstellt und $t = 1$ mit Pflegebedürftigkeit einhergeht. Die Nutzfunktion des Kindes zum Zeitpunkt $t = 1$ stellt sich wie folgt dar:

$$U_1 = v(C_1) + \beta V(N) \tag{4.1}$$

Der Nutzen ergibt sich somit aus der Addition von einerseits v als konkaver Funktion des gesamten Konsums C und andererseits V, der ebenfalls konkaven Nutzfunktion des Elternteils in Abhängigkeit von der insgesamt erhaltenen Menge an Pflegeleistungen N ($V' \succ 0$ und $V'' \prec 0$). Dieser elterliche Nutzen geht als Ausdruck der altruistischen Motivation mit dem Parameter β, welcher auf Werte zwischen 0 und 1 normiert ist, in den Nutzen des Kindes ein.

Zum Zeitpunkt $t = 0$, also ohne Pflegebedürftigkeit des Elternteils, hängt die Nutzenfunktion des Kindes somit ausschließlich vom gesamten Konsum

$$U_0 = v(C_0) \tag{4.2}$$

ab, welcher sich aus der Haushaltsproduktionsfunktion der konsumierten Güter X und der Freizeit L mit $C'_X \succ 0$, $C''_{XX} \prec 0$, $C'_L \succ 0$ und $C''_{LL} \prec 0$ ergibt. Der gesamte Konsum ist eine Funktion dieser beiden Faktoren der jeweiligen Periode:

$$C_t = C(X_t, L_t) \tag{4.3}$$

Der Nutzen aus dem Konsum ergibt sich somit aus

$$u(X_t, L_t) = v(C(X_t, L_t)) \tag{4.4}$$

mit $u_X \succ 0$, $u_{XX} \prec 0$, $u_L \succ 0$ und $u_{LL} \prec 0$. Eingesetzt in (4.1) und (4.2) folgt somit

$$U_0 = u(X_0, L_0) \tag{4.5}$$

$$U_1 = u(X_1, L_1) + \beta V(N) \tag{4.6}$$

Die Summe aus informell (Z) und formell ($\overline{Z}$) erbrachter Pflege gibt an, in welchem Umfang das Elternteil insgesamt Pflegeleistungen erhält:

$$N = Z + \overline{Z} \tag{4.7}$$

---

92 Es wäre auch weitere informelle Pflege durch Dritte (bspw. Geschwister) denkbar, welche allerdings unabhängig von der des Kindes sein muss, um strategisches Verhalten (Freifahrer-Verhalten) nicht zuzulassen. Dies findet sich bspw. bei Konrad et al. (2002) und Engers und Stern (2002) theoretisch modelliert.

Die dem Pflegenden insgesamt in gesundem Zustand zur Verfügung stehende Zeit T_t verteilt sich zum Zeitpunkt t auf die Bereiche Arbeit (LS), Freizeit (L) und Pflege (Z). Darüber hinaus finden eventuelle Zeitkosten (a) für den Weg zum und vom Pflegebedürftigen derart Berücksichtigung, dass sie die zur Pflege benötigte Zeit um den Faktor $(1+a)$ erhöhen. Für die einzelnen Perioden bedeutet das eine Zeitbeschränkung von

$$T_0 = LS_0 + L_0 \tag{4.8}$$

$$T_1 = LS_1 + L_1 + (1+a)Z \tag{4.9}$$

Das Einkommen Y wiederum lässt sich mit Hilfe des Lohnsatzes w für die beiden Perioden nach Substitution der Arbeitszeit wie folgt schreiben:

$$Y_0 = w(T_0 - L_0) \tag{4.10}$$

$$Y_1 = w(T_1 - L_1 - (1+a)Z) \tag{4.11}$$

Somit ergeben sich mit dem über die beiden Perioden konstanten Preis P des Konsumguts folgende Budgetbeschränkungen:

$$PX_0 = Y_0 \tag{4.12}$$

$$PX_1 = Y_1 \tag{4.13}$$

Hieraus folgt als Optimierungsproblem des Kindes in der Periode $t = 1$ die Maximierung von Gleichung (4.6) unter Berücksichtigung von X_1, L_1 und Z gegeben die Gleichungen (4.7), (4.11) und (4.13).[93] Nach Maximierung von

$$U_1 = u(X_1, L_1) + \beta V(Z + \overline{Z})$$

gegeben

$$PX_1 + Z = w(T_1 - L_1 - (1+a)Z)$$

ergibt sich somit als Bedingung erster Ordnung, dass die Grenzrate der Substitution sowohl zwischen Konsum und Freizeit als auch zwischen Konsum und Pflegeleistung die relativen Preise zwischen den jeweiligen Gütern widerspiegeln sollten

$$\frac{u'_X}{u'_L} = \frac{P}{w} \tag{4.14}$$

---

93 Auf die Aufstellung der Lagrange-Funktion sowie der Bedingungen erster und zweiter Ordnung wird an dieser Stelle verzichtet. Weitere Informationen hierzu finden sich u.a. bei Varian (1994).

$$\frac{u'_X}{\beta V'_N} = \frac{P}{w(1+a)} \qquad (4.15)$$

Hieraus ergibt sich durch Gleichsetzen

$$\frac{u'_L}{\beta V'_N} = \frac{w}{w(1+a)} \qquad (4.16)$$

Demnach ist die Grenzrate der Substitution zwischen Freizeit und Pflege gleich der relativen Kostendifferenz zwischen beiden alternativen Zeitverwendungen. Das Ausmaß der optimalen Höhe an Konsumgütern (X_1^*), Freizeit (L_1^*) und bereitgestellter Pflege (Z_1^*) in der Periode $t = 1$ ergibt sich aus den Gleichungen (4.11), (4.13), (4.14) und (4.15) zu

$$X_1^* = X_1^*(\beta, \overline{Z}, T_1, w, P, a) \qquad (4.17)$$

$$L_1^* = L_1^*(\beta, \overline{Z}, T_1, w, P, a) \qquad (4.18)$$

$$Z_1^* = Z_1^*(\beta, \overline{Z}, T_1, w, P, a) \qquad (4.19)$$

Hiervon ist im Rahmen dieser Arbeit insbesondere Gleichung (4.19) von Interesse, da in ihr das Ausmaß der informellen Pflege in Abhängigkeit der exogenen Größen determiniert wird. Im Folgenden werden die Auswirkungen von Änderungen des Umfangs der formellen Pflege ($\overline{Z}$), des Lohnsatzes (w) sowie der Zeitkosten (a) betrachtet.

Im Bereich der formellen[94] Pflege können Ausweitungen der Pflegeleistungen bspw. auf ein stärkeres Engagement formeller Leistungserbringer oder auch durch Umstellungen in der Struktur der Leistungserbringung – hier wäre ein zusätzliches Hinzuziehen der Tages- und Nachtpflege eine Möglichkeit – zurückzuführen sein. Im Modell führt eine Erhöhung von $\overline{Z}$ ceteris paribus zu einem Anstieg der insgesamt von Elternseite empfangenen Pflegeleistungen (N). Dies führt zu einer Verringerung des elterlichen Grenznutzens hinsichtlich der geleisteten Pflegeeinheiten ($V'(N)$). Folglich werden die Grenzraten der Substitution zwischen Konsum und Pflege sowie zwischen Freizeit und Pflege ansteigen, wie sich aus den Gleichungen (4.15) und (4.16) ablesen lässt, was wiederum eine Verringerung der eigenen Pflegeleistungen nach sich zieht. Die somit zusätzlich zur Verfügung stehende Zeit wird, gesetzt die Annahme, dass

---

94 Es wären auch weitere informell erbrachte Pflegeleistungen möglich, allerdings in Verbindung mit den in Fußnote 92 genannten Voraussetzungen.

dieser Zugewinn auf Grund des abnehmenden Grenznutzens der Alternativen auf diese aufgeteilt wird, zu einer Ausweitung sowohl der Arbeit (*LS*) als auch der Freizeit (*L*) verwendet.

Eine Erhöhung des Lohnsatzes (*w*), welche bspw. durch eine Beförderung oder einen Arbeitgeberwechsel induziert sein könnte, führt zunächst zu einer Erhöhung des zur Verfügung stehenden Einkommens. Die hieraus resultierenden Effekte hängen von der Höhe des Einkommens- und des Substitutionseffekts ab. Erstgenannter führt dazu, dass das Kind zur Erzielung eines vergleichbar hohen Einkommens nur eine geringere Anzahl an Stunden (*LS*) arbeiten muss und somit mehr Zeit für Freizeit (*L*) und Pflege (*Z*) zur Verfügung steht. Da jedoch gleichzeitig die Opportunitätskosten der Freizeit (*L*) und der Pflege (*Z*) ansteigen, führt dies zu einer Ausweitung des Arbeitsangebots (*LS*) (Substitutionseffekt). Welcher Effekt überwiegt und wie somit insgesamt die zu erwartenden Auswirkungen auf Arbeit (*LS*) und Pflegeumfang (*Z*) sind, kann nicht abschließend geklärt werden.

Höhere Zeitkosten (*a*), etwa als Resultat einer durch einen Umzug bedingten größeren geografischen Entfernung zum Pflegebedürftigen mit längerer An- und Abfahrtszeiten, bedeuten, dass zur Erbringung eines gewissen Pflegeumfangs (*Z*) mehr Zeit zur Verfügung gestellt werden muss. Dies mündet in einer Verringerung des Umfangs der Arbeit (*LS*) und der Freizeit (*L*). Allerdings führt dies zu einem Anstieg der Kosten der informellen Pflege und somit zu einer Reduzierung des Umfangs der Leistungen (*Z*). Dies mündet auf Grund der gestiegenen Zeitkosten (*a*) jedoch nicht zwangsläufig in einem insgesamt geringeren Zeitaufwand für die Pflege ((1+*a*)*Z*), so dass eine Erhöhung der für Arbeit (*LS*) und Freizeit (*L*) zur Verfügung stehenden Zeit nicht mit Bestimmtheit gefolgert werden kann.

4.3.2 Erweiterungsmöglichkeiten

Die oben präsentierte einfache Grundform eines Modells zur Pflegeentscheidung in der Familie bietet zahlreiche Anknüpfungspunkte für die Erweiterung auf angrenzende Fragestellungen, die jedoch mit einer teils erheblichen Erhöhung der Komplexität einhergehen. Da sie außerhalb des eigentlichen Fokus der Arbeit liegen, werden sie im Folgenden lediglich exemplarisch und skizzenhaft vorgestellt.[95]

Eine dieser Möglichkeiten stellt die Herleitung des Reservationslohnsatzes dar, wie sie bspw. von Nocera und Zweifel (1996) in einer adaptierten

---

95 Weitere, jedoch speziell für die deutsche Perspektive relevante Punkte werden in Kapitel 4.3.3 angesprochen.

Modellvariante vorgenommen wird. Dies bietet die Chance zur Analyse von Arbeitsmarkteffekten. Einen anderen Ansatz stellt die explizite Modellierung der elterlichen Nutzfunktion dar, wodurch Unterschiede in der Qualität oder auch der Effektivität formell bzw. informell erbrachter Pflegeleistungen abgebildet werden können und somit die Annahme perfekter Substitute[96] aufgehoben wird. Weitere interessante Aspekte lassen sich durch die Aufnahme von Variablen für das Bildungsniveau oder für Wegekosten als monetäres Pendant der Zeitkosten, durch die Möglichkeit einer Erbschaft (modelliert als Modell mit drei Perioden, in dem das Elternteil zum Ende der zweiten Periode verstirbt und das Erbe zu Beginn der dritten Periode anfällt) (vgl. Fevang et al. (2008a)), einer Variablen zur Abbildung des Gesundheitszustandes sowie in einem Modell ohne Sparrestriktion bzw. durch die Möglichkeit zur Verschuldung, beobachten. Auch die Einführung von Unsicherheit, bspw. hinsichtlich der Höhe des zu erwartenden Erbes, eines verringerten Lohnsatzes auf Grund schlechterer Karrierechancen, der durch die Pflege eventuell beeinträchtigten Gesundheit des Pflegeleistenden, was wiederum Einfluss auf die Länge der dritten Periode nehmen kann, oder einer Inflationsrate zur Abbildung der Gegenwartspräferenz der Individuen stellen Möglichkeiten der Erweiterung dar.

Darüber hinaus bietet das Modell als wohl bedeutendste, die Komplexität jedoch auch deutlich erhöhende, Variante die Möglichkeit, die empirisch gut belegten milieuspezifischen Unterschiede von Pflegearrangements (vgl. Heusinger und Klünder (2004), S. 193f.) durch die Aufnahme weiterer Faktoren im Bereich der soziodemografischen Variablen abzubilden. Wenngleich die überwiegende Menge informeller Pflege von einem Hauptpfleger erbracht wird, sind hin und wieder (zum Teil mehrere) Nebenpfleger an der Erbringung der Pflegeleistung beteiligt (vgl. Schneekloth und Wahl (2005), S. 231). Dies theoretisch zu modellieren ist jedoch auf Grund der Notwendigkeit zur Aggregation der Teilleistungen im oben präsentierten Modell nicht ohne weiteres möglich, da bspw. die Frage, ob die Summe aller pflegerischen Handlungen in diesem Fall sich zu eins ergibt, vorab zu diskutieren wäre (siehe u.a. die in Fußnote 92 angegebene weiterführende Literatur). Hinzu kommen Fragestellungen aus dem Gebiet der Teamproduktion[97], da empirische Untersuchungen auch für den Bereich der Pflege die dort beobachtbaren Verhaltensweisen belegen (vgl. Romøren (2003)).

---

96 Für empirische Untersuchungen, ob formelle und informelle Pflege Komplemente oder Substitute darstellen, siehe bspw. van Houtven und Norton (2004) und Bolin et al. (2008a).

97 Zu den Grundlagen siehe u.a. Alchian und Demsetz (1972), Holmstrom (1982) und Charness und Cabrales (2008).

Darüber hinaus denkbar sind sowohl eine Erhöhung der Anzahl der Personen auf Seiten der Leistungsempfänger, wobei mehrere Pflegebedürftige, bspw. beide Eltern, gemeinsam von einem Pflegenden versorgt werden, als auch die Erweiterung auf mehrere Akteure auf beiden Seiten, also mehrere Pflegende (bspw. Geschwister) kümmern sich um mehrere Pflegebedürftige (bspw. beide Elternteile) (siehe bspw. van Dijk (1998)).

Wenngleich das in Kapitel 4.3.1 vorgestellte Modell in seiner Grundversion auf eine familial-verwandtschaftliche Form der Generationenbeziehung abstellt, die hinsichtlich der Hauptpflegeperson mit rund 92 % die überwiegende Mehrheit der informellen Pflegebeziehungen in Deutschland abdeckt (vgl. Schneekloth und Wahl (2005), S. 231f.), erscheint unter entsprechenden Voraussetzungen eine kohortenbezogene Betrachtung als Erweiterung des Fokus sowohl im Modell als auch hinsichtlich des vielschichtigen Generationenbegriffs (vgl. Parnes et al. (2008)) problemlos möglich und deckt sich einerseits mit den gelebten, beobachtbaren Ausprägungen der Realität,[98] andererseits mit der Struktur der in den folgenden Kapiteln analysierten Daten.

4.3.3 Adaption auf Deutschland

Wie alle möglichst große Allgemeingültigkeit erhebenden und nicht auf die speziellen Erfordernisse und Eigenheiten eines Landes zugeschnittenen theoretischen Modelle, erfüllt auch das in Kapitel 4.3.1 entwickelte nicht alle Anforderungen für einen perfekten Erklärungsgehalt der Determinanten und Zusammenhänge in Deutschland. Hierzu wäre bspw. ganz grundlegend eine Einteilung der Pflegebedürftigkeit nach Pflegestufen notwendig. Auch ist einerseits eine Absicherung in Form einer Pflegeversicherung mit entsprechenden Auszahlungen (welche wiederum nach Geld und Sachleistungen differenziert und somit auch der Höhe nach unterschieden werden können) im Falle der Pflegebedürftigkeit im Modell nicht vorgesehen, andererseits kommt der Teilkaskocharakter der Pflegeabsicherung nach SGB XI nicht zum Tragen.[99] Hierzu wären, je nach informellem Pflegeumfang, unterschiedliche monetäre Leistungsumfänge denkbar, welche dann auch explizit als Kostenvariable in die Nutzenfunktion aufgenommen werden könnten. Dabei würden sich der familienökonomische Ansatz des Modells und

---

98 Intra-generationelle (Kollektiv-)Selbstsorge bspw. nach dem Vorbild sogenannter Seniorengenossenschaften (vgl. Schulz-Nieswandt (2006), S. 185ff.) sind hierfür ein Beispiel, das aber im Rahmen dieser Arbeit nicht näher diskutiert wird.

99 Es wäre unter Umständen das Vorliegen einer impliziten Modellierung im Rahmen der nicht näher ausgeführten Nutzenfunktion des Pflegebedürftigen denkbar.

die auch in der Pflege umgesetzten Regelungen des § 1601 Bürgerliches Gesetzbuch decken, nach der Verwandte in gerader Linie zur Gewährung von Unterhalt verpflichtet sind. Vor dem Hintergrund der beschlossenen staatlichen Förderung privater Pflegezusatzversicherungen im Rahmen des PNG ließe sich des Weiteren eine derartige Komponente auf der Finanzierungsseite implementieren, welche sich jedoch, je nach Grad der Absicherung, auch auf der Leistungsseite des Pflegebedürftigen bzw. auf der Kostenseite der Angehörigen niederschlägt.

Darüber hinaus ließen sich Leistungskomponenten, wie etwa die für Menschen mit eingeschränkter Alltagskompetenz, in das Modell integrieren, bspw. nach dem Vorbild der Soft Care in den Modellen von Michaelis (2005) und Michaelis et al. (2005), die die Auswirkungen dieses nach Auslaufen des Modellprojekts „Personengebundenes Pflegebudget" in der aktuellen Diskussion u.a. aus Kostengründen keine Rolle mehr spielenden Ansatzes analysieren.

4.4 Zwischenfazit

Unter den Erklärungsansätzen bezüglich der Ausprägungen von Gemeinsamkeiten und Differenzen der unterschiedlichen Pflegeregime zählen Systematisierungen, die auf die Grundlagen der Wohlfahrtsstaatentheorie und Typologisierung nach Esping-Andersen zurückgreifen, zu den am weitesten verbreiteten. Hinweise zur Erklärung der Bereitschaft, informelle Pflegeleistungen anzubieten bzw. zur Wahrscheinlichkeit, diese zu erhalten, lassen sich aus diesem recht groben und der Pflege nur unzureichend genügendem Raster jedoch nicht entnehmen. Dies wird durch Studienergebnisse gestützt, die keine Belege für das Verdrängen privaten Engagements durch staatliche Leistungen finden.

Vielmehr als auf Ebene des Gesamtkonstrukts Wohlfahrtsstaat erklären mikroökonomische Altruismus- und Austausch-Modelle die Bereitschaft zur informellen Pflegeleistung bzw. die Wahrscheinlichkeit und das Ausmaß, in dem sie empfangen werden kann. Neben der spieltheoretischen Modellierung des Reziprozitätsgedankens leisten dies vor allem familienökonomische Modelle mit der Maximierung einer gemeinsamen, übergeordneten Nutzfunktion und die Auswirkungen von Änderungen einzelner Parameter lassen sich ceteris paribus identifizieren. Darüber hinaus stellen Erweiterungen und Adaptionen, die den (nationalen) Gegebenheiten bzw. der untersuchten Fragestellung angepasst werden, die Basis zahlreicher empirischer Untersuchungen dar. So nimmt die Annahme altruistischen Verhaltens im theoretischen Modell eine zentrale Rolle ein, jedoch legen empirische Befunde bspw. aus Japan nahe, dass ein ausschließliches Hoffen auf Altruismus der Kinder keine ausreichende Absicherung gewährleistet (vgl. Kohara und Ohtake (2006), S. 22).

5 Empirie Deutschland

5.1 Determinanten der Pflegebedürftigkeit

Zur Identifikation der Determinanten von Pflegebedürftigkeit genügt (für Deutschland) ein Blick in die Bestimmungen des SGB XI. Die in § 14 SGB XI aufgelisteten Erkrankungen bzw. Einschränkungen definieren das Spektrum möglicher Ursachen. Allerdings zeigt sich beim Blick etwa in die Bundes-pflegestatistik, die Kassenstatistik oder die Berichte von MDK und MDS, dass Prävalenzen und Inzidenzen unterschiedlich stark ausgeprägt sind (vgl. Borchert und Rothgang (2008b), S. 216ff.). Hauptverantwortlich zeigen sich neben dem Alter, dem Geschlecht und dem sozialen und familiären Netz somit insbesondere die bereits in Kapitel 3.1.2 dargestellten Krankheitsbil-der chronischer bzw. chronisch-degenerativer Erkrankungen sowie deren Zusammenwirken (Multimorbidität), die dem Eintreten von Pflegebedürf-tigkeit Vorschub leisten (vgl. Mager (1999), S. 36ff. und Hermann (2009), S. 24f.).

Im Folgenden wird am Beispiel der Prävalenz und Inzidenz demenzieller Erkrankungen[100], die als einer der bedeutendsten Verursacher von Pflegebe-dürftigkeit zukünftig noch mehr Gewicht gewinnen werden (vgl. Kuhlmey und Blüher (2011), S. 191), die Auswirkung auf die Zahl der Pflegebedürfti-gen erläutert. Wie Abbildung 45 zeigt, steigt der Krankenstand erst im Bereich der sogenannten alten Alten dramatisch an. Während der Anteil Betroffener in den unteren Altersklassen bei etwa einem Prozent liegt, ist bei den über 90-jährigen bereits jeder Dritte betroffen. Die Konstanz dieser Zahlen im Zeit-ablauf verdeutlicht die Meta-Analyse von Jorm et al., deren Auswertung von

---

100   Im Gegensatz zu den meisten degenerativen oder progredienten chronischen Er-krankungen, für die auf Grund defizitärer Datenlage valide Zahlen hinsichtlich der Häufigkeit und der Verteilung in der Bevölkerung fehlen (vgl. Schaeffer und Moers (2011), S. 330), sind bspw. Einschätzungen der bevölkerungsbezogenen Morbidität für demenzielle Erkrankungen zwischenzeitlich möglich. Zu den wenigen Arbeiten, die sich der Analyse der Dynamik von Pflegebedürftigkeit im Zeitablauf zuwenden, zählt die Längsschnittuntersuchung von Borchert und Rothgang (siehe Borchert und Rothgang (2008a)).

mehr als 20 Studien der Jahre 1945 – 1985 vergleichbare Raten liefert (siehe Abbildung 46). Diese Ergebnisse werden durch andere (Meta-)Analysen tendenziell bestätigt; geringfügige Abweichungen sind zum Teil durch die Abgrenzung des einbezogenen Schweregrades bedingt (siehe bspw. Ritchie und Kildea (1995)). Hieraus lässt sich schlussfolgern, dass Menschen gleichen Alters einem vergleichbar hohen Erkrankungsrisiko ausgesetzt sind, wie dies bereits vor Jahrzehnten der Fall war (vgl. Deutsche Alzheimer Gesellschaft (2008), S. 2).

Abbildung 45: Demenz-Prävalenzraten nach Lebensalter

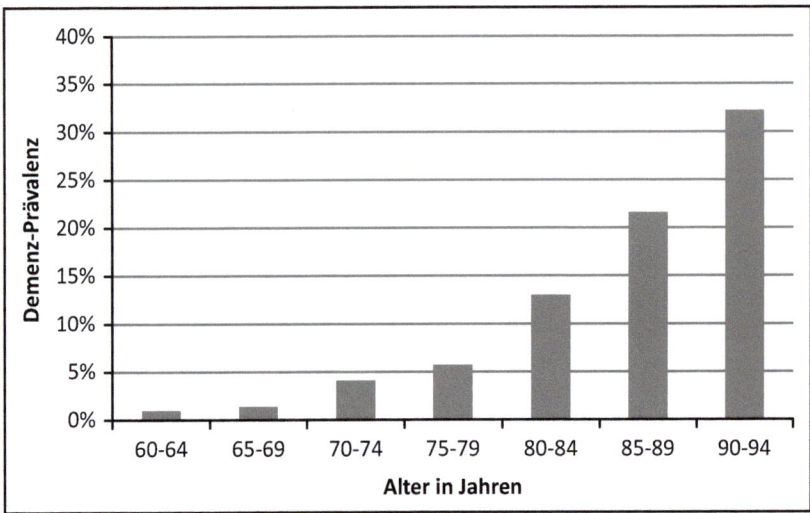

Quelle: eigene Darstellung in Anlehnung an Lämmler et al. (2003), S. 4.

Dies wird bestätigt durch einen Blick auf den Anteil sowie die absolute Anzahl der Neuerkrankungen: Wie in Abbildung 47 dargestellt, nimmt die mittlere Inzidenzrate pro Jahr mit dem Ansteigen der Altersgruppen von anfänglich 0,4 % auf 10,1 % für die über 90-jährigen deutlich zu. Die korrespondierenden Zahlen zur Schätzung der jährlichen Neuerkrankungen in Deutschland im Jahr 2007 belaufen sich auf insgesamt rund 280.000 Personen, die sich wie in Tabelle 8 ausgewiesen auf die Altersgruppen verteilen. Die Anteile und absoluten Zahlen werden durch die Studie von Ziegler und Doblhammer tendenziell bestätigt (vgl. Ziegler und Doblhammer (2009)).

Abbildung 46: Demenz-Prävalenzraten nach Lebensalter (historisch)

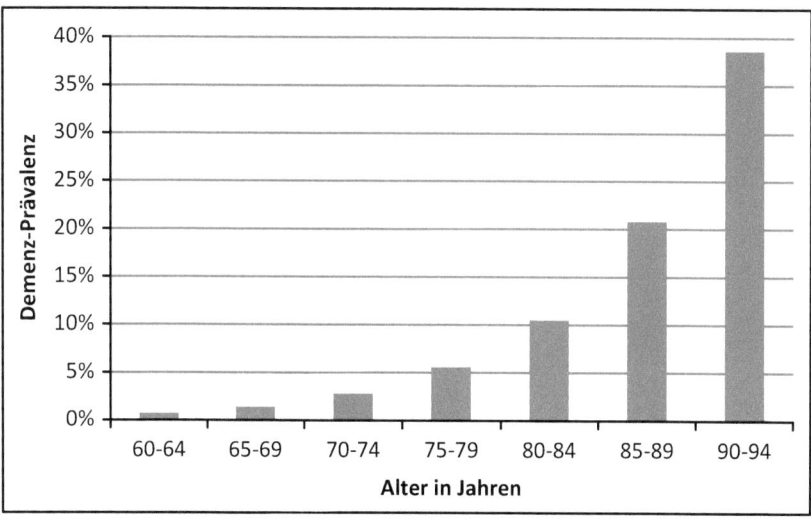

Quelle: eigene Darstellung in Anlehnung an Jorm et al. (1987).

Abbildung 47: Demenz-Inzidenzraten nach Lebensalter

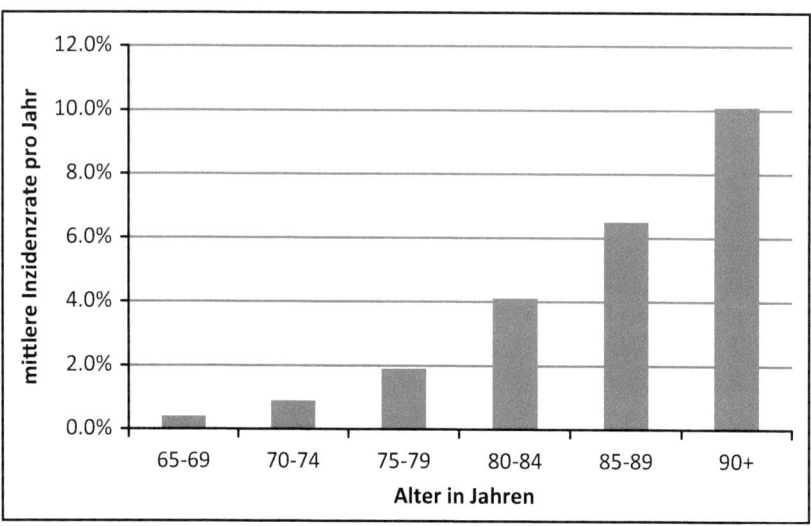

Quelle: eigene Darstellung in Anlehnung an Deutsche Alzheimer Gesellschaft (2008), S. 2.

Tabelle 8: Demenz-Neuerkrankungen in Deutschland (2007)

Altersgruppe	Anzahl (geschätzt)
65-69	22.000
70-74	35.000
75-79	55.000
80-84	77.000
85-89	53.000
90+	38.000
total	280.000

Quelle: eigene Darstellung in Anlehnung an Deutsche Alzheimer Gesellschaft (2008), S. 2.

Auf Grund der sich verändernden Altersstruktur der Gesellschaft wird ohne einen Durchbruch mit einschneidenden Veränderungen in der Prävention und Therapie von demenziellen Erkrankungen die Zahl der Betroffenen in den kommenden Jahrzehnten einen deutlichen Zuwachs erfahren (vgl. Deutsche Alzheimer Gesellschaft (2008), S. 2f.).

5.2 Projektion des Pflegebedarfs

Dass es zukünftig zu einem deutlichen Anstieg der Zahl Pflegebedürftiger in Deutschland kommt, wird von niemandem ernsthaft bezweifelt. Hinsichtlich des Ausmaßes jedoch divergieren die Prognosen zum Teil deutlich. Dies erklärt sich zum Großteil durch Unterschiede in den zu Grunde liegenden Annahmen, bspw. hinsichtlich der Entwicklung der Pflegebedürftigkeitsquoten im Lebenszyklus (siehe hierzu die Erläuterungen in Kapitel 3.1.2) sowie der zukünftigen Größe und (Alters-)Struktur der Gesellschaft. Die mit derartig langfristigen Prognosen (bis zum Jahr 2050 oder gar 2060) zwangsläufig verbundene Unsicherheit führt bei bereits marginalen Anpassungen der Annahmen zu deutlichen Differenzen. Im Folgenden wird auf die Berechnungen von Popp auf Basis der 12. Bevölkerungsvorausberechnung für Deutschland bis zum Jahr 2060 zurückgegriffen, jedoch werden zur Verdeutlichung des Prognosespektrums auch die Ergebnisse alternativer Berechnungen und Studien kurz dargestellt.

Der Status quo-Prognose liegt mit V1-W1, mittlere Bevölkerung, Untergrenze eine moderate Variante zu Grunde. Wie in Abbildung 48 ersichtlich, steigt demnach die Zahl der Pflegebedürftigen über alle Pflegestufen bis zum Jahr 2050 stark auf bis zu gut 4,4 Millionen Betroffene über alle Pflegestufen und

Leistungsoptionen an.[101] Danach ist bis zum Jahr 2060 von einem leichten Rückgang auf knapp 4,3 Millionen Pflegebedürftige auszugehen. Dies ist vor allem, wie die Verteilung auf die drei Pflegestufen in Abbildung 49 zeigt, dem recht deutlichen Rückgang der zahlenmäßig stärksten Gruppe (Pflegestufe I um rund 100.000 Personen auf gut 2,1 Millionen) zu verdanken, während Pflegestufe II bei einer leichten Verringerung stagniert und Pflegestufe III sogar weiterhin leicht zunimmt. Bei Betrachtung des Zeitraums bis zum Jahr 2050 ist demnach mit einer Verdopplung der Anzahl der Betroffenen auf gut 4,4 Millionen über alle Pflegestufen zu rechnen, wobei sich diese Zunahme relativ gesehen bei einem leichten Übergewicht des Wachstums in Pflegestufe III annähernd gleich auf alle drei Pflegestufen verteilt.

Abbildung 48: Entwicklung der Anzahl Pflegebedürftiger bis 2060 (1)

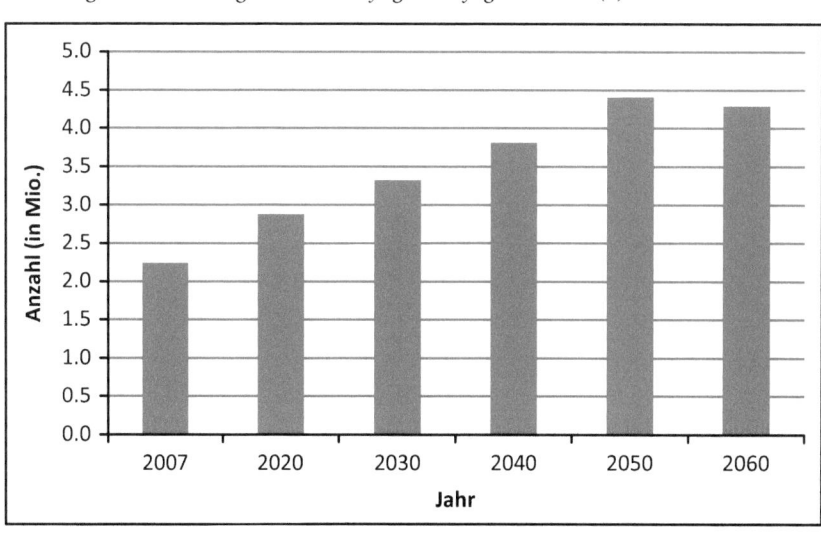

Quelle: eigene Darstellung mit Daten von Popp (2011), S. 192.

---

101 Bestätigt werden diese Zahlen unter anderem durch die Status quo-Prognosen des Sachverständigenrats und des Statistischen Bundesamtes, die für das Jahr 2050 4,35 bzw. 4,5 Millionen Pflegebedürftige prognostizieren (vgl. SVR Gesundheit (2009) und Statistische Ämter des Bundes und der Länder (2010)) sowie von Hackmann und Moog (2009), S. 82f.

Abbildung 49: Entwicklung der Anzahl Pflegebedürftiger bis 2060 (2)

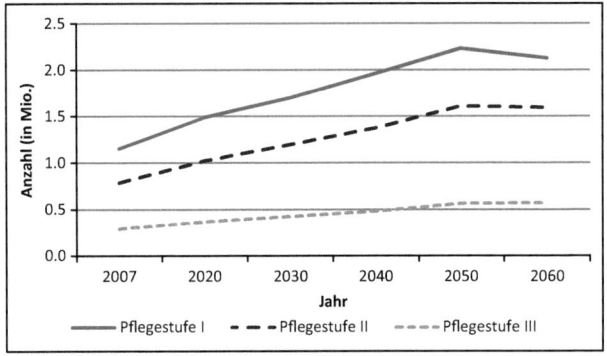

Quelle: eigene Darstellung mit Daten von Popp (2011), S. 192.

Die Analyse der Zahlen nach Leistungsarten zeigt, dass in den kommenden Jahrzehnten mit einem überproportionalen Wachstum der stationären Pflege zu rechnen ist. Während der Anteil der Pflegebedürftigen, die in Heimen versorgt werden, ansteigt, ist trotz des absoluten Wachstums der Anzahl der informell betreuten Pflegebedürftigen ein Rückgang des Anteils von rund 46 % im Jahr 2007 auf unter 40 % zu erwarten (siehe Abbildung 50). Selbst bei einem Zuwachs der Pflegegeldbezieher (und somit auch der diese Leistungen anbietenden informell Pflegenden) von rund 70 % bis zum Jahr 2050 wird sich die Anzahl der in Pflegeberufen beschäftigten Arbeitnehmer deutlich erhöhen müssen, um die Steigerung der formell und stationär zu versorgenden Pflegebedürftigen von rund 1,2 Millionen auf fast 2,7 Millionen adäquat gewährleisten zu können.

Abbildung 50: Entwicklung der Anzahl Pflegebedürftiger bis 2060 (3)

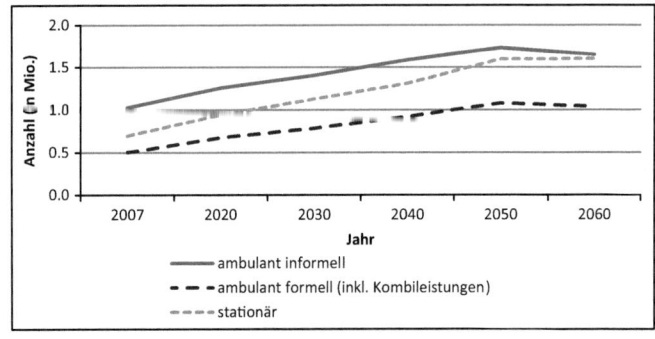

Quelle: eigene Darstellung mit Daten von Popp (2011), S. 192.

Das oben dargestellte starke Wachstum der absoluten Fallzahlen der Pflegestufen 1 und 2 bei gleichzeitiger Verschiebung der Anteile hin zu mehr stationär versorgten Betroffenen, verdeutlicht das Potenzial, einem größeren Anteil
Pflegebedürftiger auch zukünftig ambulant im heimischen Umfeld informelle
Pflegeleistungen zukommen zu lassen und die Pflegekassen somit zu entlasten.
Dabei ist die Frage, wie die Bereitschaft zur informellen Pflege gestützt werden
kann, nicht neu (vgl. Daly und Lewis (2000)), aber sie ist nach wie vor nicht zu-
friedenstellend beantwortet.

5.3 Der SHARE-Datensatz – Die deutsche (Pflege-)Perspektive

5.3.1 Der SHARE-Datensatz

Das im Jahr 2004 ins Leben gerufene SHARE[102]-Projekt stellt einen der bedeutendsten und umfangreichsten internationalen und interdisziplinären Daten-
sätze zur Verfügung (vgl. Börsch-Supan et al. (2008), S. 10), der mit seinen 14
Ländern der zweite Erhebungswelle aus den Jahren 2006 und 2007 und breit an-
gelegtem Fragespektrum für vergleichende empirische Analysen in vielen Themengebieten geeignet ist. Die in dieser Arbeit Verwendung findende Version
ist die des Release 2.3.0 aus dem Jahr 2009 (November).[103] Nach Aufbereitung,
Zusammenführung der Teil-Datensätze und Auswahl der relevanten Variablen
verbleiben für die 14 erhobenen und betrachteten Länder

- Österreich,
- Deutschland,
- Schweden,
- Niederlande,
- Spanien,
- Italien,

---

102 Mit der Datennutzung ist folgende Erklärung abzugeben: This paper uses data from
SHARE release 2.3.0, as of 13 November 2009. SHARE data collection in 2004–2007
was primarily funded by the European Commission through its 5th and 6th frame-
work programs (project numbers QLK6-CT-2001-00360; RII-CT-2006-062193;
CIT5-CT-2005-028857). Additional funding by the US National Institute on Aging
(grant numbers U01AG09740-13S2; P01 AG005842; P01 AG08291; P30 AG12815;
Y1-AG-4553-01; OGHA 04-064; R21 AG025169), as well as by various national
sources, is gratefully acknowledged (see http://www.share-project.org/).

103 Dies war die aktuell verfügbare Version zu Beginn der Arbeiten am Datensatz. Spätere Versionen enthalten keine für diese Arbeit relevanten zusätzlichen
Informationen.

- Frankreich,
- Dänemark,
- Griechenland,
- Schweiz,
- Belgien,
- Tschechien,
- Polen und
- Irland

33.528 Beobachtungen[104] im Alter von 50 Jahren und älter im Datensatz. Das Alter reicht von 50 bis 104 Jahre und liegt im Durchschnitt bei 65,43 Jahren. Wie in Abbildung 51 nach Ländern aufgeschlüsselt zeigt sich, dass für jedes der betrachteten Länder deutlich mehr als 1.000 Beobachtungen vorliegen und die Mittelwerte des Alters nur geringfügig voneinander abweichen. Auch das maximale Alter schwankt nur unerheblich um die Marke von 100 Jahren.

Abbildung 51: Anzahl und Durchschnittsalter der Beobachtungen nach Ländern

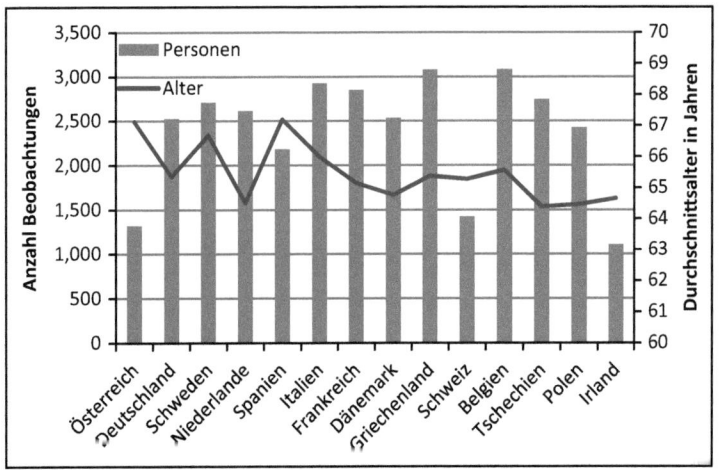

Quelle: eigene Darstellung.

---

104 Die Reduktion des Datensatzes resultiert aus diversen Bereinigungen, unter anderem um bspw. mitbefragte Angehörige unter 50 Jahren sowie um Beobachtungen mit fehlenden, für den Gang der Untersuchung aber zwingend notwendigen Angaben wie etwa dem Herkunftsland oder dem Alter.

Die im Datensatz fehlende Angabe des Alters der Befragten in Jahren wird aus dem jeweiligen Geburts- und dem Befragungsjahr ermittelt. Dies geschieht auf Jahresebene, auf eine monatsgenaue Betrachtung wird verzichtet.

5.3.2 Abgrenzung von Pflegebedürftigkeit

Eine beachtliche Anzahl größtenteils internationaler Publikationen zum Themenkomplex der Pflege hat bereits auf die Daten des SHARE-Projekts zurückgegriffen. Hierbei lassen sich zwei hauptsächliche Probleme identifizieren: Zum einen wird deutlich, dass auf Grund des Anspruchs, eine möglichst weitgreifende Anzahl an Themengebieten in den verschiedenen Befragungsmodulen abzudecken, oftmals tiefer in die jeweilige Materie eintauchende Sachverhalte nicht behandelt werden (können). Zum anderen tritt zu Tage, dass durch die multinationale Ausrichtung nationale Gegebenheiten und Sonderreglungen keinen Raum finden (können), da dies die Vergleichbarkeit der Daten über alle Länder hinweg beeinträchtigen würde. Beide Punkte treffen in hohem Maße auf international vergleichende Betrachtungen zur Pflege(versicherung) aus deutscher SGB XI-Perspektive zu. Allerdings gelingt dies auch keiner anderen derart umfassenden, europäischen Datensammlung, so dass das Arbeiten mit SHARE die gleichzeitig beste und einzige Alternative darstellt. Wenngleich länderübergreifende Arbeiten ohne eine spezielle, nationale Ausrichtung dies noch recht problemlos übergehen können, sollten die wie im Folgenden dargelegten Unsauberkeiten bspw. bei der Abgrenzung des Pflegebedürftigkeitsbegriffs sowie die daraus folgenden möglichen Verzerrungen gerade bei Betrachtungen mit der Fokussierung auf einzelne Länder Erwähnung finden.[105] Darüber hinaus spiegeln die Daten der zweiten Erhebungswelle selbstverständlich nicht die Effekte der seitdem in Kraft getretenen Änderungen durch den Gesetzgeber wider.[106] Allerdings kann mit Hilfe der gewonnenen Erkenntnisse der seit der Datenerhebung eingeschlagene Kurs kritisch hinterfragt und gegebenenfalls bestätigt oder widerlegt werden.

Wie in Abbildung 51 bereits ersichtlich, liegt der Ausgangswert bei 2.527 befragten Personen in Deutschland. Auf Grund partiell fehlender Angaben wird sich diese Anzahl im weiteren Verlauf auf 2.337 Personen reduzieren. Das Alter der Befragten bewegt sich zwischen 50 und 97 Jahren bei einem

---

105   Auf die grundsätzliche Problematik bei der Abgrenzung des Pflegebedürftigkeitsbegriffs im internationalen Kontext weist auch Skuban (2004), S. 65ff. hin.

106   Die Ergebnisse der dritten Befragungswelle standen bei Abschluss der vorliegenden Arbeit noch nicht zur Verfügung.

Durchschnittsalter von 65,35 Jahren und einer Standardabweichung von 9,39 Jahren. Während in den Befragungen der ersten Welle aus dem Jahr 2004 noch Angaben zu einer eventuell vorliegenden Pflegebedürftigkeit gemacht werden konnten, ist diese Möglichkeit in der zweiten Erhebungswelle aus den Jahren 2006/2007 nicht mehr enthalten. Auf Grund der gravierenden Abweichungen hinsichtlich der Abgrenzung von Pflegebedürftigkeit, der Vielzahl einzelstaatlicher Regelungen und der daraus folgenden Untauglichkeit des Parameters für international vergleichende Ansätze, eignete er sich ehedem ausschließlich im nationalen Kontext, bedingt aber die Suche nach Alternativen.

Einschränkungen in den activities of daily living (ADL) stellen den in der Literatur am häufigsten Verwendung findenden Indikator für Pflegebedürftigkeit dar (siehe bspw. Lafortune und Balestat (2007), S. 10). Wie in Kapitel 3.1.1 erläutert, kommt dieser Einteilung nach Katz et al. (1963) auch im Rahmen der SPV eine große Bedeutung zu, allerdings wird er der zugleich zu erfüllenden zeitlich quantitativen Bedingung (siehe Abbildung 32) nicht gerecht. Dies wird auch deutlich bei der Betrachtung der, wie in Tabelle 9 ausgewiesenen, Anteile im Datensatz nach Ausschluss von insgesamt sechs Beobachtungen wegen fehlender Angaben (fünf Personen) bzw. Unkenntnis (eine Peson).

Tabelle 9: Häufigkeit der ADL-Einschränkungen

Anzahl der ADL-Einschränkungen	Beobachtungen
0	2.277 (90,32 %)
1	130 (5,16 %)
2	34 (1,35 %)
3	27 (1,07 %)
4	19 (0,75)
5	15 (0,60)
6	19 (0,75)

Quelle: eigene Darstellung.

Von den verbliebenen 2.521 Beobachtungen leben demnach über 90 % ohne jede Einschränkung der activities of daily living. Gemäß der üblichen Abgrenzung (siehe exemplarisch Wolf (1999)) werden somit 244 Personen als mehr oder minder pflegebedürftig eingestuft. Ein derartiger Anteil von rund 9,7 % der Bevölkerung der entsprechenden Alterskategorie überschätzt den tatsächlichen Wert jedoch bei weitem (siehe auch die Ausführungen in Kapitel 5.5.3). Hinzu kommt, dass eine Einteilung der als pflegebedürftig kategorisierten Betroffenen auf die einzelnen Pflegestufen nicht sinnvoll möglich erscheint. Auch der Versuch, eine Analogie zu den Regelungen des § 15 SGB XI herzustellen, scheitert sowohl an den zuzuordnenden quantitativen Ausprägungen der einzelnen ADL-Kategorien als auch an fehlenden Angaben zu den Häufigkeiten des mit den jeweiligen Einschränkungen verbundenen Hilfsbedarfs.

Dies wird gestützt durch die Ergebnisse von Edvartsen (1996), der die mangelhafte Eignung der alleinigen Betrachtung der ADL/IADL-Einschränkungen zur Abgrenzung von Pflegebedürftigkeit in ländervergleichenden Studien theoretisch wie auch anhand deskriptiver Statistiken insbesondere am Beispiel Deutschlands belegt und die daraus erwachsenden Verzerrungen kritisiert.[107] Die hierbei angesprochene Ergänzung der Faktoren um IADL-Eigenschaften verbessert zwar aus deutscher Perspektive die Abgrenzungskriterien auf Grund der größeren Nähe zu den im SGB XI formulierten Merkmalen, ein zufriedenstellendes Ergebnis wird jedoch nicht erreicht.

Ein Grund könnte in der Nichtberücksichtigung psychischer Einflussfaktoren (wie bspw. Demenz) liegen, die für sich genommen im derzeitigen Begutachtungssystem zwar keine direkte Pflegebedürftigkeit auslösen, auf Grund vorhandener Multimorbidität jedoch stark mit dem Ausmaß an Pflegebedürftigkeit korrelieren (vgl. Häcker et al. (2009), S. 446f.) und somit einen guten ergänzenden Indikator darstellen können (siehe auch Kapitel 5.5). Es folgt die Notwendigkeit zur Verwendung eines Index, der zum einen Pflegebedürftigkeit des Referenzlandes – hier: Deutschland - zuverlässig erfassen kann und dessen Konstruktion zum anderen die Verwendung im Rahmen empirischer Analysen erlaubt.

5.4 Der Barthel Index

5.4.1 Der Barthel Index

Ein in Geriatrie und Gerontologie weit verbreitetes Instrument zur Ermittlung des Grades körperlicher Selbstständigkeit ist der Barthel Index. Benannt nach einer seiner beiden Schöpferinnen stellt er ein wichtiges Mittel zur systematischen Erfassung und Bewertung alltäglicher Fähigkeiten dar, welches insbesondere

---

107 Die in diesem Zusammenhang erwähnte deutlich bessere Datenverfügbarkeit für die Vereinigten Staaten (vgl. Edvartsen (1996), S. 40) dürfte in nicht unerheblichem Umfang dem Umstand geschuldet sein, dass es sich hierbei um einen einzelnen Staat handelt, während im Gegensatz dazu in Europa die einzelstaatlichen Normen und Gesetze Berücksichtigung finden müssten.

durch seine Einfachheit zu überzeugen weiß (vgl. Mahoney und Barthel (1965)) und auch im Rahmen des Pflegeassessments Verwendung findet. Mittels der Vergabe von Punkten für zehn verschiedene ADL (Merkmale) entsteht nach Addition der Werte durch das Verdichten zu einer Indexzahl eine übersichtliche und schnell auf der Skala von 0 (vollständige Pflegebedürftigkeit) bis 100 Punkten (vollständige Selbstständigkeit) einzuordnende Größe. Die vergebenen Punktwerte pro Merkmal reichen von null bis 15 Punkte (0, 5, 10 oder 15 Punkte), wobei in der einfachen Grundversion in der Regel lediglich zwei bzw. drei Kategorien pro Merkmal zur Auswahl stehen (siehe auch Tabelle 10). Neben der maximal erzielbaren Punktzahl des Merkmals für die selbstständige Erledigung der Anforderung, werden bei Erfüllung mit Hilfestellung entsprechend weniger bzw. für die Merkmale Körperpflege und Baden / Duschen keine Punkte vergeben. Die dritte Möglichkeit, ein Merkmal mit null Punkten zu bewerten, tritt ansonsten nur ein, wenn das Merkmalsziel auch mit Hilfe nicht erreicht wird.

Tabelle 10: Barthel Index

Merkmal	Punkte	
	mit Hilfe	selbstständig
Essen und Trinken	5	10
Bett- / Stuhltransfer	5-10	15
Körperpflege	0	5
Benutzung der Toilette	5	10
Baden / Duschen	0	5
Mobilität	0 bzw. 10	5 bzw. 15
Treppensteigen	5	10
An- und Ausziehen	5	10
Stuhlkontrolle	5	10
Harnkontrolle	5	10

Quelle: eigene Darstellung in Anlehnung an Mahoney und Barthel (1965).

Bei der Definition des erlaubten Hilfsumfangs bleiben Mahoney und Barthel recht vage und geben in der Regel lediglich Beispiele. So wird für das erste Merkmal (Essen und Trinken) das Schneiden des Essens als beispielhafte Hilfestellung erwähnt. Die abgestufte Punktzahl des zweiten Merkmals (Bett- / Stuhltransfer) für die Erledigung mit Hilfe ergibt sich aus der differenzierten Betrachtung der benötigten Hilfen. So werden kleinere und nur einen der Arbeitsschritte betreffende Hilfen sowie die Notwendigkeit zur Beaufsichtigung, um die Sicherheit zu gewährleisten, noch mit zehn Punkten, umfangreichere Hilfestellungen wie das Herausheben aus dem Bett nach selbstständigem Aufsetzen nur noch mit fünf Punkten bewertet. Warum die Maximalsumme von 100 Punkten scheinbar nicht erreicht wird, erklärt sich aus der Struktur der Punktvergabe des Merkmals „Mobilität": Die Anweisung zur Bepunktung dieses Merkmals lautet, null bzw. fünf Punkte lediglich zu vergeben, wenn der zu Begutachtende nicht laufen kann und bspw. auf die Unterstützung eines Rollstuhls zur Bewältigung der vorgegebenen Strecke angewiesen ist. Ansonsten sind für dieses Merkmal zehn respektive 15 Punkte vorgesehen (vgl. Mahoney und Barthel (1965)).

Es wird deutlich, dass eine Punktzahl von 35 Punkten nur unterschritten wird, wenn in mindestens einem Merkmal die vorgegebene Zielstellung auch mit Hilfe verfehlt wird. Dies erscheint vor dem Hintergrund, dass zahlreiche medizinische Studien bei der Beurteilung von Pflegebedürftigkeit die unterschiedlichsten Trennwerte (von zum Teil nur 50 Punkten) des Barthel Index ansetzen, bedenklich (vgl. Meins und Matthiesen (2000); siehe auch Kapitel 5.4.3). Dennoch erfreut sich ob seiner einfachen Anwendbarkeit der Barthel Index großer Beliebtheit und auch eine der bislang größten europaweiten Vergleichsstudien (EUROFAMCARE) greift - verhältnismäßig unkritisch – auf ihn zurück (siehe bspw. Seidl und Döhner (2008), S. 188f.), dort allerdings in der im folgenden Kapitel erläuterten, deutschen Variante, dem sogenannten Hamburger Manual.

5.4.2 Das Hamburger Manual

Das „Hamburger Einstufungsmanual zum Barthel-Index" ist die gebräuchlichste in Deutschland Anwendung findende Variante des Barthel Index. Seine Entwicklung beruht auf der Kritik an dem mittlerweile fast ein halbes Jahrhundert alten Original. Hierzu zählen insbesondere begriffliche Unschärfen bspw. bei der Abgrenzung der zulässigen Hilfestellungen sowie die auf Grund des Entstehungsjahres nachvollziehbarer Weise fehlende Berücksichtigung und Einordnung mittlerweile etablierter Hilfsmittel wie etwa Rollatoren, perkutane endoskopische Gastrostomie-Sonden zur künstlichen Ernährung oder der Einsatz von Toilettenstühlen (vgl. Lübke et al. (2001) und Lübke (2002)). Mit seinen Hinweisen zur systematischen Operationalisierung und Anwendungshinweisen sowie der Aufnahme eventuell Verwendung findender Hilfsmittel stellt das Hamburger Manual keinen „neuen" Barthel Index dar, sondern bewegt sich innerhalb der in der Original-Version vorgegebenen Struktur. Die in Tabelle 11 folgende Gegenüberstellung der Anweisungen zur Punktvergabe in Kurzform verdeutlicht die vorgenommenen Präzisierungen und breiterer Anwendungsmöglichkeiten:

Tabelle 11: Vergleich von Barthel Index und Hamburger Manual

Original-Version	Punkte	Hamburger Manual
Essen und Trinken		**Essen**
unabhängig in angemessener Zeit ab Tablett	10	komplett selbständig oder selbstständige Ernährung über Sonde
einige Hilfe notwendig	5	Hilfe bei der Vorbereitung nötig, aber selbständiges zum-Mund-Führen und Einnehmen von Speisen und Getränken oder Hilfe bei Ernährung über Sonde
erfüllt „5" nicht	0	kein selbständiges zum-Mund-Führen oder Einnehmen von Speisen und Getränken und keine Ernährung mittels Sonde
Bett- / Stuhltransfer		**Aufsetzen und Umsetzen**
sich unabhängig aus Stuhl / Rollstuhl ins Bett legen und zurück in den Stuhl / Rollstuhl	15	dito; komplett selbständig aus liegender Position in Stuhl/Rollstuhl und zurück
in der ein oder anderen o.g. Phase geringe Hilfe	10	Aufsicht oder geringe Hilfe (ungeschulte Laienhilfe)
unabhängig vom Liegen in den Sitz, Transfer in Stuhl / Rollstuhl aber mit erheblicher Hilfe oder getragen	5	erhebliche Hilfe (geschulte Laienhilfe oder professionelle Hilfe)
erfüllt „5" nicht	0	wird auf Grund seiner körperlichen oder sonstigen Befindlichkeit nicht aus dem Bett transferiert
Körperpflege		**sich waschen**
selbstständig bis auf aufwendige Frisuren	5	vor Ort selbstständig inklusive notwendiger Vor- und Nachbereitungen
erfüllt „5" nicht	0	erfüllt „5" nicht
Benutzung der Toilette		**Toilettenbenutzung**
selbstständig inklusive Bettpfannenreinigung	10	vor Ort komplett selbstständige Nutzung von Toilette oder Toilettenstuhl inklusive Spülung / Reinigung
Hilfe wegen Gleichgewicht, Kleidung oder beim Benutzen von Toilettenpapier erforderlich	5	vor Ort Hilfe oder Aufsicht bei Toiletten- oder Toilettenstuhlbenutzung oder Spülung / Reinigung erforderlich
erfüllt „5" nicht	0	benutzt weder Toilette noch Toilettenstuhl

Baden / Duschen		Baden / Duschen
selbstständig Vollbad / Duschbad nehmen und sich reinigen	5	selbständig Vollbad oder Duschbad nehmen inklusive Ein-/Ausstieg, sich reinigen und abtrocknen
erfüllt „5" nicht	0	erfüllt „5" nicht
Mobilität		**Aufstehen und Gehen**
mindestens 50 m gehen, ggf. mit Gehstützen aber ohne Hilfe, Überwachung oder Gehwagen; selbstständig „aufsetzen" und hinsetzen	15	ohne Hilfe oder Aufsicht vom Sitz in den Stand kommen und mindestens 50 m ohne Gehwagen selbstständig gehen
geht mit wenig Hilfe oder Überwachung 50 m	10	ohne Hilfe oder Aufsicht vom Sitz in den Stand kommen und mindestens 50 m mit Hilfe eines Gehwagens selbstständig gehen
kann Rollstuhl komplett selbständig bedienen	5	ggf. mit Laienhilfe oder Gehwagen vom Sitz in den Stand kommen und Strecken im Wohnbereich bewältigen; alternativ: Strecken im Wohnbereich komplett selbstständig im Rollstuhl bewältigen
erfüllt „5" nicht	0	erfüllt „5" nicht
Treppensteigen		**Treppensteigen**
kann eine Reihe von Stufen ohne Hilfe und Überwachung herauf- oder herabsteigen	10	steigt ohne Aufsicht oder Hilfe Treppen über mindestens ein Stockwerk hinauf und hinunter
benötigt hierbei Hilfe oder Überwachung	5	steigt mit Aufsicht oder Laienhilfe Treppen über mindestens ein Stockwerk hinauf und hinunter
erfüllt „5" nicht	0	erfüllt „5" nicht
An- und Ausziehen		**An- und Auskleiden**
zieht sich inklusive Korsett und Bruchbändern selbstständig an und aus	10	zieht sich in angemessener Zeit Tageskleidung und Schuhe (sowie ggf. benötigte Hilfsmittel – Prothesen etc.) selbständig an und aus
benötigt beim An- und Ausziehen Hilfe, führt in angemessener Zeit mindestens die Hälfte der Tätigkeiten selbst durch	5	kleidet mindestens den Oberkörper in angemessener Zeit selbständig an und aus, sofern die Utensilien in greifbarer Nähe sind
erfüllt „5" nicht	0	erfüllt „5" nicht

113

Original-Version	Punkte	Hamburger Manual
Stuhlkontrolle		**Stuhlkontrolle**
ist stuhlkontinent und kann selbstständig Zäpfchen oder Klistier benutzen	10	ist stuhlkontinent, ggf. selbstständig bei rektalen Abführmaßnahmen und Anus-praeter-Versorgung
ist gelegentlich stuhlinkontinent oder benötigt Hilfe beim Benutzen eines Zäpfchens oder Klistiers	5	ist durchschnittlich nicht mehr als 1x/Woche stuhlinkontinent oder benötigt Hilfe bei rektalen Abführmaßnahmen oder Anus-praeter-Versorgung
erfüllt „5" nicht	0	ist durchschnittlich mehr als 1x/Woche stuhlinkontinent
Harnkontrolle		**Harnkontrolle**
Tag und Nacht harnkontinent, Dauerkatheter-Versorgung und Reinigung ggf. selbstständig	10	ist harnkontinent oder kompensiert Harninkontinenz / versorgt Dauerkatheter komplett selbstständig und mit Erfolg (kein Einnässen von Kleidung oder Bettwäsche)
ist gelegentlich inkontinent oder kann nicht lange genug auf Bettpfanne warten oder schnell genug zur Toilette kommen oder benötigt Hilfe bei externer Harnableitung	5	kompensiert seine Harninkontinenz selbständig und mit überwiegendem Erfolg (durchschnittlich nicht mehr als 1x/Tag Einnässen von Kleidung oder Bettwäsche) oder benötigt Hilfe bei der Versorgung seines Harnkathetersystems
erfüllt „5" nicht	0	ist durchschnittlich mehr als 1x/Tag harninkontinent

Quelle: eigene Darstellung in Anlehnung an Lübke (2002).

Es wird deutlich, dass der Anspruch, eine modernere und differenziertere Anwendungserläuterung zur Punktvergabe bei Anwendung des Barthel Index zu generieren, erreicht wird. Da an seiner grundlegenden Struktur jedoch keine Änderungen vorgenommen werden, können die generellen Vorbehalte hinsichtlich des Einsatzes des Barthel Index als Instrument zur Messung und Abgrenzung von Pflegebedürftigkeit (siehe auch Kapitel 5.4.3) hiermit jedoch nicht entkräftet werden. Darüber hinaus tritt im Rahmen der empirischen Analyse das Problem hinzu, dass die Verfügbarkeit der Daten nicht nur hinsichtlich der abgefragten Merkmale per se, sondern insbesondere auch in der vorgegebenen Tiefe und Abstufung gegeben sein muss. Dies ist in Bezug auf die in SHARE vorhandenen Daten, für die kein spezieller Fokus auf die Kompatibilität mit dem

Barthel Index (oder seiner Alternativen) gelegt wurde, nicht gewährleistet, weshalb eine einfache Übertragung nicht sinnvoll erscheint.

5.4.3 Möglichkeiten und Grenzen zur Abgrenzung von Pflegebedürftigkeit

Der Barthel Index ist das Standardinstrument zur Bestimmung des Grades der physischen Einschränkungen (vgl. Wade und Collin (1988)). Er ermöglicht mit verhältnismäßig geringem Aufwand die Ermittlung der relevanten Punktzahl in Theorie und Praxis. Diese Einfachheit bedingt jedoch auch Kritik an der Übertragbarkeit auf Grund der Beschränkung auf physische Ursachen von Pflegebedürftigkeit. Wenngleich somit eine vollständige Übernahme bedenklich erscheint, ermöglicht eine Anlehnung an das bewährte Prinzip des Barthel Index die Verknüpfung seiner Vorteile bei gleichzeitiger Reduzierung der Nachteile.

Unter den wenigen deutschsprachigen Arbeiten zu dieser Thematik zeigen bspw. Meins und Matthiesen (2000), dass mittels geeigneter Abgrenzung eine valide Transformation des Barthel Index auf die deutsche Definition von Pflegebedürftigkeit erreicht werden kann. Jedoch verweisen Lübke et al. (2004) darauf, dass trotz prinzipieller Eignung die Konstruktion des Barthel Index explizit auf die Anwendung im klinischen Behandlungsprozess ausgerichtet ist und beim Einsatz für andere Zwecke die oben erwähnten Kritikpunkte zu beachten sind. Maidhof et al. (2002) weisen nach, dass mit Hilfe des Barthel Index eine rund 80 prozentige Übereinstimmung verglichen mit der Einstufung durch das Begutachtungsverfahren erzielt werden kann. Dieser Wert verdeutlicht, dass eine erste Abschätzung mit Hilfe des Barthel Index gut möglich ist, für Untersuchungen aus denen Politikimplikationen und Handlungsempfehlungen abgeleitet werden sollen jedoch ein zielgenaueres Verfahren Anwendung finden sollte.

Des Weiteren führt die Verdichtung zu einem Index naturgemäß zu einem Verlust an Information und die aus der ordinalen Skalierung resultierenden Einschränkungen[108] müssen in Kauf genommen werden. Die Validität des Instruments kann somit nicht verallgemeinert werden und ergibt sich aus seiner speziellen Anwendung (vgl. Silverstein et al. (1992)).

---

108 Ein aufwändiges Verfahren, diesen Mangel zu beheben, stellt die Transformationen nach Rasch dar (vgl. Rasch (1980)). Allerdings gelingt es auch mit deren Hilfe nicht, diese Nachteile vollständig zu kompensieren (vgl. Tennant et al. (1996)).

5.5 Der carelevel-Index

5.5.1 Konstruktion des carelevel-Index

Aufbauend auf der grundlegenden Struktur des Barthel Index und den an die heutige Zeit und den Stand der Technik und Versorgung angepassten Richtlinien zur Punktvergabe nach Maßgabe des Hamburger Manual, wird im Folgenden der einerseits den Bedürfnissen dieser Untersuchung gerecht werdende und andererseits auf die in SHARE verfügbaren Daten abgestimmte carelevel-Index vorgestellt. Ziel dieser Adaption ist die möglichst trennscharfe Abgrenzung hinsichtlich der Frage, ob Pflegebedürftigkeit im Sinne des SGB XI vorliegt und wenn ja, wie stark sie ausgeprägt ist, also welche Pflegestufe damit einhergeht. Verwendung finden – in zum Teil modifizierter Form - neben den auch im Barthel Index anzutreffenden sechs ADL-Einschränkungen auch mehrere IADL-Einschränkungen (bspw. Einkaufen gehen und den Haushalt erledigen) sowie darüber hinaus reichende Tätigkeiten und Fähigkeiten (bspw. Lesen und Schreiben, zeitliche Orientierung oder die Gedächtnisleistung), welche Rückschlüsse auf den Hilfsbedarf und die Pflegebedürftigkeit der Person zulassen. Vergeben werden null, fünf oder zehn Punkte je Merkmal, wobei die höchste erzielbare Punktzahl für keine oder nur geringe Einschränkungen in dieser Kategorie steht. Die Addition der Merkmalspunkte, welche einen Maximalwert von 100 ergeben, sowie die sich anschließende Transformation in Pflegestufen ermöglicht eine Kategorisierung der Befragten. Hierbei können lediglich Personen berücksichtigt werden, die Angaben in allen 16 Merkmalskategorien gemacht haben, wodurch sich die Gesamtbeobachtungszahl auf 2.430 reduziert.

Das erste Merkmal stellt die Kategorie Essen dar, in welcher Einschränkungen bei der Nahrungsaufnahme abgefragt werden. Unter dem Variablennamen *ph049d4* geben wie in Tabelle 12 ausgewiesen 2.461 oder 97,62 %[109] der diese Frage beantwortenden 2.521 Personen an, keine Probleme beim Essen oder Schneiden der Nahrung zu haben.

Tabelle 12: carelevel-Merkmal Essen

difficulties: eating, cutting up food	Anzahl	Prozent
not selected	2.461	97,62
selected	60	2,38
total	2.521	100,00

Quelle: eigene Darstellung.

---

109 Rundungsbedingte Differenzen werden im gesamten Kapitel sowohl im Text als auch in der tabellarischen Darstellung vernachlässigt.

Personen, die angeben, keine Probleme in diesem Merkmal zu haben, erhalten fünf Punkte, Befragte mit Problemen bei der Nahrungsaufnahme bekommen null Punkte zugewiesen. Es ergibt sich für das Merkmal Essen die in Tabelle 13 ausgewiesene Punkteverteilung, welche sich auf Grund der Tatsache, dass lediglich eine Variable mit nur zwei Ausprägungen eingeht, nicht von den Verhältnissen der Angabe im Datensatz unterscheidet.

Tabelle 13: Gesamtpunktzahl des carelevel-Merkmals Essen

Punkte (1) Essen	Anzahl	Prozent
0	60	2,38
5	2.461	97,62
total	2.521	100,00

Quelle: eigene Darstellung.

Analog der oben beschriebenen Vorgehensweise ergibt sich für das zweite Merkmal Baden/Duschen, bei dem ebenfalls die beiden einzigen Antwortmöglichkeiten in Punkte überführt werden, die in Tabelle 14 dargestellte Verteilung für die auch hier antwortenden 2.521 Personen. Es fällt auf, dass verglichen mit dem Merkmal Essen ein mehr als doppelt so großer Anteil der Befragten angibt, Probleme beim Baden oder Duschen zu haben. Da aus den Daten die Art und Schwere der Einschränkung nicht ersichtlich ist, da im Fragebogen lediglich generell nach Problemen gefragt wird, ist eine weitere Differenzierung bei der Punktvergabe nicht möglich.

Tabelle 14: Gesamtpunktzahl des carelevel-Merkmals Baden/Duschen

Punkte (2) Baden/Duschen	Anzahl	Prozent
0	130	5,16
5	2.391	94,84
total	2.521	100,00

Quelle: eigene Darstellung.

Als drittes findet das ADL-Merkmal Anziehen Verwendung im carelevel-Index, wobei sich weder die Beobachtungsanzahl noch die Berechnung der Punkte von den beiden erstgenannten Merkmalen unterscheidet. Auffällig ist die Zunahme des Anteils der Personen, die angeben, mit dem Anlegen von Kleidung, Socken und Schuhen Probleme zu haben. Dieser ist, wie in Tabelle 15 ausgewiesen, fast drei Mal so hoch wie in der Kategorie Essen.

Tabelle 15: Gesamtpunktzahl des carelevel-Merkmals Anziehen

Punkte (3) Anziehen	Anzahl	Prozent
0	165	6,55
5	2.356	93,45
total	2.521	100,00

Quelle: eigene Darstellung.

Auch die Transformation der Angaben zur Toilettenbenutzung ist mangels weitergehender Angaben problemlos möglich, da wiederum lediglich generell nach Einschränkungen bei der Benutzung der Toilette inklusive Hinsetzen und Aufstehen gefragt wird. Eine differenziertere Betrachtung wie bspw. im Hamburger Manual vorgesehen, ist mangels Verfügbarkeit der Daten nicht möglich. Die Auswertung der Variablen *ph049d6* (siehe Tabelle 16) zeigt hinsichtlich des Anteils der mit null bzw. fünf Punkten bewerteten Personen exakt das gleiche Bild, welches auch für das Merkmal Essen resultiert – 60 Personen bzw. 2,38 % der Befragten geben an, die Anforderungen dieses Merkmals nicht problemfrei ausführen zu können.

Tabelle 16: Gesamtpunktzahl des carelevel-Merkmals Benutzung der Toilette

Punkte (4) Benutzung der Toilette	Anzahl	Prozent
0	60	2,38
5	2.461	97,62
total	2.521	100,00

Quelle: eigene Darstellung.

Die Punktvergabe des Merkmals Aufstehen erfolgt in einem zweistufigen Prozess, wobei in jeder Stufe null oder fünf, in Summe also null, fünf oder zehn Punkte vergeben werden. Hierzu werden zunächst die Angaben der Variable *ph049d5*, welche Probleme beim Aufstehen oder Hinlegen aus dem bzw. in das Bett abfragt, ausgewertet (siehe Tabelle 17) und in null oder fünf Punkte überführt. In einem zweiten Schritt wird die Variable *ph048d3* hinzugezogen, bei welcher die Befragten angeben sollen, ob sie Probleme beim Aufstehen aus einem Stuhl haben (siehe Tabelle 18). In diesem Teilmerkmal würden demnach 512 Personen null Punkte erhalten. Dieser Wert wird allerdings um die Ergebnisse der Variablen chair stand (*cs004_*) korrigiert. Hierbei wird der Befragte gebeten, sich tatsächlich aus dem Stuhl zu erheben. Wenn dies (mit Hilfe der Arme/Hände oder freihändig) gelingt, werden der Person in diesem Bereich trotz anderslautender eigener Angabe fünf Punkte gutgeschrieben. In Summe erhalten für diesen Teilbereich 283 Befragte (11,23 %) keine und 2.238 Befragte (88,77 %) fünf Punkte. Die Addition dieser beiden Teilmerkmale führt zu der in Tabelle 19 dargestellten Punktverteilung. Die maximal erreichbare Punktzahl von zehn Punkten erreichen 2.213 bzw. 87,78 % der antwortenden 2.521 Personen, welche somit in keinem der beiden Teilmerkmale in größerem Ausmaß mit Einschränkungen leben. Bei den verbleibenden 12,22 % ist dies in mindestens einem, für ein gutes Sechstel dieser Betroffenen (54 Personen) sogar in beiden Teilbereichen der Fall.

Tabelle 17: carelevel-Merkmal Aufstehen (1)

difficulties: getting in or out of bed	Anzahl	Prozent
not selected	2.442	96,87
selected	79	3,13
total	2.521	100,00

Quelle: eigene Darstellung.

Tabelle 18: carelevel-Merkmal Aufstehen (2)

difficulties: getting up from chair	Anzahl	Prozent
not selected	2.009	79,69
selected	512	20,31
total	2.521	100,00

Quelle: eigene Darstellung.

Tabelle 19: Gesamtpunktzahl des carelevel-Merkmals Aufstehen

Punkte (5) Aufstehen	Anzahl	Prozent
0	54	2,14
5	254	10,08
10	2.213	87,78
total	2.521	100,00

Quelle: eigene Darstellung.

Das sechste Merkmal stellt auf die Mobilität der Befragten ab. Hierbei werden die Ergebnisse der Variablen *ph049d2* (Probleme beim Gehen in einem Zimmer) und *ph048d1* (Probleme beim Gehen einer Strecke von 100 Metern) einbezogen. Während bei erstgenannter Variablen 50 Personen Schwierigkeiten einräumen (siehe Tabelle 20), tun es drei davon auf der deutlich längeren Strecke nicht mehr. Dies wird bei der Punktvergabe berücksichtigt (siehe Tabelle 21) und 2.474 Personen erhalten fünf Punkte für dieses Merkmal.

Tabelle 20: carelevel-Merkmal Gehen

difficulties: walking across a room	Anzahl	Prozent
not selected	2.471	98,02
selected	50	1,98
total	2.521	100,00

Quelle: eigene Darstellung.

Tabelle 21: Gesamtpunktzahl des carelevel-Merkmals Gehen

Punkte (6) Gehen	Anzahl	Prozent
0	47	1,86
5	2.474	98,14
total	2.521	100,00

Quelle: eigene Darstellung.

Diesem Vorgehen entsprechend erfolgt auch die Punktvergabe der siebten Kategorie, dem Treppensteigen. Während hier die Antwort der Befragten auf die Frage, ob sie beim Treppensteigen zum Erreichen des nächsthöheren Stockwerks Probleme haben, die Basis darstellt (siehe Tabelle 22), erfolgt die Korrektur der Antworten über die Variable *ph048d4*. Bei dieser geben nur 180 der vormals 212 Personen an, Probleme beim Erklimmen der Treppe zu haben, obwohl danach gefragt wird, ob der Aufstieg in mehrere Stockwerke nacheinander und ohne Unterbrechung problemlos möglich ist. Da dies wiederum wenig plausibel erscheint, erfolgt die Punktvergabe wie in Tabelle 23 ersichtlich: Nur wer bei beiden Variablen von Problemen berichtet, erhält null Punkte.

Tabelle 22: carelevel-Merkmal Treppensteigen

difficulties: climbing one flight of stairs	Anzahl	Prozent
not selected	2.309	91,59
selected	212	8,41
total	2.521	100,00

Quelle: eigene Darstellung.

Tabelle 23: Gesamtpunktzahl des carelevel-Merkmals Treppensteigen

Punkte (7) Treppensteigen	Anzahl	Prozent
0	180	7,14
5	2.341	92,86
total	2.521	100,00

Quelle: eigene Darstellung.

Zusammengefasst unter der Merkmalsbezeichnung Beweglichkeit erfolgt die Vergabe von null, fünf oder zehn Punkten des achten Bestandteils des carelevel-Index. Hierzu werden im ersten Teil lediglich dann null Punkte vergeben, wenn sowohl die unteren Extremitäten bzw. der Rücken als auch die Arme/Schultern gleichzeitig betroffen sind. Hierzu ist es vonnöten, dass Probleme bei mindestens einer der drei Fähigkeiten Bücken, Knien oder Hocken einerseits (siehe Tabelle 24) und beim Anheben der Arme mindestens auf Schulterhöhe andererseits angegeben werden. In diesem Fall weist die Teilkategorie null Punkte, ansonsten fünf Punkte aus (siehe Tabelle 25). Es wird deutlich, dass durch die umfassende Betrachtung der oberen wie auch der unteren Extremitäten eine deutlich moderatere Anzahl an Betroffenen ausgewiesen und mit null Punkten bedacht wird, als dies bei einer isolierten Sichtweise auf die Funktionsweise der Beine und des Rückens der Fall wäre und im Rahmen der vorhergehenden Merkmalskategorien bereits in weiten Teilen erfasst wurde.

Tabelle 24: carelevel-Merkmal Beweglichkeit (1)

difficulties: stooping, kneeling, crouching	Anzahl	Prozent
not selected	1.769	70,17
selected	752	29,83
total	2.521	100,00

Quelle: eigene Darstellung.

Tabelle 25: Teilpunktzahl des carelevel-Merkmals Beweglichkeit

Punkte (8) Beweglichkeit	Anzahl	Prozent
0	169	6,70
5	2.352	93,30
total	2.521	100,00

Quelle: eigene Darstellung.

Der zweite Teil des Merkmals Beweglichkeit stellt auf die feinmotorischen Fähigkeiten der Befragten ab, die gebeten werden, eine kleine Münze von einem Tisch aufzuheben. Wie in Tabelle 26 ausgewiesen, ist dies 90 der 2.521 Personen nicht möglich; sie erhalten somit null Punkte. Nach Addition der beiden Teilmerkmalspunkte ergeben sich folgende Anteile: 2.314 Personen leiden unter keinen oder nur geringfügigen Einschränkungen ihrer Beweglichkeit. 155 Befragten geben an, Probleme entweder im Bereich der oberen und unteren Extremitäten bzw. des Rückens oder im Bereich der Feinmotorik zu haben. In 2,06 % der Fälle (52 Personen) treten diese Limitationen zugleich auf und die Betroffenen erhalten für dieses Merkmal null Punkte (siehe Tabelle 27).

Tabelle 26: carelevel-Merkmal Beweglichkeit (2)

difficulties: picking up a small coin from a table	Anzahl	Prozent
not selected	2.431	96,43
selected	90	3,57
total	2.521	100,00

Quelle: eigene Darstellung.

Tabelle 27: Gesamtpunktzahl des carelevel-Merkmals Beweglichkeit

Punkte (8) Beweglichkeit	Anzahl	Prozent
0	52	2,06
5	155	6,15
10	2.314	91,79
total	2.521	100,00

Quelle: eigene Darstellung.

Das Einkaufen alltäglicher Dinge – etwa Lebensmittel – steht im Zentrum des neunten Merkmals. Die 141 Befragten, die angaben, hierbei Probleme (welche wiederum nicht näher qualifiziert und quantifiziert werden) zu haben, erhalten null, die restlichen 2.380 Befragten fünf Punkte (siehe Tabelle 28).

Tabelle 28: Gesamtpunktzahl des carelevel-Merkmals Einkaufen

Punkte (9) Einkaufen	Anzahl	Prozent
0	141	5,59
5	2.380	94,41
total	2.521	100,00

Quelle: eigene Darstellung.

Für das Merkmal Haushalt werden bis zu zehn Punkte vergeben. Dabei werden die Bereiche Haus- und Gartenarbeit ebenso abgedeckt wie die Zubereitung einer warmen Mahlzeit. Die Verteilung der Antworten dieser beiden Teilmerkmale zeigen die Tabelle 29 und Tabelle 30. Hierbei fällt der Anteil derer, die Probleme bei der Arbeit im Haus oder Garten angeben mit fast 9 % deutlich höher aus, als dies bei der Zubereitung eines warmen Essens mit gut 3 % der Fall ist.

Tabelle 29: carelevel-Merkmal Haushalt (1)

difficulties: doing work around the house or garden	Anzahl	Prozent
not selected	2299	91,19
selected	222	8,81
total	2.521	100,00

Quelle: eigene Darstellung.

Tabelle 30: carelevel-Merkmal Haushalt (2)

difficulties: preparing a hot meal	Anzahl	Prozent
not selected	2442	96,87
selected	79	3,13
total	2.521	100,00

Quelle: eigene Darstellung.

Wie Tabelle 31 zeigt, geben 237 der 2.521 Antwortenden an, Probleme bei mindestens einem der beiden Merkmalsbestandteile zu haben. Bemerkenswert scheint, dass 15 Befragte bzw. fast 20 % der 79 Betroffenen zwar Probleme bei der Essenszubereitung angeben, die Haus- und Gartenarbeit jedoch laut eigener Aussage ohne größere Probleme absolvieren, wie die Gesamtzahl von 64 in beiden Teilbereichen eingeschränkten Personen nahelegt.

Tabelle 31: Gesamtpunktzahl des carelevel-Merkmals Haushalt

Punkte (10) Haushalt	Anzahl	Prozent
0	64	2,54
5	173	6,86
10	2.284	90,60
total	2.521	100,00

Quelle: eigene Darstellung.

Für die Zuweisung der Punkte des Merkmals Telefonieren[110], welches kombinierte Anforderungen sowohl an die körperlichen als auch an die geistigen Fähigkeiten stellt, sind keine aufwändigen Zuschlüsselungen notwendig – es existieren nur zwei Antwortmöglichkeiten, welche null bzw. fünf Punkte zur Folge haben (siehe Tabelle 32). Auf Grund der erhöhten Komplexität der Handlung erscheint die Anzahl an Personen, die angeben, hierbei vor Problemen zu stehen (lediglich 39 Befragte), relativ gering.

Tabelle 32: Gesamtpunktzahl des carelevel-Merkmals Telefonieren

Punkte (11) Telefonieren	Anzahl	Prozent
0	39	1,55
5	2.482	98,45
total	2.521	100,00

Quelle: eigene Darstellung.

Probleme beim Umgang mit den eigenen Finanzen geben im Rahmen der zwölften Merkmalskategorie 71 der antwortenden 2.521 Personen an, wie in Tabelle 33 ersichtlich. Wiederum fehlen konkrete Ausführungen, welcher Art und welchen Umfangs diese Schwierigkeiten sind. Lediglich die Formulierung der Fragestellung lässt darauf schließen, dass hierbei nicht der physische Umgang bspw. mit Münzgeld gemeint ist, sondern vielmehr etwa die Kontrolle über die eigenen Ausgaben und Einnahmen und die Bezahlung offener Rechnungen im Zentrum der Frage stehen.

Tabelle 33: Gesamtpunktzahl des carelevel-Merkmals Finanzen

Punkte (12) Finanzen	Anzahl	Prozent
0	71	2,82
5	2.450	97,18
total	2.521	100,00

Quelle: eigene Darstellung.

Das Merkmal Lesen und Schreiben gliedert sich für die Vergabe der null respektive fünf Punkte, nach Bereinigung des Datensatzes um Personen mit fehlender

---

110   Die Merkmale Telefonieren sowie Lesen und Schreiben stellen unter anderem Indikatoren für Beeinträchtigungen der kommunikativen Fähigkeiten dar, welche bspw. durch die Folgen sozialer Isolation Pflegebedürftigkeit determinieren können (vgl. Garms-Homolová (2011), S. 409).

Angabe zu diesem Merkmal, wieder in zwei Ebenen: Zunächst werden die selbsteingeschätzten Lesefähigkeiten bewertet. So diese vom Befragten als mindestens gut eingeschätzt werden (2.265 Personen, siehe Tabelle 34), erhält er fünf Punkte für dieses Merkmal gutgeschrieben. Für die verbleibenden 212 Personen folgt das Hinzuziehen der selbsteingeschätzten Schreibfähigkeiten, welche von 40 Personen als gut oder besser bezeichnet werden (siehe Tabelle 35), so dass auch diese Befragten 5 Punkte für das Merkmal Lesen und Schreiben erhalten. Daraus folgt, dass lediglich die 172 Personen, die sowohl ihre Lese- als auch ihre Schreibkenntnisse selbst als schlecht oder sehr schlecht einordnen, null Punkte erhalten (siehe Tabelle 36), was knapp 7 % der 2.477 Antwortenden entspricht.

Tabelle 34: carelevel-Merkmal Lesen und Schreiben (1)

self-rated reading skills	Anzahl	Prozent
excellent	656	26,48
very good	745	30,08
good	864	34,88
fair	175	7,06
poor	37	1,49
total	2.477	100,00

Quelle: eigene Darstellung.

Tabelle 35: carelevel-Merkmal Lesen und Schreiben (2)

self-rated writing skills	Anzahl	Prozent
very good	3	1,42
good	37	17,45
fair	129	60,85
poor	43	20,28
total	212	100,00

Quelle: eigene Darstellung.

Tabelle 36: Gesamtpunktzahl des carelevel-Merkmals Lesen und Schreiben

Punkte (13) Lesen und Schreiben	Anzahl	Prozent
0	172	6,94
5	2.305	93,06
total	2.477	100,00

Quelle: eigene Darstellung.

Die folgenden beiden Merkmale richten sich an die kognitiven Fähigkeiten der Befragten, da dort festgestellte Einschränkungen ein Indiz für die häufige Überlagerung von chronisch-degenerativen und psychischen Erkrankungen darstellen (vgl. Kuhlmey und Blüher (2011), S. 191). Abgefragt werden die zeitliche Orientierung sowie die Gedächtnisleistung. Hierbei stützt sich das Merkmal zeitliche Orientierung darauf, ob der Befragte das Datum (Tag, Monat und Jahr) sowie den Wochentag korrekt benennen kann (Variablen *cf003_* bis *cf006_*). Die Einstufung und Vergabe der Punkte erfolgt mittels eines aus den Antworten generierten Indexes. Dieser nimmt den Wert null an, wenn der Befragte alle vier Fragen falsch antwortet oder angibt, die Antwort nicht zu kennen. Dies trifft wie in Tabelle 37 ausgewiesen, auf sieben der 2.484 Antwortenden zu. Zwölf Befragte können genau eine, 38 genau zwei und weitere 184 Befragte können drei Antworten korrekt geben. Die verbleibenden 2.243 Personen (90,30 %) beantworten alle vier Fragen richtig. Sofern im Index wenigstens drei Punkte erzielt werden, bekommt die Person fünf Punkte für das Merkmal zeitliche Orientierung gutgeschrieben. Die Verteilung in Tabelle 38 zeigt, dass dies auf 97,71 % der Befragten zutrifft.

Tabelle 37: carelevel-Merkmal zeitliche Orientierung

date_index	Anzahl	Prozent
0	7	0,28
1	12	0,48
2	38	1,53
3	184	7,41
4	2.243	90,30
total	2.484	100,00

Quelle: eigene Darstellung.

Tabelle 38: Gesamtpunktzahl des carelevel-Merkmals zeitliche Orientierung

Punkte (14) zeitliche Orientierung	Anzahl	Prozent
0	57	2,29
5	2.427	97,71
total	2.484	100,00

Quelle: eigene Darstellung.

Die Gedächtnisleistung als zweite Kategorie der kognitiven Fähigkeiten wird mit Hilfe einer vom Interviewer vorgelesenen, zehn Wörter umfassenden Liste abgeprüft. Hierzu sollen vom Befragten so viele Begriffe wie möglich wiederholt werden. Die in Tabelle 39 dargestellte Verteilung der Anzahl richtiger Antworten beim ersten Versuch zeigt, dass diese sich einer linksschiefen Normalverteilung annährend über die gesamte Bandbreite verteilen. Gelingt es dem Befragten, drei oder mehr Begriffe korrekt wiederzugeben, erhält er fünf Punkte. Dies gilt auch für die zehn Personen, denen es im ersten Versuch nicht gelungen ist, die aber bei einer späteren Rückfrage ohne erneutes Vorlesen der Begriffe diese Grenze überspringen. Somit ergibt sich für dieses Merkmal die Punktverteilung nach Tabelle 40, welche für die 2.482 antwortenden Personen in 3,91 % der Fälle null und für den Rest fünf Punkte vorsieht.

Tabelle 39: carelevel-Merkmal Gedächtnis

ten words list learning first trial, total	Anzahl	Prozent
0	29	1,17
1	35	1,41
2	43	1,73
3	133	5,36
4	344	13,86
5	565	22,76
6	621	25,02
7	442	17,81
8	214	8,62
9	48	1,93
10	8	0,32
total	2.482	100,00

Quelle: eigene Darstellung.

Tabelle 40: Gesamtpunktzahl des carelevel-Merkmals Gedächtnis

Punkte (15) Gedächtnis	Anzahl	Prozent
0	97	3,91
5	2.385	96,09
total	2.482	100,00

Quelle: eigene Darstellung.

Als letztes Merkmal findet die psychische Verfassung der Befragten bei der Bildung des carelevel-Index Berücksichtigung. Wenngleich diese kein Element der derzeitigen Begutachtung in Deutschland darstellt, legen die Erläuterungen in Kapitel 5.3.2 sowie die Ergebnisse neuerer Studien, wonach das Risiko für eine Pflegebedürftigkeit bei Demenz und Depression stark erhöht ist (vgl. Riedel et al. (2011)), eine Berücksichtigung zur Erfassung und Abgrenzung von Pflegebedürftigkeit im Rahmen einer an den Barthel Index angelehnten Vorgehensweise nahe. Unter anderem weist Alzheimer als eine Form der Demenz viele Sekundärsymptome (u.a. Depression, Angst, Unruhe und Schlafstörungen) auf (vgl. Zsolnay-Wildgruber (1997), S. 31), die zu den am weitesten verbreiteten psychischen Störungen zählen (vgl. Schoppmann und Schmitte (2011), S. 365) und auch im Rahmen dieses Merkmals abgefragt werden. Dies begründet auch die Bewertung mit null, fünf oder zehn Punkten, welche in Abhängigkeit der von den Befragten getroffenen Angaben zu ihrer psychischen Verfassung vergeben werden. Allerdings teilt die verwendete EURO-D-Skala[111] als Fremdbeurteilungsskala in der Fülle der gebräuchlichen Depressionsskalen nicht die Schwachstelle der Selbstbeurteilungsskalen wie etwa der Beck-Depressionsskala oder der CES-D-Depressionsskala, bei welchen klagsame Patienten als tendenziell zu schwer eingestuft werden (vgl. Reischies (2003), S. 94). Dies wird im Rahmen der EURO-D-Skala durch die Abfrage von zwölf einzelnen Depressionssymptomen, welche in Tabelle 41 aufgelistet sind, verhindert. Erneut kann hierbei allerdings nicht die Schwere der Erkrankungen bewertet werden, da die hierzu notwendigen Angaben nicht erhoben werden. Für jedes bejahte Symptom wird ein Punkt vergeben, so dass sich die Skala von null bis zwölf Punkte erstreckt und eine höhere Punktzahl für einen höheren Grad an Depression steht. Die Verteilung der Befragten auf die einzelnen Skalenwerte zeigt Tabelle 42.

Tabelle 41: Elemente der EURO-D-Skala

Depression	Schlafstörungen	Kraftlosigkeit
Pessimismus	Interesse an Umgebung und Aktivitäten	Konzentration
Suizidalität	Reizbarkeit	Freude
Schuldgefühle	Appetit	Traurigkeit

Quelle: eigene Darstellung.

---

111 Die Skala geht zurück auf eine durch die Europäische Union initiierte Zusammenarbeit 14 europäischer Zentren, welche fünf bereits bestehende Depressionsmaße durch Bildung einer diskreten Skala zu einem neuen zusammengeführt haben (vgl. Prince et al. (1999) und Prince (2002)).

Tabelle 42: carelevel-Merkmal Psyche

depression scale EURO-D - high is depressed	Anzahl	Prozent
0	698	28,10
1	590	23,75
2	429	17,27
3	320	12,88
4	185	7,45
5	108	4,35
6	74	2,98
7	43	1,73
8	20	0,81
9	9	0,36
10	7	0,28
11	1	0,04
12	0	0,00
total	2.484	100,00

Quelle: eigene Darstellung.

In der Literatur wird als Schwellenwert eine Punktzahl höher drei respektive vier als Grenze zur klinisch signifikanten Depression angesehen. Im Rahmen dieser Untersuchung wird Dewey und Prince folgend ein Wert größer drei als Grenze zur Erkrankung mit relevanten Einschränkungen angesehen (vgl. Dewey und Prince (2005), S. 109), so dass Personen ab einem EURO-D-Wert größer gleich vier, null Punkte für das Merkmal Psyche erhalten. Personen, die auf der EURO-D-Skala auf einen Wert von genau drei kommen, erhalten als potenziell gefährdete fünf, Befragte mit einem Wert kleiner gleich zwei, zehn Punkte. Dies hat zur Folge, dass lediglich knapp 70 % der antwortenden 2.484 Personen für das Merkmal Psyche die volle Punktzahl erhalten (siehe Tabelle 43).

Tabelle 43: Gesamtpunktzahl des carelevel-Merkmals Psyche

Punkte (16) Psyche	Anzahl	Prozent
0	447	18,00
5	320	12,88
10	1.717	69,12
total	2.484	100,00

Quelle: eigene Darstellung.

Die Betrachtung des Durchschnittsalters für die drei Punktkategorien offenbart deutliche Differenzen: Es steigt von 64,78 Jahren der Befragten mit 10 Punkten über 65, 41 Jahre in der Mittelkategorie auf 66,79 Jahre für Personen mit null Punkten, welche als depressiv gelten, an. Dies steht in Einklang mit den Erkenntnissen früherer Arbeiten, die auf den Anstieg des Erkrankungsrisikos mit dem Alter verweisen (siehe bspw. Stordal et al. (2001) und Castro-Costa et al. (2007)). Auch die Erkenntnis, dass es sich hierbei nicht zwangsläufig um einen kausalen Zusammenhang handelt (vgl. Buber und Engelhardt (2011), S. 94f.), sondern vielmehr anderweitige, bspw. gesundheitliche Aspekte diesen Anstieg im Alter bedingen, stützt die Verwendung des Merkmals Psyche im Rahmen dieser Arbeit zur Anzeige von Pflegebedürftigkeit.

Tabelle 44: carelevel-Index

total score	Anzahl	Prozent
0	2	0,08
5	0	0,00
10	3	0,12
15	2	0,08
20	4	0,16
25	1	0,04
30	7	0,29
35	4	0,16
40	5	0,21
45	6	0,25
50	13	0,53
55	17	0,70
60	16	0,66
65	18	0,74
70	22	0,91
75	40	1,66
80	70	2,88
85	114	4,69
90	299	12,30
95	413	17,00
100	1.374	56,54
total	2.430	100,00

Quelle: eigene Darstellung.

Die Verdichtung der 16 Einzelmerkmale zum carelevel-Index erfolgt mittels ungewichteter Addition der erzielten Punkte für jedes Individuum. Das Ergebnis ist eine an den Barthel Index angelehnte Reihung der Befragten, welche minimal null und maximal 100 Punkte erzielen können (siehe Tabelle 44). Hierbei steht eine erreichte Punktzahl von 100 Punkten für vollständige Gesundheit bezüglich der im Rahmen dieser Arbeit adressierten Fragestellungen, null Punkte hingegen werden als eine schwere Pflegebedürftigkeit der betreffenden Person interpretiert. Von den 2.430 Personen, die die Fragen zu allen Merkmalen beantwortet haben und somit die Basis der folgenden Überlegungen bilden, erreichen deutlich über 50 % die volle Punktzahl.

5.5.2 Transformation in Pflegestufen

Ziel der Bildung des carelevel-Index ist die Möglichkeit zur Abgrenzung von Pflegebedürftigkeit sowie die Differenzierung nach Pflegestufen. Dies gelingt mittels der Festlegung von Schwellenwerten, welche in Anlehnung an die beim Barthel Index übliche Vorgehensweise getroffen werden. Ein Kritikpunkt hierbei stellt die Beliebigkeit dar, mit welcher die sogenannten cut-off scores gesetzt werden (vgl. Lübke et al. (2004), S. 320f.). Im Rahmen dieser Arbeit orientiert sich in Anlehnung an die Ergebnisse der Studie von Meins und Matthiesen, die den Rehabilitationserfolg von Schlaganfallpatienten mit Hilfe der Punktzahl des Barthel Index und der Validierung durch die Pflegestufe messen, der Schwellenwert am besten cut-off score nach 13 Monaten (vgl. Meins und Matthiesen (2000), S. 187). Dies bedeutet, dass alle Befragten mit weniger als 80 Punkten als pflegebedürftig gelten, während der Rest als keiner der drei Pflegestufen zugehörig eingestuft wird.

Tabelle 45: Pflegebedürftigkeit nach carelevel-Index

need care	Anzahl	Prozent
nein	2.270	93,42
ja	160	6,58
total	2.430	100,00

Quelle: eigene Darstellung.

Wie in Tabelle 45 dargestellt, fallen 160 Befragte bzw. 6,58 % der verbliebenen Gesamtstichprobe von 2.430 Personen in die Kategorie der Pflegebedürftigen. Für die überwiegende Mehrheit von 2.270 Personen gilt, dass sie entweder gar nicht oder zumindest nicht ausreichend hilfs- und pflegebedürftig nach Maßgabe der Pflegeversicherung sind (siehe auch die Ausführungen des Kapitels

5.5.3). Bemerkenswert deutlich ist der Unterschied im Durchschnittsalter dieser beiden Gruppen: Während die als nicht pflegebedürftig klassifizierten Befragten im Mittel ein Alter von 64,47 Jahren aufweisen, beträgt dies in der Gruppe der pflegebedürftigen 75,23 Jahre.

Für die einzelnen Pflegestufen gilt, dass eine Punktzahl von 65 als untere Grenze der Pflegestufe I gilt, was auf die Hälfte der Pflegebedürftigen zutrifft (siehe Tabelle 46). Hieraus folgt, dass Werte kleiner 65 bis zu einer Punktzahl von einschließlich 40 Punkten die Grenzen der Pflegestufe II determinieren. Als pflegebedürftig nach Pflegestufe III gelten somit alle Personen, die weniger als 40 Punkte über alle 16 Merkmalskategorien sammeln konnten, was auf rund ein Siebtel der 160 Pflegebedürftigen im Datensatz für Deutschland zutrifft.

Tabelle 46: Pflegestufen nach carelevel-Index

carelevel	Anzahl	Prozent
-	2.270	93,42
1	80	3,29
2	57	2,35
3	23	0,95
total	2.430	100,00

Quelle: eigene Darstellung.

Abbildung 52: Durchschnittsalter nach Pflegestufen

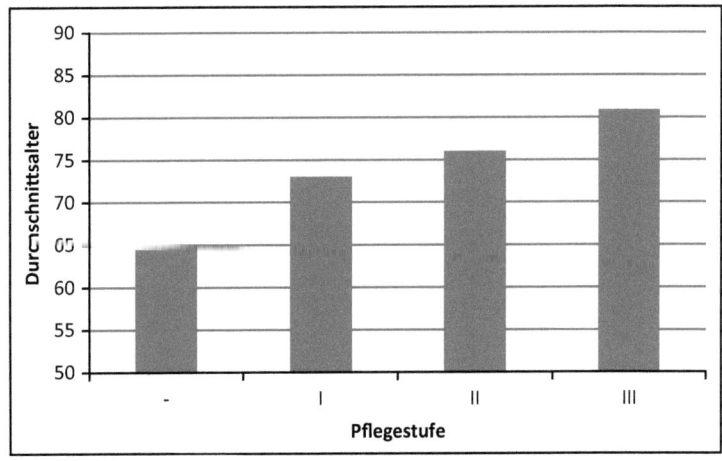

Quelle: eigene Darstellung mit Daten von destatis (2012).

Ein Vergleich des durchschnittlichen Alters der Angehörigen der drei Pflege-stufen weist erneut erhebliche Differenzen aus. Wie Abbildung 52 zeigt, steigt nicht nur wie bereits erwähnt das Durchschnittsalter von Personen ohne Pfle-gebedürftigkeit zu Pflegebedürftigen signifikant an, sondern auch innerhalb der Gruppe der als pflegebedürftig klassifizierten Personen ist dieser Anstieg beob-achtbar. Das Durchschnittsalter der Pflegebedürftigen der Pflegestufe I liegt bei 73,04 Jahren und steigt über 76,04 Jahre der Personen in Pflegestufe II auf 80,87 Jahre der Betroffenen in Pflegestufe III an.

5.5.3 Validierung

Wenngleich die Unterschiede im Durchschnittsalter sowie auch dessen Ent-wicklung über die Pflegestufen in groben Zügen den Erwartungen entsprechen, stellt sich dennoch die Frage, ob mit Hilfe des carelevel-Index eine Verbesse-rung gegenüber einer Abgrenzung nach Maßgabe der ADL-Einschränkungen erreicht wird und ob die getroffenen Einstufungen den realen Beobachtun-gen standhalten. Auf Grund der in der zweiten Erhebungswelle des SHARE-Datensatzes im Vergleich zur ersten Welle nicht mehr enthaltenen Frage nach dem Bezug von Leistungen auf Grund des Vorliegens von Pflegebedürftigkeit kann ein direkter Abgleich nicht vorgenommen werden. Allerdings enthält der Fragebogen eine recht umfassende Abfrage möglicherweise unterstützender Hilfs- und Pflegetätigkeiten, so dass sich aus der Kombination dieser Variablen ein detailliertes Bild hinsichtlich des tatsächlichen Empfangs dieser Leistungen ableiten lässt. Dies betrifft zum einen als informelle Pflegeleistung Hilfen von außerhalb des Haushalts (Variable *sp002_*) respektive von einem Haushalts-mitglied (*sp020_*), zum zweiten die Inanspruchnahme professioneller, formel-ler Hilfen im heimischen Umfeld zur Pflege oder Betreuung bzw. zur Hilfe im Haushalt (*hc032d1* bzw. *hc032d2*) und zum dritten die Unterbringung in einem Pflegeheim (*hc029_*).

Wenngleich sich aus dem Empfang einer dieser Leistungen (bzw. der Bereit-schaft, sie bereitzustellen oder dafür zu bezahlen) keinesfalls auch ein direkter Anspruch auf Leistungen auf Grund des Vorliegens einer Pflegebedürftigkeit oder gar seines Schweregrades ableiten lassen, stellt es doch das wohl geeig-netste Instrument zur datensatzinternen Validierung dar. Hinzu kommt, dass zur Verbesserung der Prognosegenauigkeit in Einklang mit den Regelungen des § 15 Absatz 1 SGB XI, übertragen auf die Struktur des Datensatzes, auf Seiten der potenziell Pflegebedürftigen Einschränkungen in wenigstens zwei ADL vorliegen müssen. Darüber hinaus gilt für die formelle Pflege wie auch für die Unterbringung in einem Pflegeheim, dass eine Dauer von mindestens vier Wochen vorliegen muss, um kurze, überbrückende Hilfeleistungen und Unterbringungen bspw. auf Grund eines Urlaubs der Pflegenden, nicht zu berücksichtigen. Des Weiteren gilt in Anlehnung an die Regelung des § 19 SGB XI, welche den Mindestumfang der informellen Pflege definiert, diese auf 14 Stunden pro Woche festgesetzte Untergrenze für die oben beschriebenen, zusammengefassten formellen Hilfeleistungen, was die fälschliche Erfassung von Hilfen mit lediglich geringfügigem Umfang als vollständige Pflegebedürftigkeit verhindert.

Die Anzahl der somit identifizierten Empfänger von Pflegeleistungen wird im Folgenden den Ergebnissen des carelevel-Index gegenübergestellt. Die in Tabelle 47 dargestellten Zahlen legen nahe, dass bei insgesamt 2.430 Beobachtungen 3 + 96 = 99 (vermeintliche oder tatsächliche) Fehleinstufungen erfolgen. Hierbei werden durch den carelevel-Index drei Personen als nicht pflegebedürftig ausgewiesen, die nach Maßgabe der Kriterien bei den empfangenen Pflegeleistungen das Vorliegen einer Pflegebedürftigkeit nahelegen. Dementgegen stuft der carelevel-Index 96 Personen als pflegebedürftig ein, deren empfangene Hilfeleistungen dies nicht belegen. Allerdings wird mit 2.328 Befragten die bei weitem überwiegende Mehrheit nach beiden Ansätzen als (nicht) pflegebedürftig ausgewiesen. Der kumulierte α- und β-Fehler liegt somit bei 4,07 %.

Tabelle 47: Validierung carelevel-Index (1)

pflegebedürftig nach		empfangene Pflegeleistungen	
		nein	ja
carelevel-Index	nein	2.267	3
	ja	96	64

Quelle: eigene Darstellung.

Tabelle 48: Validierung carelevel-Index (2)

pflegebedürftig nach		empfangene Pflegeleistungen	
		nein	ja
ADL-Einschr.	nein	2.215	0
	ja	148	67

Quelle: eigene Darstellung.

Vergleicht man die nach dem Empfang von Pflegeleistungen kategorisierten Personen mit der Anzahl derer, die nach der in der Literatur üblichen ADL-Abgrenzung (siehe Kapitel 5.3.2) eingestuft werden, so zeigt sich, dass die

Gesamtzahl der Fehleinstufungen mit 148 Fällen deutlich höher liegt (siehe Tabelle 48). Als problematisch erweist sich die geringe Barriere und Eindimensionalität, die die selbsteingestuften ADL-Einschränkungen, verglichen mit der Komplexität der zusammenwirkenden einzelnen Faktoren, zur Feststellung von Pflegebedürftigkeit in der Realität darstellen. Der sich ergebende kumulierte α- und β-Fehler beläuft sich auf 6,09 %. Die Quote fehlerhafter Einstufungen fällt somit um rund die Hälfte (49,63 %) höher aus, als dies bei Abgrenzungen mit Hilfe des carelevel-Index der Fall ist.

Die zweite wichtige Vergleichsgröße stellt der Abgleich der Ergebnisse des carelevel-Index mit den Daten des Statistischen Bundesamtes im Rahmen der Gesundheitsberichterstattung des Bundes dar. Wie bereits in den Tabelle 45 und Tabelle 46 ausgewiesen, werden durch den carelevel-Index 6,58 % bzw. 160 der 2.430 Personen als pflegebedürftig identifiziert und den drei Pflegestufen (3,29 % in Pflegestufe I, 2,35 % in Pflegestufe II und 0,95 % in Pflegestufe III) zugeordnet. Da als Basis der Befragung im Rahmen der zweiten Welle des SHARE-Projekts das Jahr 2006 dient, werden diese Werte im Folgenden den Zahlen der offiziell erfassten Pflegebedürftigen desselben Jahres gegenübergestellt. Auf Grund der Veröffentlichung im zweijährigen Rhythmus sind die exakten Angaben jedoch lediglich für die Jahre 2005 und 2007 verfügbar, weshalb die Werte für das Jahr 2006 durch lineare Interpolation ermittelt werden.[112]

Für das Jahr 2005 wird die Gesamtzahl der Pflegebedürftigen mit 2.128.550 und für das Jahr 2007 mit 2.246.829 Menschen in Deutschland angegeben. Hierin sind jeweils auch jene als pflegebedürftig eingestuften Personen enthalten, die sich in stationärer Pflege befinden, aber noch keiner Pflegestufe zugeordnet sind. Für das Jahr 2006 resultiert somit eine gemittelte Zahl von 2.187.690 Pflegebedürftigen. Verglichen mit der Gesamtbevölkerung des Jahres 2006 in Deutschland in Höhe von 82.314.906 Menschen ergibt sich ein pflegebedürftiger Anteil von rund 2,66 % der Bevölkerung. Dieser Anteil erhöht sich um den Faktor 2,36 bei Betrachtung der auch im SHARE-Datensatz vorhandenen Bevölkerungsgruppe der über 50-jährigen, welche sich in Deutschland für das Jahr 2006 auf 31.411.919 Personen beläuft. Die korrespondierende Anzahl Pflegebedürftiger in der Altersgruppe 50+ wird wiederum durch Subtraktion der mittels Interpolation ermittelten Anzahl Pflegebedürftiger, die jünger als 50 Jahre sind, berechnet. Da diese Altersgruppe für das Jahr 2005 216.667 und für das Jahr 2007 22.790 Personen umfasst, resultiert ein Mittelwert von 218.729

---

112 Verwendung finden, aus den bereits in Kapitel 3.4.2.2 erläuterten Gründen, die rückwirkend um Doppelzählungen korrigierten Daten.

Pflegebedürftigen unter 50 Jahren, um die die Gesamtzahl von 2.187.690 Pflegebedürftigen verringert wird. Es folgt, dass in der Bevölkerungsgruppe der Personen, die 50 Jahre und älter sind, insgesamt 1.968.961 Menschen Leistungen der Pflegestufen 1 bis 3 der Sozialen oder der Privaten Pflegeversicherung erhalten (wiederum inklusive der in stationärer Pflege befindlichen, die aber noch keiner Pflegestufe zugeordnet sind). Der Anteil der Pflegebedürftigen in der Altersgruppe 50+ in Deutschland liegt somit bei 6,27 %. Im Vergleich dazu weist der carelevel-Index für die im Datensatz enthaltenen 2.430 Beobachtungen einen Wert von 6,58 % bei 160 Pflegebedürftigen aus. Nach der gebräuchlichen ADL-Abgrenzung (das Vorliegen mindestens einer ADL-Einschränkung begründet Pflegebedürftigkeit) würde sich ein Wert von 8,85 % (215 Pflegebedürftige) ergeben, eine Verschärfung des ADL-Kriteriums auf mindestens zwei Einschränkungen reduziert diesen Wert für die dann lediglich 91 Pflegebedürftigen im Datensatz auf 3,74 %. Darüber hinaus erscheint eine Abgrenzung der einzelnen Pflegestufen anhand der Anzahl an ADL-Einschränkungen nicht sinnvoll möglich.

Tabelle 49: Anteile der Pflegestufen in Deutschland (2006)

Pflegestufe	Jahr	Anzahl	2006	
			Anzahl	Prozent
1	2005	937.188	1.015.620	3,23
	2007	1.058.051		
2	2005	692.441	702.137	2,24
	2007	711.833		
3	2005	235.821	240.801	0,77
	2007	245.781		

Quelle: eigene Darstellung mit Daten von destatis (2012).

Diese Abgrenzung und die resultierenden Anteile für den carelevel-Index sind im Folgenden zu überprüfen. Auch hierfür müssen mit Hilfe der linearen Interpolation zunächst die Fallzahlen für das Jahr 2006 ermittelt werden. Wie in Tabelle 49 ersichtlich, ergibt sich für die Bevölkerungsgruppe 50+ in Pflegestufe I ein Wert von 1.015.620 Personen, was einem Anteil von 3,23 % der gut 31,4 Millionen Menschen dieser Altersgruppe entspricht (3,29 % nach carelevel-Index im Datensatz). Für Pflegestufe II beläuft sich der Anteil der 702.137 Betroffenen auf 2,24 % (carelevel-Index: 2,35 %) und Pflegestufe III weist einen Anteil von 0,77 % (carelevel-Index: 0,95 %) bei 240.801 Personen aus. In Summe erhalten somit im Jahr 2006 1.958.558 Personen die mit den Pflegestufen 1 bis 3 verbundenen Leistungen von Sozialer und Privater Pflegeversicherung. Die fehlenden 10.403 Personen zu der oben angegebenen Gesamtanzahl von 1.968.961 Pflegebedürftigen können auf Grund der Tatsache, dass sie zwar in stationären Einrichtungen gepflegt werden, für sie zum Stichtag aber noch keine Pflegestufe ermittelt wurde, keine Berücksichtigung finden. Der Anteil der insgesamt als pflegebedürftig anerkannten und bereits eingestuften Personen mit einem Alter von mindestens 50 Jahren reduziert sich somit von 6,27 % auf 6,24 %.

5.6 Zwischenfazit

Die auch zukünftig wachsende Anzahl Pflegebedürftiger in Deutschland führt zu Steigerungen in allen drei Pflegestufen. Dabei ist eine adäquate Versorgung und Betreuung aller Betroffenen derzeit keineswegs gesichert, zumal die Analyse der Inzidenz- und Prävalenzraten demenzieller Erkrankungen und die daraus erwachsenden zusätzlichen pflegerischen Herausforderungen nach Lösungsansätzen verlangen.

Da für empirische Untersuchungen die Anzahl bzw. das bloße Vorliegen von ADL-Einschränkungen als Indikator für Pflegebedürftigkeit in der Literatur zwar große Popularität genießt, sich im Zusammenhang mit Fragen aus deutscher SGB XI-Perspektive jedoch auf Grund von Verzerrungen in Folge einer höheren Quote fehlerhafter Einstufungen als ungeeignet erweist, werden alternative Abgrenzungen benötigt. Jedoch ist auch der Einsatz des Barthel Index nicht frei von Nachteilen. Während die Schwächen dieses Instruments im ursprünglich intendierten klinischen Einsatz keine oder nur eine unbedeutende Rolle spielen, treten sie beim Einsatz in anderem Kontext wie etwa als Qualitätskennzahl oder zur Bestimmung des Grades der Pflegebedürftigkeit deutlich zu Tage (vgl. Lübke et al. (2004), S. 318).

Hinzu kommt, dass durch die Verdichtung zu einer Kennzahl mit Hilfe der Indexbildung Information verloren geht. Im Rahmen dieser Arbeit wird bei der Konstruktion des carelevel-Index durch die relativ hohe Anzahl an einfließenden Merkmalen und die Stichprobengröße der Einfluss möglicher Verzerrungen und unkorrekter Angaben minimiert. Insbesondere durch die Berücksichtigung der häufigsten psychischen Störungen Angst und Depression als Indikatoren weiterer Determinanten von Pflegebedürftigkeit gelingt die Erfassung von Komorbiditäten multimorbider Pflegebedürftiger und ein hoher Grad an Übereinstimmung bei der Abgrenzung von Pflegebedürftigkeit zwischen den in Datensatz enthaltenen Individuen und der amtlichen Statistik wird erreicht.

6 Empirie Europa

6.1 Pflegeregime in Europa

Die in Kapitel 4.1 vorgenommene Kategorisierung der Pflegesicherung europäischer Staaten nach den zu Grunde liegenden Wohlfahrtsstaatentypen liefert eine einfache und plausible Abgrenzung, die jedoch der sozialpolitischen Realität nur bedingt genügt. Insbesondere im Bereich der Pflege bieten sich Systematisierungen anhand weniger grober und auf Allgemeingültigkeit ausgerichteter Kriterien an, die sich auf Teilaspekte konzentrieren. Diese finden sich in der Literatur in großer Anzahl und mit unterschiedlichem Fokus, wie bspw. die auf Esping-Andersens Typologie aufbauenden Einteilungen bei Blome et al. (2008), S. 67ff., Backes et al. (2011), S. 9ff. und Beiträgen in Pfau-Effinger und Rostgaard (2011), aber auch Ansätze anderer Stoßrichtungen wie bspw. von Bettio und Plantenga (2004) und Kraus et al. (2010) sowie die Literaturübersicht in Theobald (2009), S. 29ff. zeigen. Mit dem Fokus auf die Erbringung ambulanter Pflegeleistungen verfolgen Haberkern und Szydlik einen im Kontext dieser Arbeit beachtenswerten Ansatz, bei dem das Vorliegen einer gesetzlichen Verpflichtung zur Pflege und Unterstützung der Eltern dem Niveau der professionellen ambulanten Pflege gegenübergestellt wird (vgl. Haberkern und Szydlik (2008), S. 83f.).[113] Auf Grund der Vielzahl möglicher informeller Unterstützungsmaßnahmen, die auf nationaler Ebene zusätzlich erheblich differieren, findet die verhältnismäßig gut und vergleichbar erhebbare professionelle ambulante Pflege als Alternative zur informellen Pflege Verwendung.

---

113 Wenngleich die Ergebnisse der Untersuchung von Haberkern und Szydlik auf Grund der aus deutscher Perspektive mangelhaften Abgrenzung von Pflegebedürftigkeit (siehe Haberkern und Szydlik (2008), S. 86f.) im Rahmen dieser Arbeit nicht diskutiert werden, stellt die in Tabelle 50 präsentierte Einteilung der in der ersten Erhebungswelle des SHARE-Datensatzes aus dem Jahr 2004 vorhandenen Länder einen auch für diese Arbeit relevanten Ansatz dar. Aus dem Fehlen der erst zur zweiten Erhebungswelle hinzugekommen Länder Tschechien, Polen und Irland folgt keine Beeinträchtigung, da diese Länder in der Folge nur eine untergeordnete Rolle spielen.

Tabelle 50: Gesetzliche Verpflichtung und ambulante Pflege

		Niveau professioneller ambulanter Pflege		
		niedrig	mittel	hoch
gesetzliche Verpflichtung zur Pflege / Unterstützung der Eltern	ja	Spanien Griechenland Italien	Österreich Belgien Deutschland Frankreich	
	nein bzw. geringfügig		Niederlande	Schweiz Dänemark Schweden

Quelle: eigene Darstellung in Anlehnung an Haberkern und Szydlik (2008), S. 84.

Wie in Tabelle 50 dargestellt, lassen sich vier Gruppen mit ähnlichen Ausprägungen identifizieren. Hierbei ist das Niveau der professionellen ambulanten Pflege für Länder mit gesetzlicher Verpflichtung niedrig in Spanien, Griechenland und Italien, während Österreich, Belgien, Deutschland und Frankreich ein mittleres Niveau erreichen. Dieses lässt sich auch für die Niederlande konstatieren, allerdings ohne dass dort derart weitreichende gesetzliche Verpflichtungen gegenüber den Eltern bestehen. Die Schweiz, Dänemark und Schweden bilden die vierte Gruppe, die durch ein hohes Niveau professioneller ambulanter Pflegeleistungen bei keinen oder nur geringfügigen gesetzlichen Vorgaben zur gegenseitigen Unterstützung gekennzeichnet ist.[114] Wenngleich sich hieraus Tendenzaussagen hinsichtlich des Ausmaßes informeller Pflegeleistungen ableiten lassen, gilt es, das unterschiedliche Ausmaß stationärer Versorgung in den einzelnen Ländern (vgl. Geerts et al. (2012)) ebenso zu beachten wie die Tatsache, dass professionelle Hilfe neben der Bereitstellung informeller Pflege unterstützend hinzugezogen werden kann und sich nicht per se ausschließt.

Wie auch für die anderen oben genannten Systematisierungen gilt, dass eine Vereinfachung und Veranschaulichung des komplexen Konstrukts Pflege erreicht werden soll. Allerdings folgt unmittelbar daraus das Problem, dass dabei entweder zu abstrakt und umfassend vorgegangen wird oder oftmals vornehmlich der eine im Zentrum der jeweiligen Betrachtung stehende Teilaspekt fokussiert und durch die Systematisierung abgebildet wird. Diesem wird die Einteilung dann auch in der Regel gerecht, eine universelle Anwendbarkeit ist aber nicht gegeben. Wie bislang fehlende Ansätze andeuten, scheint dies in besonderem Maße auf

---

114 Für Details zur Pflegeabsicherung in den im Rahmen dieser Arbeit nicht näher betrachteten Ländern Süd-Ost-Europas siehe die Beiträge in Österle (2011), S. 67ff.

die informelle Pflege zuzutreffen, deren Interdependenzen und Verflechtungen auch für die international vergleichende empirische Analyse eine große Herausforderung darstellen.

6.2 Regressionen Europa

6.2.1 Vorarbeiten und Hypothesen

Empirische Analysen auf Basis ökonometrischer Auswertungen zur informellen Pflege stellen ein junges, aber wachsendes Forschungsfeld dar, in dem bisherige Veröffentlichungen aus rein nationaler oder übergreifend internationaler Perspektive ohne speziellen Länderzusammenhang beachtenswerte Ergebnisse liefern. Insbesondere letztgenannte vernachlässigen allerdings die Vielzahl einzelstaatlicher Regelungen und Besonderheiten, so dass international vergleichende Arbeiten aus deutscher Perspektive kaum vorhanden sind und dem Themenkomplex nur unzureichend gerecht werden. Die Möglichkeiten, welche der SHARE-Datensatz als eine der umfangreichsten Datensammlungen sowohl hinsichtlich der Anzahl der befragten Personen als auch der abgefragten Merkmale bietet, können potenziell helfen, diese Forschungslücke zu schließen.

Hierzu wird, analog zu dem in den Kapiteln 5.5.1 und 5.5.2 beschriebenen Vorgehen zur Ermittlung von Pflegebedürftigkeit und Abgrenzung der Pflegestufen aus deutscher SGB XI-Perspektive, zunächst die Gesamtpunktzahl des carelevel-Index für die Befragten aller im Datensatz vorhandenen Länder ermittelt. Nach Aufbereitung des Datensatzes verbleiben gut 32.000 Individuen, die sich, wie in Tabelle 51 ausgewiesen, auf die Punkte des carelevel-Index verteilen. Größere Abweichungen zum allein Deutschland betrachtenden carelevel-Index fallen, mit Ausnahme des unter 50 % liegenden und somit deutlich geringer ausfallenden Anteils der Personen, die die volle Punktzahl von 100 Punkten erreichen, nicht auf.

Tabelle 51: carelevel-Index Europa

total score	Anzahl	Prozent
0	13	0,04
5	17	0,05
10	25	0,08
15	30	0,09
20	33	0,10
25	53	0,16

total score	Anzahl	Prozent
30	90	0,28
35	81	0,25
40	104	0,32
45	119	0,37
50	164	0,51
55	209	0,65
60	298	0,93
65	348	1,08
70	498	1,55
75	727	2,26
80	1.237	3,85
85	2.129	6,62
90	4.866	15,13
95	5.389	16,75
100	15.737	48,92
total	32.167	100,00

Quelle: eigene Darstellung.

Tabelle 52: Pflegebedürftigkeit nach carelevel-Index Europa

need care	Anzahl	Prozent
nein	29.358	91,27
ja	2.809	8,73
total	32.167	100,00

Quelle: eigene Darstellung.

Nach Abgrenzung der Schwelle zur Pflegebedürftigkeit zeigt sich, dass 2.809 befragte Personen (8,73 %) als pflegebedürftig nach deutschen Einstufungskriterien gelten, was verglichen mit dem Ergebnis für Deutschland (6,58 %) eine um rund ein Drittel höhere Quote bedeutet (siehe Tabelle 52). Die Aufschlüsselung nach Ländern zeigt, dass insbesondere der mit 20,63 % weit außerhalb der Bandbreite aller anderen betrachteten Länder liegende Wert für Polen dies vornehmlich verursacht.[115] Darüber hinaus wird deutlich, dass einige Länder mit zum Teil unter 100 Pflegebedürftigen (zu nennen sind die Schweiz mit 43 und Irland mit 91 Personen) nur eine geringe absolute Anzahl Betroffener, die sich des Weiteren noch auf die

---

115 Da es für eine derartige Pflegebedürftigenquote keine Anhaltspunkte in der polnischen Bevölkerung oder sonstige Erklärungsansätze gibt, wird Polen mangels Plausibilität der Ergebnisse von den folgenden Analysen ausgeschlossen.

drei Pflegestufen verteilt, ausweisen, wodurch unter Umständen die Aussagekraft der folgenden ökonometrischen Auswertungen beeinträchtigt werden könnte.

Tabelle 53: Pflegestufen nach carelevel-Index Europa

carelevel	Anzahl	Prozent
-	29.358	91,27
1	1.573	4,89
2	894	2,78
3	342	1,06
total	32.167	100,00

Quelle: eigene Darstellung.

Die Verteilung auf die drei Pflegestufen zeigt, wie in Tabelle 53 dargestellt, das erwartete Bild: Von den 2.809 als pflegebedürftig eingestuften Personen werden 1.573 Betroffene bzw. 4,89 % der Pflegestufe I, 894 (2,78 %) der Pflegestufe II und 342 (1,06 %) der Pflegestufe III zugeordnet. Aufgeschlüsselt nach Ländern und Pflegestufen zeigt sich, dass die Anteile je Pflegestufe den plausiblen Werten für Deutschland folgen, allerdings tritt das Problem der geringen absoluten Anzahl Pflegebedürftiger je Pflegestufe in mehreren Ländern deutlich zu Tage, insbesondere für Pflegestufe III (siehe Tabelle 54). Zieht man darüber hinaus in Betracht, dass die im Datensatz verbliebene Zahl der tatsächlich vollständig oder teilweise informell Gepflegten je Land nur selten den Wert von 100 Personen übersteigt, könnte dies die Aussagekraft der folgenden ökonometrischen Auswertung beeinträchtigen.

Tabelle 54: Pflegebedürftige Europa nach Pflegestufen

Land	Pflegebedürftige nach Pflegestufen Anzahl (Prozent)		
	I	II	III
Österreich	77 (6,02)	42 (3,28)	18 (1,41)
Deutschland	80 (3,29)	57 (2,35)	23 (0,95)
Schweden	80 (3,11)	28 (1,09)	11 (0,43)
Niederlande	74 (2,97)	45 (1,80)	8 0,32()
Spanien	151 (7,42)	87 (4,28)	51 (2,51)
Italien	168 (5,90)	93 (3,27)	52 (1,83)
Frankreich	133 (5,08)	76 (2,90)	17 (0,65)
Dänemark	79 (3,20)	47 (1,90)	22 (0,89)

Land	Pflegebedürftige nach Pflegestufen Anzahl (Prozent)		
	I	II	III
Griechenland	115 (3,93)	57 (1,95)	14 (0,48)
Schweiz	22 (1,57)	17 (1,21)	4 (0,29)
Belgien	160 (5,31)	88 (2,92)	22 (0,73)
Tschechien	130 (4,86)	67 (2,51)	21 (0,79)
Polen	249 (10,66)	164 (7,02)	69 (2,95)
Irland	55 (5,14)	26 (2,43)	10 (0,93)
total	1.573 (4,89)	894 (2,78)	342 (10,6)

Quelle: eigene Darstellung.

Zur Bestimmung des Einflusses auf den Erhalt informeller Pflegeleistungen bei Vorliegen einer der drei Pflegestufen, ausgedrückt durch die abhängige Variable *rec_ic_1to3* (für die erklärenden soziodemografischen, Vermögens-, Pflege- und Ländervariablen siehe die Erläuterung in Tabelle 55; Deutschland ist das Referenzland), geht diese ebenso wie die unabhängigen Variablen in binärer Form als Dummy-Variable in die mehrstufige Schätzung ein. Hierbei ist mit ansteigendem Alter wie auch mit höherer Pflegebedürftigkeit ein Rückgang der informellen Pflegeleistungen auf Grund einer stärkeren Einbeziehung formeller und stationärer Dienste zu erwarten (vgl. Rothgang et al. (2005) und Statistisches Bundesamt (2011b), S. 7). Während sich aus der Struktur der Pflegeleistenden eine geringere, negative Pflegebereitschaft für weibliche Pflegebedürftige ableiten lässt, sollte der Effekt für verheiratete / sich in einer Partnerschaft befindende, für nicht alleine lebende Personen sowie für Eltern positiv sein und mit der Anzahl an Kindern zunehmen.

Die verbleibenden Variablen dienen der Überprüfung der folgenden Hypothesen: Bei Vorliegen eines nicht nur altruistisch motivierten Austauschmotivs ist für Hausbesitzer ein signifikant positives Vorzeichen zu erwarten, da diese Variable das Vermögen und somit eine potenzielle spätere Erbschaft erfasst. Das in Kapitel 4.3 vorgestellte Modell wäre somit nicht zielführend und die in Kapitel 4.2 geäußerten Vorbehalte stichhaltig. Auf Einkommensvariablen wird verzichtet, da sich die meisten Betroffenen im Rentenalter befinden (siehe auch Fußnote 116). Auch die Vorzeichen der Ländervariablen sind zunächst unklar, da sie die Frage nach zur informellen Pflege Anreize bietenden Systemen beantworten sollen, so diese denn existieren. Die zu überprüfende Hypothese besagt, dass andere europäische Länder über alle national Anwendung findenden Maßnahmen hinweg, einen größeren Anreiz zur informellen Pflege bieten, als dies in Deutschland der Fall ist.

Tabelle 55: Beschreibung der verwendeten Variablen

Variable	Erläuterung
soziodemografische Variablen	
age_60	1, wenn Alter in Jahren zwischen einschließlich 60-69
age_70	1, wenn Alter in Jahren zwischen einschließlich 70-79
age_80plus	1, wenn Alter in Jahren = 80 oder höher
female	1, wenn weiblich
spouse_partner	1, wenn verheiratet bzw. in Partnerschaft lebend
children_1or2	1, wenn Anzahl der Kinder = 1 oder 2
children_3or4	1, wenn Anzahl der Kinder = 3 oder 4
children_5plus	1, wenn Anzahl der Kinder = 5 oder mehr
cohabitant	1, wenn nicht alleine lebend
Vermögensvariable	
home_owner	1, wenn Hausbesitzer
Pflegevariablen	
care_level_2	1, wenn eingestuft in Pflegestufe II
care_level_3	1, wenn eingestuft in Pflegestufe III
Ländervariablen	
aut	1, wenn Staatsangehörigkeit von Österreich
swe	1, wenn Staatsangehörigkeit von Schweden
ned	1, wenn Staatsangehörigkeit von den Niederlanden
esp	1, wenn Staatsangehörigkeit von Spanien
ita	1, wenn Staatsangehörigkeit von Italien
fra	1, wenn Staatsangehörigkeit von Frankreich
den	1, wenn Staatsangehörigkeit von Dänemark
gre	1, wenn Staatsangehörigkeit von Griechenland
sui	1, wenn Staatsangehörigkeit von der Schweiz
bel	1, wenn Staatsangehörigkeit von Belgien
cze	1, wenn Staatsangehörigkeit von Tschechien
ire	1, wenn Staatsangehörigkeit von Irland

Quelle: eigene Darstellung.

Die deskriptive Statistik der abhängigen und erklärenden Variablen[116] in Tabelle 56 weist für die 1.686 Beobachtungen der abschließenden, vollständigen Schätzung die folgenden Mittelwerte und Standardabweichungen aus: Hinsichtlich der abhängigen Variablen wird deutlich, dass unter den als pflegebedürftig eingestuften Personen rund 31,7 % informelle Pflegeleistungen erhalten. Unter den erklärenden Variablen fällt der mit 69,3 % hohe Anteil weiblicher Betroffener auf, was jedoch durch die Tatsache einer höheren Lebenserwartung, als dies bei den Männern der Fall ist, plausibel erscheint. Auch der knapp unter 40 % liegende Anteil der in einer Ehe oder Partnerschaft Lebenden erklärt sich durch die im Datensatz vorhandene Altersstruktur.

Tabelle 56: Deskriptive Statistik

Variable	Mittelwert	Standardabweichung
Anzahl Beobachtungen: n = 1.686		
rec_ic_1to3	0,317	0,465
age_60	0,167	0,373
age_70	0,312	0,463
age_80plus	0,408	0,491
female	0,693	0,461
spouse_partner	0,397	0,489
children_1or2	0,475	0,500
children_3or4	0,289	0,454
children_5plus	0,085	0,279
cohabitant	0,231	0,422
home_owner	0,516	0,500

---

116 Die Aufnahme weiterer unabhängiger Variablen wie bspw. das Alter, das quadrierte Alter, die Schulbildung, das Haushaltseinkommen (unter Verwendung des Äquivalenzeinkommens nach Bäcker und Hanesch (1998), S. 202f.) und diverser Interaktionsterme (bspw. zwischen dem Alter und der Pflegestufe) führt in alternativen Schätzungen (auch mit teilweise anderer Schätzmethodik; angewandt werden lineare Regression sowie probit- und logit-Schätzungen; für Details siehe Maddala und Lahiri (2009) und Cameron und Trivedi (2010)) zu keiner deutlichen Verbesserung bzw. zum Teil zu Verschlechterungen der Prognosegüte des Modells und der Signifikanzniveaus der Variablen (siehe Kapitel 6.2.2), ohne die Ergebnisse grundlegend zu verändern, weshalb in der vorgestellten Version darauf verzichtet wird.

care_level_2	0,313	0,464
care_level_3	0,114	0,318
aut	0,060	0,238
swe	0,054	0,0226
ned	0,046	0,209
esp	0,123	0,328
ita	0,134	0,341
fra	0,100	0,300
den	0,060	0,237
gre	0,088	0,284
sui	0,016	0,126
bel	0,112	0,316
cze	0,097	0,296
ire	0,045	0,208

Quelle: eigene Darstellung.

Die Wohneigentumsquote liegt für Deutschland bei knapp über 50 % (vgl. destatis (2012)). Der im Datensatz ausgewiesene Anteil von 51,6 % für die Variable home_owner kommt dem Durchschnitt über alle hier betrachteten Länder nahe, unterschätzt aber wohl die tatsächlichen Zahlen (vgl. eurostat (2012)).[117] Darüber hinaus tritt, wie bereits erwähnt, die zum Teil sehr geringe Anzahl Betroffener in einzelnen Ländern (bspw. die Schweiz, Irland oder die Niederlande mit jeweils unter 5 % der insgesamt betrachteten Personen) zu Tage.

6.2.2 Darstellung und Diskussion der Ergebnisse

Auf Grund der nur unwesentlich abweichenden Ergebnisse alternativer Schätzungen (siehe Kapitel 6.2.1) wird im Folgenden der Fokus auf die Resultate der probit-Schätzungen gelegt. Das zu Grunde liegende Strukturmodell weist für die

---

117 Ein konkreter Wert lässt sich mangels Verfügbarkeit der Daten für alle Länder weder für das Jahr 2006 noch für ein anderes Jahr bestimmen, die Entwicklung in den betreffenden Ländern über die Zeit legt jedoch einen Wert (knapp) jenseits der 60 %-Marke nahe.

dritte Stufe der Schätzung neben der Konstanten β_0 die Koeffizienten β_1 bis β_{24} der unabhängigen Variablen und den stochastischen Störterm ε_i aus:

$$rec\_ic\_1to3_i = \beta_0 + \beta_1 age\_60_i + \beta_2 age\_70_i + ... + \beta_{24} ire_i + \varepsilon_i \quad (4)$$

An dieses vollständige Modell unter Einbeziehung aller relevanten Variablen erfolgt im ersten Schritt eine Annäherung durch Schätzung ausschließlich der soziodemografischen Variablen.[118] Die in Tabelle 57 ausgewiesenen Schätzergebnisse zeigen einen auf dem 10 %-Niveau signifikanten, negativen Koeffizienten sowie einen positiven Einfluss einer hohen Kinderzahl (5 %-Niveau).

Tabelle 57: Schätzergebnisse Stufe I

Variable	Koeffizient	(p-Wert)	Signifikanz[119]
rec_ic_1to3			
age_60	0,0185	(0,881)	
age_70	0,1004	(0,367)	
age_80plus	0,0968	(0,378)	
female	-0,1382	(0,051)	*
spouse_partner	0,0280	(0,699)	
children_1or2	0,1421	(0,135)	
children_3or4	-0,0974	(0,342)	
children_5plus	0,3214	(0,016)	**
Konstante	-0,6021	(0,000)	***
Beobachtungen		1.766	

Quelle: eigene Darstellung.

Auf der zweiten Stufe der vorgelagerten, mehrstufigen Schätzung werden neben den auf Stufe I bereits inkludierten Variablen nun auch die Wohnsituation, die Hauseigentümer-Eigenschaft sowie der Grad der Pflegebedürftigkeit berücksichtigt (siehe Tabelle 58). Bei diesen Variablen ergibt sich lediglich für die beiden Pflegestufen ein statistisch gesicherter, hoch signifikanter Einfluss. Verglichen mit den Ergebnissen von Stufe I fällt bei den soziodemografischen Variablen insbesondere die Veränderung bei der Variable *children_5plus* auf, welche nun insignifikant ist.

---

118 Eine umfassende Diskussion der Ergebnisse erfolgt nach der Präsentation der Schätzergebnisse der dritten Stufe.

119 Die Signifikanzniveaus der p-Wert betragen *** p < 0.01, ** p < 0,05 und * p < 0,1.

Tabelle 58: Schätzergebnisse Stufe II

Variable	Koeffizient	(p-Wert)	Signifikanz
rec_ic_1to3			
age_60	0,0286	(0,840)	
age_70	-0,0376	(0,772)	
age_80plus	-0,2015	(0,121)	
female	-0,1397	(0,079)	*
spouse_partner	0,1311	(0,107)	
children_1or2	0,0434	(0,696)	
children_3or4	-0,0345	(0,771)	
children_5plus	0,0910	(0,559)	
cohabitant	0,0616	(0,464)	
home_owner	0,0176	(0,805)	
care_level_2	1,245	(0,000)	***
care_level_3	1,940	(0,000)	***
Konstante	-1,1042	(0,000)	***
Beobachtungen		1.686	

Quelle: eigene Darstellung.

Für die finale Schätzung mit allen Variablen gilt, dass sich entgegen der ursprünglichen Erwartungen mit ansteigendem Alter und zunehmender Pflegebedürftigkeit auch hier kein Rückgang der Wahrscheinlichkeit, informelle Pflegeleistungen zu erhalten, konstatieren lässt. Während die Alterskoeffizienten durchweg insignifikant sind, weisen die Pflegestufen sogar hohe, auf dem 1 %-Niveau signifikante, Werte aus. Eine mögliche Erklärung bietet die Struktur der Abgrenzung informeller Pflegetätigkeit im Datensatz. Diese kann sowohl umfassend, aber teilweise auch nur ergänzend zu professionellen Angeboten wahrgenommen werden, geht jedoch gleichermaßen und ohne weitere Differenzierung in die Analyse ein. Somit spiegeln sich in den positiven und mit zunehmender Pflegebedürftigkeit ansteigenden Koeffizienten möglicherweise der generell erhöhte Bedarf einer höheren Pflegestufe sowie eine in der Regel schon längere Zeit andauernde und als belastender und umfangreicher wahrgenommene Pflegetätigkeit wider.

Das negative Vorzeichen der Variable *female*, welche für weibliche Pflegebedürftige den Wert eins annimmt, fällt zwar erwartungsgemäß aus, kann in Stufe III jedoch auf Grund fehlender Signifikanz nicht mehr weiter interpretiert werden. Auch für keine der drei Kategorien, die der Abstufung der Kinderzahl dienen, werden signifikante Koeffizienten geschätzt und der vermutete positive Zusammenhang kann nicht bestätigt werden. Vielmehr deutet das negative Vorzeichen des kleinen Koeffizienten der Variable *children_3or4* auf eine eventuelle Bestätigung der Ergebnisse von Byrne et al. hin, die eine Tendenz zur Trittbrettfahrer-Mentalität in Familien mit mehreren Kindern und somit mehreren potenziell zur Verfügung stehenden Pflegenden diskutieren (vgl. Byrne et al. (2009), S. 1234).

Die Koeffizienten der Variablen *spouse_partner* und *cohabitant* sind signifikant auf dem 1 %- bzw. dem 5 %-Niveau und weisen mit Werten von 0,2238 und 0,1987 den erwartet positiven Einfluss auf die Wahrscheinlichkeit, informelle Pflegeleistungen zu erhalten, nach. Vergleicht man diese beiden Effekte untereinander, erhöht das Leben in Ehe oder Partnerschaft die Wahrscheinlichkeit informell gepflegt zu werden in größerem Ausmaß und bei geringerer Irrtumswahrscheinlichkeit, als dies beim Zusammenleben mit (mindestens) einer anderen Person der Fall ist.

Tabelle 59: Schätzergebnisse Stufe III

Variable	Koeffizient	(p-Wert)	Signifikanz
rec_ic_1to3			
age_60	0,0641	(0,662)	
age_70	0,0633	(0,642)	
age_80plus	-0,1181	(0,384)	
female	-0,1045	(0,191)	
spouse_partner	0,2238	(0,007)	***
children_1or2	0,0325	(0,777)	
children_3or4	-0,0560	(0,643)	
children_5plus	0,0488	(0,758)	
cohabitant	0,1987	(0,027)	**
home_owner	0,0282	(0,710)	
care_level_2	1,2893	(0,000)	***
care_level_3	2,0657	(0,000)	***
aut	-0,2360	(0,274)	
swe	0,0565	(0,787)	
ned	-0,2129	(0,335)	
esp	-0,5366	(0,003)	***

Variable	Koeffizient	(p-Wert) Signifikanz	
ita	-0,4668	(0,008)	***
fra	-0,1549	(0,391)	
den	-0,2735	(0,196)	
gre	-0,0865	(0,631)	
sui	-0,2673	(0,374)	
bel	0,2073	(0,231)	
cze	0,0644	(0,717)	
ire	0,2779	(0,224)	
Konstante	-1,1524	(0,000)	***
Wald chi^2		434,18	
McFadden pseudo R^2		0,2431	
log pseudolikelihood		-796,75	
Beobachtungen		1.686	

Quelle: eigene Darstellung.

Hinsichtlich der getesteten Hypothesen lässt sich feststellen, dass die Vermö-
gensvariable *home_owner* zwar einen positiven Koeffizienten aufweist, dieser
jedoch nicht statistisch signifikant ist. Da somit kein hinreichend gesicherter
Einfluss auf die Variable *rec_ic_1to3* unterstellt werden kann, muss die Hypothese verworfen werden und das in Kapitel 4.3 vorgestellte theoretische Modell
wird durch die Empirie gestützt. Dieses Ergebnis stimmt mit den Untersuchungen von Blinkert und Klie überein, die keinen erwähnenswerten Unterschied
zwischen den Pflegearrangements von Eigentümern und Mietern feststellen
(vgl. Blinkert und Klie (1999), S. 138f.). Die Koeffizienten der getesteten Ländervariablen sind mehrheitlich negativ und zudem nicht statistisch signifikant.
Lediglich für Pflegebedürftige in Spanien und Italien wirkt die Ländervaria-
ble auf dem 1 %-Niveau signifikant negativ auf die Wahrscheinlichkeit, informelle Pflegeleistungen zu erhalten und die Koeffizienten fallen mit -0,5366 und
-0,4668 verhältnismäßig deutlich aus. Auch die Länderhypothese ist demnach
zu verwerfen, da die Wahrscheinlichkeit zur informellen Pflege in keinem der
betrachteten Länder, verglichen mit Deutschland, statistisch signifikant positiv
beeinflusst wird. Für den chi^2-Test nach Wald (für Details siehe Wald (1943))
ergibt sich ein Wert von 434,18 und das pseudo R^2 nach McFadden weist einen
Wert von 0,2431 aus.

Schätzungen auf Länderebene zeigen für Deutschland als Referenz auf
dem 10 %-Niveau signifikante, positive Werte für die Variablen *age_80plus*,

children_1or2 und *children_5plus*, der Koeffizient der Variable *female* ist mit -0,9054 auf dem 1 %-Niveau statistisch signifikant. Für die Pflegestufen (*care_level_2* und *care_level_3*) werden im Vergleich zur Referenzgruppe der Pflegestufe I positive Koeffizienten (Irrtumswahrscheinlichkeit kleiner 1 %) geschätzt, wohingegen für keine der beiden Variablen *spouse_partner* und *cohabitant* ein gesicherter Einfluss auf die Wahrscheinlichkeit, informelle Pflegeleistungen zu erhalten, nachgewiesen werden kann. Für alle anderen, jeweils getrennt geschätzten, Länder ergeben sich, abgesehen von den stets hochsignifikanten, positiven Koeffizienten der Pflegestufen, fast ausschließlich Werte, die mangels statistischer Signifikanz nicht weiter interpretierbar sind. Aus diesem Grund wird auf die Darstellung dieser Ergebnisse verzichtet und Kapitel 6.3 dient der Erläuterung und Verdeutlichung einzelner Maßnahmen zur Stärkung der Anreize zur informellen Pflegebereitschaft ausgewählter Länder. Auf Grundlage der aus pflegerischer Perspektive und rechtlicher Rahmenbedingungen systemischen Nähe zu Deutschland (siehe Tabelle 50) erfolgt eine Konzentration auf Frankreich, Belgien und Österreich.

6.2.3 Zwischenfazit

Die vorangegangene Untersuchung zeigt die Schwierigkeiten bei der Umsetzung einer international vergleichenden ökonometrischen Analyse der Anreize zur informellen Pflege. Zur Wahrung der deutschen Perspektive ist die Übertragung der Abgrenzungskriterien nach SGB XI sowohl Pflegebedürftigkeit insgesamt als auch die einzelnen Pflegestufen betreffend auf die betrachteten Länder unerlässlich. Es zeigt sich, dass trotz der umfangreichen Befragtenzahl nur eine verhältnismäßig kleine Gruppe Pflegebedürftiger je Land identifiziert werden kann. Diese Mängel hinsichtlich der Qualität, insbesondere aber auch der Quantität der zur Verfügung stehenden Daten stellen den wohl wichtigsten Grund für die teilweise nicht den Erwartungen entsprechenden Vorzeichen der Koeffizienten sowie die nur geringe Anzahl statistisch signifikanter Werte dar.

Die Ergebnisse der Hypothesen liefern ein uneinheitliches Bild: Während für die Frage, ob die Aussicht auf materielle Zuwendungen eine (Haupt-)Rolle bei der Bereitschaft zur informellen Pflege spielt, keine statistisch gesicherte Abhängigkeit geschätzt wird und sie somit verneint werden kann, bieten die Ergebnisse der Ländervariablen keine direkten Anknüpfungspunkte. Jedoch zeigt dies einerseits, dass, auf Grund der Vielschichtigkeit des Themenkomplexes informelle Pflege und der jeweils separat zu betrachtenden nationalen Regelungen und Auslegungen, empirische Analysen selbst auf Basis eines derart umfangreichen Datensatzes, wie ihn das SHARE-Projekt zur Verfügung stellt, für diesen

Teilbereich nur schwer möglich sind. Andererseits wird das Ergebnis der ersten Hypothese gestützt: Mangels relevanter Einkommensvariablen (der Großteil der im Datensatz befindlichen Betroffenen hat bereits das Rentenalter erreicht) wird der Besitz von Wohneigentum als Vermögensindikator herangezogen und mögliches Interesse der Pflegenden an (eventuell posthumen) materiellen Zuwendungen von Seiten des Pflegebedürftigen geschätzt. Die Koeffizienten der Ländervariablen samt zugehöriger (In-)Signifikanz können darüber hinaus derart gedeutet werden, dass auch die zwischen den Staaten stark variierende Höhe der direkten finanziellen Anreize und Entschädigungen der Pflegeversicherung keinen oder allenfalls nur einen geringen Einfluss auf die Bereitschaft zur informellen Pflege ausübt.

6.3 Betrachtung ausgewählter Länder

6.3.1 Frankreich

6.3.1.1 Soziale Sicherung und Pflegerisiko

Im Gegensatz zu Deutschland existiert im System der sozialen Sicherung[120, 121] in Frankreich keine separate Pflegeversicherung. Je nach Zugehörigkeit zum adressierten Personenkreis kommen stattdessen die folgenden drei Maßnahmen in Betracht, von denen die persönliche Pflegebeihilfe die höchste Relevanz besitzt und im Folgenden eingehender betrachtet wird:

- Zulage für ständige Pflege durch Dritte auf Basis des Sozialgesetzbuchs (Code de la sécurité sociale),
- Leistung zum Ausgleich einer Behinderung auf Basis des Gesetzbuchs zur Sozialarbeit und Familien (Code de l'action sociale et des familles) sowie

---

120 Wie für alle in diesem Kapitel betrachteten Länder gilt auch für Frankreich, dass die Regelungen des allgemeinen Systems beschrieben werden, welches entweder universell die gesamte Bevölkerung abdeckt oder für Arbeitnehmer mit nichtselbstständiger Tätigkeit zumindest die dominierende Variante darstellt. Davon abweichende Zuständigkeiten und Gesetze (bspw. für Arbeitslose, Selbstständige, Beamte, Rentner etc.) finden keine Berücksichtigung.

121 Sofern nicht näher gekennzeichnet, gehen Anmerkungen zu den nationalen Sicherungssystemen sowie Einzelmaßnahmen der Länder im Rahmen des Kapitels 6.3 dieser Arbeit auf das Gegenseitige[s] Informationssystem zur sozialen Sicherheit (MISSOC) der Europäischen Union (siehe Europäische Kommission (2007)) zurück, welches anhand fester Kriterien und auf Basis des mit den SHARE-Daten übereinstimmenden Basisjahres eine gute Vergleichbarkeit bietet.

- persönliche Pflegebeihilfe (allocation personnalisée d'autonomie), welche auf Grundlage des Gesetzbuchs zur Sozialarbeit und Familien (Code de l'action sociale et des familles) gewährt wird.

Anspruchsberechtigt, die Leistungen der persönlichen Pflegebeihilfe zu erhalten, sind Personen, die das 60. Lebensjahr vollendet und einen Wohnsitz in Frankreich haben sowie auf Grund eingeschränkter Autonomie auf Hilfen bei den wesentlichen Verrichtungen des täglichen Lebens angewiesen sind. Wenngleich sich die Höhe der Leistungen der Pflegebeihilfe zunächst einkommensunabhängig aus dem Grad der Pflegebedürftigkeit ergibt, kann in Abhängigkeit vom eigenen Einkommen eine Selbstbeteiligung an den Kosten der Leistungen eingefordert werden (vgl. Beske et al. (2005), S. 99f. und Köstler (1999), S. 272f.).

Die Finanzierung der zweckgebundenen Leistungen erfolgt aus Mitteln des Staates, der Departements und der Sozialversicherung. Für letztere wird im Bereich der Krankenversicherung unter dem Dach des Nationalen Verbandes der Krankenkassen (Union nationale des caisses d'assurance maladie - UNCAM) ein Beitrag von 13,55 % des Arbeitsentgelts (davon 12,80 % Arbeitgeber und 0,75 % Arbeitnehmer) ohne Bemessungsgrenze erhoben. Hinzu kommen Mittel aus diversen Beiträgen, Zuschlägen und Steuern. Pflegespezifische Beiträge stellen ein allgemeiner Sozialbeitrag (contribution sociale générralisée, CSG) von 0,1 % aller Einkünfte und ein Solidaritätsbeitrag der Arbeitgeber in Höhe von 0,3 % des Lohns dar.[122]

6.3.1.2 Leistungen

Da im Bereich der persönlichen Pflegebeihilfe Geldleistungen nicht vorgesehen sind, erschöpft sich das Leistungsspektrum in der Gewährung von Sachleistungen. Diese erfolgen für die ambulante Pflege personalisiert und orientieren sich an der zu erwartenden Höhe der voraussichtlichen Ausgaben. Diese bedarfsorientierte Herangehensweise findet sich auch für die stationäre Pflege wieder, bei der der Leistungsbetrag von den erwarteten individuellen Kosten abhängt. Eine Kumulierung der Leistungen ist mit Ausnahme jener zum Ausgleich einer Behinderung nicht möglich.

Als Beispiele für konkrete Maßnahmen, die durch die Leistungsgewährung der persönlichen Pflegebeihilfe ermöglicht werden, können die Finanzierung

---

122 Für aktuelle Reformbestrebungen, die die institutionelle Form der Absicherung neu ordnen, siehe. Courbage und Plisson (2012), S. 142ff.

von notwendigen Umbauten, die Anschaffung von Hilfsmitteln oder die Vergütung der Leistung eines Pflegenden exemplarisch herangezogen werden. Insbesondere letztgenannte sichert, da es sich um offizielle, reguläre Beschäftigungsverhältnisse handelt, die Pflegeleistenden auch im Rahmen ihrer Ansprüche im System der sozialen Sicherung ab.

6.3.2 Belgien

6.3.2.1 Soziale Sicherung und Pflegerisiko

Ähnlich der Struktur der sozialen Sicherung in Frankreich verfügt auch Belgien über keine eigenständige Pflegeversicherung und Leistungsansprüche bei Pflegebedürftigkeit fußen auf mehreren Grundlagen (vgl. Willemé et al. (2012), S. 300ff.). Diese sind auf nationaler Ebene vornehmlich im Bereich der Kranken- und Invaliditätsversicherung (Institut national d'assurance maladie-invalidité - INAMI) und für Menschen mit Behinderungen in der staatlich finanzierten Mindestsicherung angesiedelt.[123] Die Finanzierung der für Arbeitnehmer obligatorischen Krankenversicherung erfolgt durch bedarfsabhängige Zuweisung von Mitteln aus dem Gesamtbudget für alle Zweige der sozialen Sicherung (mit Ausnahme von Arbeitsunfällen), welche durch das Landesamt für soziale Sicherheit (Office national de Sécurité sociale) vorgenommen werden. Dieses Budget setzt sich aus den folgenden Komponenten zusammen: dem Globalbeitrag, einem pauschalen Steuerzuschuss und einer Vielzahl weiterer Beiträge, Zuschläge und Steueranteile. Der Globalbeitrag beinhaltet ohne Bemessungsgrenze

- einen Grundbeitrag in Höhe von 37,84 % des Arbeitsentgelts (davon 24,77 % Arbeitgeber und 13,07 % Arbeitnehmer),
- den Lohnkostendämpfungsbeitrag der Arbeitgeber in Höhe von 7,47 % sowie
- einen Arbeitgeberbeitrag in Höhe von 1,69 % zu Lasten von Unternehmen mit mindestens 10 Beschäftigten.

Während Leistungsempfänger der Krankenversicherung generell auch als anspruchsberechtigt im Falle einer Pflegebedürftigkeit gelten, gilt für die Mindestsicherung als Teil der Sozialhilfe ein Mindestalter von 21 Jahren.

---

123 Hinzu kommen Leistungen, die auf regionaler und lokaler Ebene gewährt werden können, hier aber nicht näher betrachtet werden.

6.3.2.2 Leistungen

Abhängig vom individuellen Bedarf werden Betroffenen, die Einschränkungen bei der selbstständigen Verrichtung von Aufgaben des täglichen Lebens unterliegen, durch die Krankenversicherung pauschalierte Sachleistungen[124] zur Deckung der Kosten einer ambulanten bzw. stationären Versorgung gewährt. Im stationären Bereich entspricht dies den Kosten der Pflegeleistung, wohingegen die Hotelleistung selbst zu tragen ist. Bei der häuslichen Pflege bestimmt sich, wie in Tabelle 60 ausgewiesen, die Leistungshöhe nach dem Grad der körperlichen Pflegebedürftigkeit, gemessen in drei Pflegestufen, wobei die Vorzugsregelung bspw. für Invaliden, Rentenempfänger, Witwer und Witwen, Waisen sowie Bezieher geringer Einkommen Anwendung findet.

Tabelle 60: Leistungssätze der ambulanten Pflege (in Euro pro Tag)

Pflegestufe	Vorzugsregelung	
	mit	ohne
A	14,70	11,19
B	28,51	21,54
C	39,08	29,47

Quelle: eigene Darstellung mit Daten von Europäische Kommission (2007).

Das Leistungsspektrum der sozialen Mindestsicherung gliedert sich in drei Kategorien:

* Einkommensersatzbeihilfe (Allocation de remplacement de revenus; bis 65 Jahre),
* Eingliederungshilfe (Allocation d'intégration; bis 65 Jahre) und
* Pflegebeihilfe (Allocation pour l'aide aux personnes âgées; ab 65 Jahre).

Tabelle 61: Leistungssätze der Einkommensersatzbeihilfe (in Euro pro Jahr)

Stufe	Leistung
A (Ehepartner)	5.158,47
B (alleinstehend)	7.737.71
C (Empfänger mit Unterhaltsberechtigten)	10.316,94

Quelle: eigene Darstellung mit Daten von Europäische Kommission (2007).

---

124 Geldleistungen existieren lediglich in Form von Zuschlägen zu den allgemeinen Leistungssätzen für einen kleinen Kreis Anspruchsberechtigter.

Tabelle 62: Leistungssätze der Eingliederungshilfe (in Euro pro Jahr)

Stufe	Leistung
I	1.000,06
II	3.407,81
III	5.445,26
IV	7.933,06
V	8.999,56

Quelle: eigene Darstellung mit Daten von Europäische Kommission (2007).

Tabelle 63: Leistungssätze der Pflegebeihilfe (in Euro pro Jahr)

Stufe	Leistung
I	854,61
II	3.262,24
III	3.966,36
IV	4.670,27
V	5.736,77

Quelle: eigene Darstellung mit Daten von Europäische Kommission (2007).

Wie Tabelle 61, Tabelle 62 und Tabelle 63 zeigen, existieren auch bei den Leistungen an Menschen mit Behinderung wiederum abgestufte Leistungshöhen, welche sich für die Eingliederungs- und die Pflegebeihilfe am Grad der Invalidität orientieren (vgl. Beske und Drabinski (2005), S. 30). Es gelten eingeschränkte Kumulierungsverbote.

6.3.3 Österreich

6.3.3.1 Soziale Sicherung und Pflegerisiko

Wenngleich auch hier substanzielle Unterschiede ausgemacht werden können, ist in Österreich die dem deutschen System am nächsten stehende Absicherung gegen das Risiko der Pflegebedürftigkeit etabliert. Abgesehen von einem selbst zu finanzierenden Kostenbeitrag zur Inanspruchnahme von Sachleistungen, wird in diesem ansonsten vollständig steuerfinanzierten Modell zwischen dem Bezug von Geld- und Sachleistungen differenziert, wobei erstgenannte auf Grundlage des Bundespflegegeldgesetzes bzw. der neun weitgehend gleichlautenden Pflegegeldgesetze der Länder gewährt werden (vgl. Beske et al. (2005), S. 159f.). Regelungen zu den Sachleistungen finden sich bspw. in Vereinbarung zwischen Bund und Ländern über gemeinsame Maßnahmen für Pflegebedürftige sowie in zahlreichen Rechtsgrundlagen der Länder (vgl. Trukeschitz und Schneider (2012), S. 188ff.).

Während als anspruchsberechtigt zum Bezug von Geldleistungen gilt, wer einen Pflegebedarf von mehr als 50 Stunden pro Monat über einen Zeitraum von voraussichtlich mindestens sechs Monaten aufweist, besteht für Sachleistungen ganz allgemein eine am Bedarf an ambulanten, teilstationären und stationären Diensten ausgerichtete Abgrenzung. Insbesondere die Definition des Pflegebedarfs im Bereich der Geldleistungen ermöglicht, durch die über den Hilfebedarf hinausgehende Einbeziehung des Betreuungsbedarfs, eine weitreichende Abdeckung, beispielsweise auch demenzieller Erkrankungen.

6.3.3.2 Leistungen

Pflegebedürftigen stehen Leistungen sowohl in Form eines Pflegegelds mit Sätzen in bundeseinheitlicher Höhe als auch ein enges Netz privater und öffentlicher sozialer Dienste in Verantwortung der Länder zur Verfügung. Als Sachleistungen im Bereich der ambulanten Pflege kann auf eine Vielzahl ambulanter Dienste zurückgegriffen werden, welche sich unterstützend sowohl an Pflegebedürftige selbst, aber auch an deren Angehörige und/oder Pflegende richten (siehe Tabelle 64). Im Rahmen der stationären und teilstationären Pflege ist die Unterbringung in den entsprechenden Einrichtungen möglich. Darüber hinaus stehen Beratungs- und Informationsangebote zur Verfügung.

Tabelle 64: Ambulante Dienste

Heimhilfe	Verleih von Pflegebehelfen
Fachpflegehilfe	Wäschepflegedienst
Besuchsdienst	Reinigungsdienst
organisierte Nachbarschaftshilfe	Reparaturdienst
mobile therapeutische Dienste	Fahrtendienst
Familienhilfe	persönliche Assistenz
Angehörigenberatung	

Quelle: eigene Darstellung nach Europäische Kommission (2007).

Tabelle 65: Leistungssätze des Pflegegelds (in Euro pro Monat)

Stufe	Leistung
1	148,30
2	273,40

Stufe	Leistung
3	421,80
4	632,70
5	859,30
6	1.171,70
7	1.562,10

Quelle: eigene Darstellung mit Daten von Europäische Kommission (2007).

Die Gewährung von Geldleistungen greift auf ein siebenstufiges System zurück, in dem die Leistungshöhe mit dem Pflegeaufwand ansteigt. Der Anspruch ist von der Wahl, ob der Pflegebedürftige ambulant, teilstationär oder stationär gepflegt wird, unberührt. Allerdings gehen bei stationärer Unterbringung höchstens 80 % des Pflegegeldes auf den Finanzierungsträger über und dem Pflegebedürftigen verbleibt ein Taschengeld in Höhe von 42,20 Euro pro Monat. Beim Verbleib in der häuslichen Umgebung steht das Pflegegeld zur freien Verfügung und kann bspw. zur (teilweisen) Begleichung der Kosten eines professionellen Dienstes oder als Entschädigung informell Pflegender eingesetzt werden.

Hinzu kommen Leistungen etwa als Zuschuss zur Finanzierung einer Ersatz- oder Verhinderungspflege, wenn pflegenden Angehörigen die Erbringung der Pflegeleistung wegen Krankheit, Urlaub oder aus sonstigen wichtigen Gründen nicht möglich ist. Darüber hinaus existiert für pflegende Angehörige im Bereich der rentenversicherungsrechtlichen Absicherung die Möglichkeit der begünstigten Selbstversicherung in der Pensionsversicherung, bei der die entsprechenden Beiträge durch den Bund entrichtet werden. Die Kumulierung von Geld- und Sachleistung mit anderen Geldleistungen der sozialen Sicherheit ist möglich, im Bereich der Geldleistungen ist jedoch eine Anrechnung gesetzlich vorgesehen.

6.4 Zwischenfazit

Die Suche nach Antworten auf drängende Fragen zur Zukunft der informellen Pflege führt zu einer wachsenden Anzahl international vergleichender empirischer Arbeiten in diesem Forschungsgebiet. Mit Hilfe dieser in der Gesundheitsforschung etablierten Vorgehensweise (vgl. Maier und Schmid (2009), S. 247) sollen insbesondere die Möglichkeiten genutzt werden, die der SHARE-Datensatz hierzu bietet. Allerdings zeigen die oben vorgestellten Ergebnisse, dass dies länderübergreifend wie auch aus Perspektive eines Referenzlandes, selbst mit einem Datensatz des Befragungsvolumens wie es das SHARE-Projekt bietet, nicht ohne weiteres und nicht für alle Fragestellungen sinnvoll erscheint.

Dies liegt darin begründet, dass nationalen Besonderheiten nicht ausreichend Rechnung getragen werden kann und die (zum Teil implizit) unterstellte Vergleichbarkeit nicht gegeben ist. Dies führt dazu, dass die Gültigkeit und Interpretierbarkeit ökonometrischer Auswertungen zum Thema informelle Pflege nur in einem sehr begrenzten Anwendungsgebiet überhaupt möglich ist.

Die alternative, separate Betrachtung und Analyse der Ansätze in ausgewählten Ländern hingegen gibt Einblick in die prinzipiellen Ausgestaltungsmöglichkeiten und erlaubt neben einer ökonomischen Bewertung auch, die Chancen auf eine Umsetzung in Deutschland abzuschätzen. Während die beiden letztgenannten Punkte Gegenstand des sich anschließenden Kapitels sind, legt die Übersicht der in den drei dargestellten Ländern Anwendung findenden Regelungen folgenden Schluss nahe: Die Mehrzahl der dort geltenden Bestimmungen ist in Deutschland in gleicher oder ähnlicher Form, spätestens seit dem Gesetz zur strukturellen Weiterentwicklung der Pflegeversicherung aus dem Jahr 2008, bereits umgesetzt oder findet sich in der aktuellen Reformdiskussion wieder. Dies trifft unter anderem auf die in Frankreich umgesetzte Sicherstellung der sozialen Absicherung informell Pflegender durch Beschäftigungsverhältnisse zu, die in Deutschland für den Bereich der Altersvorsorge durch Versicherungspflicht der Pflegepersonen im Rahmen der Gesetzlichen Rentenversicherung Niederschlag findet. Auch ein Großteil der österreichischen Regelungen wie bspw. die Unterstützung durch ambulante Dienste und umfangreiche Beratung ist bereits etabliert und wird unter anderem durch die zahlreichen Angebote der Pflegestützpunkte abgedeckt.

Hinsichtlich der Kompensation der aus Pflegebedürftigkeit erwachsenden finanziellen Belastung zeigt sich ein in hohem Maße heterogenes Bild: Während einerseits ein genereller (partieller) Ausgleich in jedem System vorgesehen ist, sind andererseits sowohl die Prinzipien, auf welcher Grundlage dieser gewährt wird, als auch die Höhe stark divergent (zu vergleichbaren Ergebnissen kommen auch Mestheneos und Triantafillou (2005), S. 37ff.). Dies schlägt auch auf den Umfang der Kompensation informeller Pflegeleistungen durch, ohne jedoch einen, trotz dieser offenkundigen Ungleichbehandlung zwischen den Ländern, daraus ableitbaren Effekt identifizieren zu können. Da weder in vermeintlich unterdurchschnittlich vergütenden Ländern ein signifikant geringeres noch in umfangreich Zahlungen leistenden Systemen generell ein höheres Niveau an informeller Pflegebereitschaft besteht, liegt der Schluss nahe, dass dieser Faktor keinen oder allenfalls nur einen geringen Einfluss ausübt. Dies deckt sich für Deutschland mit den Ergebnissen der Studie von Döhner et. al, die eine vergleichsweise geringe Relevanz der finanziellen Unterstützung für die Bereitschaft der pflegenden Angehörigen konstatieren (vgl. Döhner et al. (2007), S. 174).

Wie auch die Ergebnisse der Auswertung des Datensatzes andeuten, kann konstatiert werden, dass im internationalen Vergleich, bezogen auf die Summe aller Maßnahmen und somit die Absicherung des Pflegerisikos per se, in keinem der betrachteten Länder hinsichtlich der Anreize zur informellen Pflege deutliche Vorteile gegenüber der Handhabung in Deutschland existieren. Allerdings erscheint eine Einbeziehung einzelner, in Deutschland bislang nicht anzutreffender Regelungen zur Weiterentwicklung der Pflegeversicherung überlegenswert und angeraten, sofern diese das bisherige Angebot unter pflegerischen Aspekten sinnvoll ergänzen, dabei aber zugleich den ökonomischen Rahmen nicht über Gebühr belasten.

7 Ökonomische Bewertung und Politikimplikationen

Vor der Analyse, welche Erfolg versprechenden Anreize zur informellen Pflege neben einer Steigerung der zu erwartenden Qualität der pflegerischen Versorgung und somit der Zufriedenheit der Betroffenen auch unter Kostengesichtspunkten vertretbar erscheinen, ist zu klären, ob diese Impulse im System der Pflegeversicherung überhaupt wirken können. Sollten formelle und informelle Pflegeleistungen substitutive Güter darstellen, würde durch einen hohen Grad der Bereitstellung einer formellen Absicherung informelles Pflegearrangement verdrängt. Für einen derartigen crowding-out Effekt finden weder Kohli (1999) für Deutschland noch Langa et al. (2001) für die Vereinigten Staaten in ihren empirischen Arbeiten Belege. Costa-Font und Courbage (2012a), S. 99 betonen, dass durch die Implementierung adäquater Anreize sogar die Etablierung partnerschaftlicher Strukturen gefördert werden kann.

Wie in Kapitel 6 gezeigt, ist die Anzahl der in den betrachteten Ländern bereits erfolgreich praktizierten und prinzipiell auf Deutschland übertragbaren, aber derzeit nicht umgesetzten, Maßnahmen zur Stärkung der Anreize zur informellen Pflege verhältnismäßig gering. Hierzu zählen Varianten des persönlichen Budgets,[125] wie es bspw. das Pflegegeld in Österreich darstellt. In Deutschland ist der Bezug eines persönlichen Budgets derzeit ausschließlich Menschen mit Behinderung vorbehalten. Das in den Jahren 2004-2008 durchgeführte Modellprojekt Persönliches Pflegebudget nach § 8 Absatz 3 SGB XI ermöglichte die zeitlich und regional begrenzte Erprobung eines zusätzlich zu den bestehenden Geld- und Sachleistungen und unter restriktiven Bedingungen hinsichtlich der Mittelverwendung eingeführten personengebundenen Pflegebudgets. Wenngleich Anwendungserfahrungen anderer Länder die Hoffnung auf langfristige Nutzenzuwächse bei einer gleichzeitigen Kostenreduktion wecken, ist in der mikroökonomischen, theoretischen Analyse mindestens in kurzfristig mit Mitnahmeeffekten und zum Teil erheblichen Ausgabensteigerungen zu rechnen (vgl. Arntz und Spermann (2004)). Da auch die Projektevaluation diese Erwartungen nicht vollständig widerlegen konnte und vermutete positive Effekte (höhere Zufriedenheit mit der Pflege- und Lebenssituation auf Seiten der Pflegebedürftigen,

---

125 Zu steuerungstheoretischen und rechtlichen Aspekten siehe Eggers et al. (2005).

Beschäftigungswirkungen auf Seiten der informell Pflegenden etc.) darüber hinaus nicht oder nur in geringem Umfang eintraten (vgl. Arntz und Thomsen (2008)), wurde die Möglichkeit einer flächendeckenden Einführung des Pflegebudgets nicht weiter verfolgt. Zukünftig erscheint wohl allenfalls die Implementierung eines geringen, anteilsmäßigen Pflegebudgets in Kombination mit anderen, bereits bestehenden Leistungen denkbar.

Ein weiterer möglicher Ansatz ergibt sich aus der rechtlichen Stellung der Pflegenden. Hierbei erscheinen insbesondere die in Frankreich und die in Österreich praktizierten Modelle diskussionswürdig. Während im französischen Recht die Ansprüche pflegender Angehöriger innerhalb des Systems der sozialen Sicherung mittels der Anstellung in regulären Beschäftigungsverhältnissen gewahrt werden, lassen sich möglicherweise aus den österreichischen Bestrebungen zur Legalisierung der Beschäftigungsverhältnisse ausländischer Haushalts- und Pflegehilfen Strategien zur Behebung des zukünftigen Mangels an professionellen Pflegekräften in Deutschland ableiten. Die Bestrebungen zur sozialversicherungsrechtlichen Absicherung informell Pflegender auch hierzulande waren und sind Gegenstand der Reformdiskussionen und finden auch ohne offizielle Anstellung Berücksichtigung, wenngleich auch hier Nachbesserungen geboten scheinen. Hinsichtlich fehlender hauptberuflicher Pflegekräfte deuten die Reformbestrebungen des Gesetzgebers, etwa im Rahmen der Aus- und Weiterbildung sowie der Anerkennung ausländischer Abschlüsse, die Sensibilisierung für die bevorstehenden Herausforderungen an, ohne jedoch der rechtlichen Grauzone und gesellschaftlichen Tabuisierung aktiv zu begegnen. Die Möglichkeit zur Entfaltung einer sich hieraus potenziell ergebenden neuen Qualität der Zusammenarbeit zwischen informell und formell Pflegenden wird somit nicht ausgeschöpft und bietet Anknüpfungspunkte zur weiteren Optimierung.

Schließlich eröffnet gerade die gemeinschaftliche Bewältigung der Anforderungen der Pflegeaufgabe, wie in anderen Ländern bereits weitaus häufiger praktiziert (vgl. Jani-Le Bris (1993)), das Potenzial, einen Gewinn für alle Beteiligten zu realisieren, wie die Ergebnisse der Untersuchungen von Tennstedt et al. (1989). Qureshi et al. (1998) und Viitanen (2007) belegen. Damit rücken zum einen Modelle, die neben der Vereinbarkeit von Beruf und Familie (siehe Rump (2009), S. 42) auch die Vereinbarkeit von Beruf und Pflege fördern, in den Fokus. Zum anderen stellt die in Deutschland inzwischen eingeführte Möglichkeit zur Kombination von ambulanten und teilstationären Leistungen bis zu einer Höhe von 150 % des eigentlichen Maximalbetrags (siehe Kapitel 3.4.2.2) die bislang bedeutendste direkte Maßnahme zur Förderung des Zusammenwirkens der Pflegeakteure dar. Neben vornehmlich dem Ziel der Kostendämpfung dienenden Aspekten können aber auch verhältnismäßig neue bzw. bislang wenig verbreitete Formen des Zusammenlebens, wie etwa in Wohngruppen als ergänzende Zwischenform zwischen stationärer und häuslicher Pflege (vgl. Böhmer (2002), S. 98f.), helfen, eine qualitativ hochwertige, pflegerische Betreuung der Betroffenen bei gleichzeitiger Wahrung weitreichender Autonomie zu bewerkstelligen.[126] Dass innovative Versorgungs- und Wohnkonzepte neben Lösungen zur Aufteilung der Pflegelast zukünftig einen wichtigen Beitrag zur Weiterentwicklung und ökonomischen Handhabbarkeit der Pflege in Deutschland leisten werden sowie eine Steigerung der Qualität mit sich bringen können, steht den Ergebnissen zahlreicher Studien zufolge außer Frage. Wenngleich somit eine Begrenzung des Anstiegs der Pflegeausgaben erreicht wird, scheint das Ziel einer, neben dem qualitativen Zugewinn gleichzeitigen, Kosteneinsparung hingegen unerreichbar (vgl. Schulz-Nieswandt et al. (2012), S. 165f.).

All dies steht, wie eingangs der Arbeit erläutert, unter der Prämisse, dass eine adäquate Ausgestaltung der Anreize Personen, die die Bereitschaft zur informellen Pflege aufbringen, unterstützt, sie aber nicht in die informelle Pflege drängen soll. Hierzu können die oben diskutierten Maßnahmen einen Beitrag zur Verringerung der Belastung und Schritte zur Vermeidung der latent existierenden Gefahr einer Überlastung (vgl. Goerlich (2001), S. 146ff., Kuhlmann (2005), S. 31f. und Leipold et al. (2005b), S. 34) pflegender Angehöriger liefern. Dies erscheint insofern geboten, als dass sich informell Pflegende physischen und psychischen Extremsituationen (u.a. sind soziale Isolation, mangelnde Regenerationsmöglichkeiten und Veränderungen des Familien- und Berufslebens zu nennen (vgl. Lüdecke (2007), S. 10ff.)) ausgesetzt sehen, die ohne externe Hilfestellung und Anleitung kaum bewältigbar scheinen.[127] Dies korrespondiert mit den Ergebnissen einer europäischen Studie aus dem Jahr 1995, in welcher Verbesserungen bei der Unterstützung informell Pflegender als Eckpfeiler zur Stabilisierung der Bereitschaft zur informellen Pflege identifiziert und angemahnt werden (vgl. European Foundation for the Improvement of Living and Working Conditions (1995), S. 65ff.). Vor dem Hintergrund der vielfältigen Stress- und Belastungssituationen (siehe bspw. Pearlin et al. (1990), Schacke und

---

126 Für eine Übersicht und Einordnung neuer Wohnformen siehe Kremer-Preiß (2005).

127 Auch die Ausarbeitung und Definition von Verhaltensregeln in Form eines rechtlichen Rahmens für den Umgang zwischen Pflegendem und Pflegebedürftigem ist geboten, wie die wachsende Anzahl an Beiträgen zu Missständen und Lösungsansätzen in diesem Bereich zeigt (siehe u.a. Klie (2001), Hörl und Schimany (2004), Zenz (2006), Udsching (2007) und Zenz (2007)).

Zank (1998) und Leipold et al. (2005a)) stellen die Koordinierung und Vernetzung von Versorgungs- und Betreuungsleistungen, wie sie von Beratungsstellen und Pflegestützpunkten angeboten werden (vgl. Ungar-Hermann (2009), S. 83), zentrale Stellschrauben zur Entlastung informell Pflegender dar. Ob diese Leistung auch weiterhin vornehmlich staatlich gefördert aus Mitteln der Pflegeversicherung erbracht werden sollte, kann durchaus in Frage gestellt werden (vgl. Eekhoff (2008), S. 172).

Zusammenfassend kann konstatiert werden, dass, insbesondere unter Einbeziehung des sich im weiteren Ausbau befindlichen und im Vergleich mit den anderen betrachteten europäischen Ländern ohnehin umfangreichen Maßnahmenkatalogs, von Seiten des Gesetzgebers vielfältige Anreize bereits implementiert wurden. Auf Grund des begrenzten finanziellen Spielraums sollte, der immer wieder vorgebrachten Kritik an der mangelhaften quantitativen und qualitativen Unterstützung pflegender Angehöriger (vgl. Kolip und Lademann (2012), S. 533) zum Trotz, der Fokus zukünftig, neben der ständigen Überprüfung der Wirksamkeit der bestehenden Anreize, vor allem auf einer Intensivierung einer besserer Abstimmung derer untereinander liegen. Gelingt dies, so besteht in einem derartigen Umfeld die Chance, dass Menschen mit dem Willen zur Bereitstellung informeller Pflegeleistungen diesem auch nachgeben (können).

8 Fazit und Ausblick

Seit ihrer Einführung vor mehr als eineinhalb Jahrzehnten ergänzt die Pflegeversicherung in Deutschland das dicht geknüpfte soziale Netz. Mindestens ebenso alt sind Forderungen, die Nachbesserungen in organisatorischer Hinsicht, aber auch auf Seiten der Leistungen anmahnen. Dass es in den kommenden Jahren und Jahrzehnten zu Veränderungen kommen muss und kommen wird, steht, wie in Kapitel 2 für Deutschland und ausgewählte Länder Europas gezeigt, vor dem Hintergrund der Folgen des demografischen Wandels außer Frage. Der europäische Kontext ist hierbei aus zweierlei Gründen nicht zu vernachlässigen: Zum einen steht die Mehrzahl der entwickelten Industrienationen vor vergleichbaren Problemen und es ergeben sich somit Wechselwirkungen und Konkurrenzsituationen. Zum anderen führt diese Konstellation aber auch dazu, dass ein Blick über die eigenen Landesgrenzen hinweg die Möglichkeit eröffnet, Anregung aus den Erfahrungen der in den betrachteten Ländern implementierten Regelungen zu gewinnen.

Die rasant ansteigende Zahl von Pflegebedürftigkeit Betroffener verdeutlicht die Dringlichkeit, mit der Antworten auf die drängendsten Fragen gefunden werden müssen. Wie in Kapitel 3 deutlich wird, kann die Soziale Pflegeversicherung in derzeitiger Ausgestaltung eine nachhaltige Sicherstellung einer adäquaten Absicherung gegen das Risiko der Pflegebedürftigkeit zu vertretbaren Beitragssätzen zukünftig nicht mehr leisten. Da sich auf Grund der zahlreichen Interdependenzen mit anderen Zweigen der sozialen Sicherung zugleich ein sich verschärfender Mangel an gut ausgebildeten professionellen Pflegefachkräften offenbart, erscheint eine qualitativ hochwertige Pflege im Alter nur mit Hilfe neuer Konzepte sowie einer Aufrechterhaltung der Bereitschaft zur informellen Pflege gewährleistet. Die Frage ist hierbei nicht, wie es gelingt, Angehörige und Bekannte zu einem Mehr an informeller Pflege zu bewegen. Es dreht sich vielmehr darum, wie Menschen, die informelle Pflege zu leisten bereit sind, es aber nicht tun (können), mittels zweckmäßiger Maßnahmen und Anreize zu unterstützen sind. Bislang zu dieser Fragestellung publizierte internationale Vergleiche sind nur bedingt aussagekräftig, da die mit Hilfe quantitativer Methoden gewonnenen Erkenntnisse in der Regel die Heterogenität der informellen Pflege nicht oder nur unzureichend berücksichtigen können.

Schlussfolgerungen und Handlungsempfehlungen aus derartigen Analysen abzuleiten, erscheint nur für wenige Fragestellungen zur informellen Pflege sinnvoll. Neben der Fülle an Detailregelungen stellen bereits die auf nationaler Ebene stark divergierenden Abgrenzungen von Pflegebedürftigkeit und die sich anschließende Frage der Schwere nahezu unüberwindliche Hürden dar. Dementsprechend verbieten sich sowohl eine verallgemeinernde Interpretation der Ergebnisse als auch eine darauf aufbauende Ableitung von Handlungsempfehlungen für einzelne Staaten.

Wenngleich auf theoretischer Ebene in Kapitel 4 von derartigen Gesetzesvorgaben weitgehend abstrahiert werden kann, gilt dies nicht für die empirische Analyse. Da diese explizit aus deutscher Perspektive erfolgt, ist eine, wie in Kapitel 5 vorgenommene, einerseits an den Vorgaben des SBG XI und andererseits an den im SHARE-Datensatz verfügbaren Informationen ausgerichtete Abgrenzung von Pflegebedürftigkeit vonnöten. Die in Kapitel 6 gewonnenen Ergebnisse aus den im Datensatz verfügbaren europäischen Ländern legen den Schluss nahe, dass einerseits eine bedenkenlose Anwendung der SHARE-Daten für viele Fragestellungen zur informellen Pflege, für die der Datensatz dennoch verwendet wird, nicht angeraten ist. Vielmehr würde ein spezieller, auf die Bedürfnisse und den Themenkreis der Pflege zugeschnittener Datensatz benötigt, wobei selbst dieser die Vielzahl der Einzelregelungen kaum zu erfassen vermag und stattdessen eventuell stärker qualitativ ausgerichtete Forschung geboten ist. Andererseits wird deutlich, dass die geleisteten Zahlungen bei der Motivation zur informellen Pflege keine oder nur eine untergeordnete Rolle spielen: Da trotz der zwischen den Ländern deutlich voneinander abweichenden Höhe der finanziellen Zuwendungen der jeweiligen Pflegeabsicherung vergleichbare Ergebnisse erzielt werden, ist von einem davon weitgehend unabhängigen Niveau der Bereitschaft zur informellen Pflege auszugehen.

Dass die Leistung informell Pflegender dennoch adäquat zu honorieren ist, steht außer Frage. Die ersten Ergebnisse der Reformen seit dem Jahr 2008 zeigen, dass den Betroffen jedoch andere Ansätze weitaus wichtiger erscheinen und diese somit einen stärkeren Anreiz zur informellen Pflege entfalten. In Übereinstimmung mit den im Rahmen dieser Arbeit gewonnenen Erkenntnissen zeigt sich im Inanspruchnahmeverhalten der von Pflegebedürftigkeit Betroffenen, welches u.a. auch eine Folge des Angebots an informellen Pflegeleistungen ist, dass viele der umgesetzten Maßnahmen erfolgreich sind. Weiteres Potenzial bieten bspw. neue Formen des Zusammenlebens, aber auch der übergreifenden Zusammenarbeit aller an der Erbringung der Pflegeleistung beteiligten Personen und Institutionen, wobei auch hierzu weiterer Forschungsbedarf offenkundig wird.

Es zeichnet sich ab, dass zukünftig insbesondere die Vernetzung und verbesserte Abstimmung informell und formell Pflegender, aber auch die Vereinbarkeit von Beruf und Pflege, wie bereits vor gut einem Jahrzehnt von Seiten der Bundestags-Enquêtekommission „Demographischer Wandel" gefordert (vgl. Naegele (2002), S. 486), die entscheidenden Stellschrauben sein werden. Der Aufholprozess, der in Deutschland bezüglich dieser Schlüsselstellen eingeleitet wurde, zeigt sich darin, dass inzwischen eine im europaweiten Vergleich quantitativ wie auch qualitativ in der Spitzengruppe liegende Angebotspalette zur Unterstützung informell Pflegender etabliert wurde. Dies steht in Einklang mit den Untersuchungen des EUROFAMCARE-Projekts (vgl. Kofahl et al. (2005), S. 250) und kann als Folge eines neuen Verständnisses der Pflege als gesellschaftlicher Herausforderung gesehen werden. Letztgenannter kann jedoch vielfältig begegnet werden und das Streben nach dem Königsweg zur Reformierung der Pflege in Deutschland wird aller Voraussicht nach in einer Sackgasse münden (vgl. Schneekloth und Wahl (2005), S. 232). Angesichts der Pluralität und Individualität der Betroffenen und der für sie passenden Arrangements, ist vielmehr die Schaffung eines breiten und der Vielfalt gerecht werdenden Angebots das Gebot der Stunde und Ausdruck gelebter Zukunftsorientierung.

Literaturverzeichnis

Albertini, M., Kohli, M. und Vogel, C. (2007), Intergenerational transfers of time and money in European families: common patterns - different regimes?, in: *Journal of European Social Policy*, 17(4), S. 319–334.

Alchian, A. A. und Demsetz, H. (1972), Production, Information Costs, and Economic Organization, in: *The American Economic Review*, 62(5), S. 777–795.

Alt, C. (2001), *Kindheit in Ost und West, Wandel der familialen Lebensformen aus Kindersicht,* Leske + Budrich, Opladen.

Altonji, J. G., Hayashi, F. und Kotlikoff, L. J. (1992), Is the Extended Family Altruistically Linked?, Direct Tests Using Micro Data, in: *The American Economic Review*, 82(5), S. 1177–1198.

Amato, P. R. und Booth, A. (1997), *A generation at risk, Growing up in an era of family upheaval,* Harvard Univ. Press, Cambridge.

Arno, P. S., Levine, C. und Memmott, M. M. (1999), The economic value of informal caregiving, in: *Health Affairs*, 18(2), S. 182–188.

Arntz, M. und Spermann, A. (2004), Soziale Experimente mit dem Pflegebudget (2004-2008), Konzeption des Evaluationsdesigns, ZEW, Mannheim.

Arntz, M. und Thomsen, S. (2008), Evaluation eines personengebundenen Pflegebudgets in der ambulanten Altenhilfe, Ein Modellversuch zur Weiterentwicklung der Pflegeversicherung gemäß §8 Abs.3 SGB XI, ZEW, Mannheim.

Attias-Donfut, C. und Wolff, F.-C. (2000), The redistributive effects of generational transfers, in: Arber, S. und Attias-Donfut, C. (Hrsg.), *The Myth of Generational Conflict, The Family and State in Ageing Societies,* Routledge, London, New York, S. 22–46.

Attias-Donfut, C., Ogg, J. und Wolff, F.-C. (2005), European patterns of intergenerational financial and time transfers, in: *European Journal of Aging*, 2(3), S. 161–173.

Augurzky, B., Felder, S. und Tinkhauser, A. (2011), *Perspektiven des Gesundheitssektors, Wachstumsmotor oder Milliardengrab?, RWI Position 44,* Essen.

Bäcker, G. und Hanesch, W. (1998), *Arbeitnehmer und Arbeitnehmerhaushalte mit Niedrigeinkommen, Landessozialbericht im Auftrag des Ministeriums für Arbeit, Gesundheit und Soziales des Landes Nordrhein-Westfalen,* Düsseldorf.

Backes, G. M., Amrhein, L. und Wolfinger, M. (2008), *Gender in der Pflege, Herausforderungen für die Politik,* Friedrich-Ebert-Stiftung, Bonn.

Backes, G. M., Wolfinger, M. und Amrhein, L. (2011), *Geschlechterpolitik zu Pflege/Care, Anregungen aus europäischen Ländern,* Friedrich-Ebert-Stiftung, Bonn.

Badura, B. (1983), Sozialepidemiologie in Theorie und Praxis, in: *Europäische Monographien zur Forschung in Gesundheitserziehung,* (5), S. 29–48.

Badura, B. und Knesebeck, O. von dem (2012), Soziologische Grundlagen der Gesundheitswissenschaften, in: Hurrelmann, K. und Razum, O. (Hrsg.), *Handbuch Gesundheitswissenschaften,* Beltz Juventa, Weinheim, Basel, S. 187–220.

Barr, N. (2011), Long-term Care: A Suitable Case for Social Insurance, in: Costa-Font, J. (Hrsg.), *Reforming long-term care in Europe,* Wiley-Blackwell, Chichester, S. 3–18.

Bartholomeyczik, S. und Holle, B. (2012), Pflegerische Versorgung, in: Hurrelmann, K. und Razum, O. (Hrsg.), *Handbuch Gesundheitswissenschaften,* Beltz Juventa, Weinheim, Basel, S. 931–959.

Bauch, J. (2005), Pflege als soziales System, in: Schroeter, K. R. und Rosenthal, T. (Hrsg.), *Soziologie der Pflege, Grundlagen Wissensbestände und Perspektiven,* Juventa Verlag, Weinheim, München, S. 71–83.

Baumol, W. J. (1967), Macroeconomics of Unbalanced Growth: The Anatomy of Urban Crisis, in: *The American Economic Review,* 57(3), S. 415–426.

Becker, G. S. (1965), A Theory of the Allocation of Time, in: *The Economic Journal,* 75(299), S. 493–517.

Becker, G. S. (1981a), *A treatise on the family,* Harvard University Press, Cambridge, Mass.

Becker, G. S. (1981b), Altruism in the Family and Selfishness in the Market Place, in: *Economica,* 48(189), S. 1–15.

Becker, G. S. (1993), *Human capital, A theoretical and empirical analysis, with special reference to education,* 3. Aufl., University of Chicago Press, Chicago.

Bengtson, V. L. (2001), Beyond the Nuclear Family: The Increasing Importance of Multigenerational Bonds, in: *Journal of Marriage and Family,* 63(1), S. 1-16.

Bengtson, V. L. und Roberts, R. E. L. (1991), Intergenerational Solidarity in Aging Families: An Example of Formal Theory Construction, in: *Journal of Marriage and Family,* 53(4), S. 856–870.

Bernheim, B. D., Shleifer, A. und Summers, L. H. (1985), The Strategic Bequest Motive, in: *Journal of Political Economy*, 93(6), S. 1045–1076.

Bertelsmann-Stiftung (Hrsg.) (2009), *Wer, wo, wie viele? - Bevölkerung in Deutschland 2025, Praxiswissen für Kommunen,* Verlag Bertelsmann-Stiftung, Gütersloh.

Beske, F. (2006), Verschiebebahnhof - die Finanzierung der Gesetzlichen Krankenversicherung im Griff politischer Entscheidungen, in: Rebscher, H. (Hrsg.), *Gesundheitsökonomie und Gesundheitspolitik, Im Spannungsfeld zwischen Wissenschaft und Politikberatung,* Economica, Heidelberg u.a., S. 181–190.

Beske, F. (2011), *Sechs Entwicklungslinien in Gesundheit und Pflege, Analyse und Lösungsansätze,* Schmidt & Klaunig, Kiel.

Beske, F. und Drabinski, T. (2005), *Leistungskatalog des Gesundheitswesens im internationalen Vergleich, Eine Analyse von 14 Ländern,* Schmidt & Klaunig, Kiel.

Beske, F., Drabinski, T. und Golbach, U. (2005), *Leistungskatalog des Gesundheitswesens im internationalen Vergleich, Eine Analyse von 14 Ländern,* Schmidt & Klaunig, Kiel.

Bettio, F. und Plantenga, J. (2004), Comparing Care Regimes in Europe, in: *Feminist Economics,* 10(1), S. 85–113.

Bickel, H. (2005), Epidemiologie und Gesundheitsökonomie, in: Wallesch, C.-W. und Förstl, H. (Hrsg.), *Demenzen,* Thieme, Stuttgart, New York, S. 1–15.

Bieback, K.-J. (2004), *Qualitätssicherung der Pflege im Sozialrecht, Rechtliche Möglichkeiten einer Institutionalisierung der Qualitätssicherung,* Müller, Heidelberg.

Bieber, D. (2011), Grundlagen des Demografiediskurses, Eine kritische Würdigung, in: Bieber, D. (Hrsg.), *Sorgenkind demografischer Wandel?, Warum die Demografie nicht an allem schuld ist,* Oekom-Verl., München, S. 23–84.

Birg, H. (2004), *Die Weltbevölkerung,* 2., aktualisierte Aufl., Beck, München.

Birg, H. (2005), *Die demographische Zeitenwende,* 4. Aufl., Beck, München.

Bischoff-Wanner, C. (2011), Pflege im historischen Vergleich, in: Schaeffer, D. und Wingenfeld, K. (Hrsg.), *Handbuch Pflegewissenschaft,* Juventa, Weinheim, München, S. 19–36.

Bittman, M., Fisher, K., Hill, P. und Thomson, C. (2005), The time cost of care, in: *electronic International Journal of Time Use Research,* 2(1), S. 54–66.

Blau, P. M. (1964), *Exchange and power in social life*, Wiley, New York.

Blinkert, B. und Klie, T. (1999), *Pflege im sozialen Wandel*, Vincentz, Hannover.

Blinkert, B. und Klie, T. (2004), *Solidarität in Gefahr?, Pflegebereitschaft und Pflegebedarfsentwicklung im demografischen und sozialen Wandel*, Vincentz Network, Hannover.

Blinkert, B. und Klie, T. (2008), Soziale Ungleichheit und Pflege, in: *Aus Politik und Zeitgeschichte*, (12-13), S. 25–33.

Blome, A., Keck, W. und Alber, J. (2008), *Generationenbeziehungen im Wohlfahrtsstaat, Lebensbedingungen und Einstellungen von Altersgruppen im internationalen Vergleich*, VS Verlag für Sozialwissenschaften, Wiesbaden.

Blüher, S. (2004), "Liebesdienst und Pflegedienst" - theoretische Überlegungen und empirische Befunde zur Vergesellschaftung in häuslichen Pflegearrangements, in: Blüher, S. und Stosberg, M. (Hrsg.), *Neue Vergesellschaftungsformen des Alter(n)s*, VS Verlag für Sozialwissenschaften, Wiesbaden, S. 11–51.

BMA - Bundesministerium für Arbeit und Sozialordnung (1997), *Erster Bericht der Bundesregierung über die Entwicklung der Pflegeversicherung und den Stand der pflegerischen Versorgung in der Bundesrepublik Deutschland*, Bonn.

BMFS - Bundesministerium für Familie und Senioren (1994), *Fünfter Familienbericht, Familien und Familienpolitik im geeinten Deutschland - Zukunft des Humanvermögens*, BMFS, Berlin.

BMFSFJ - Bundesministerium für Familie, Senioren, Frauen und Jugend (2003), *Die Familie im Spiegel der amtlichen Statistik, Lebensformen, Familienstrukturen, wirtschaftliche Situation der Familien und familiendemographische Entwicklung in Deutschland*, BMFSFJ, Berlin.

BMG - Bundesministerium für Gesundheit (2001), *Zweiter Bericht der Bundesregierung über die Entwicklung der Pflegeversicherung und den Stand der pflegerischen Versorgung in der Bundesrepublik Deutschland, Drucksache 14/5590 vom 15.03.2001*, Bonn.

BMG - Bundesministerium für Gesundheit (2009a), *Bericht des Beirats zur Überprüfung des Pflegebedürftigkeitsberichts*, Berlin.

BMG - Bundesministerium für Gesundheit (2009b), *Leistungsansprüche der Versicherten an die Pflegeversicherung im Überblick*, Bonn.

BMG - Bundesministerium für Gesundheit (2009c), *Umsetzungsbericht des Beirats zur Überprüfung des Pflegebedürftigkeitsbegriffs*, Berlin.

BMG - Bundesministerium für Gesundheit (2012), *Zahlen und Fakten zur Pflegeversicherung*, online im Internet: http://www.bmg.bund.de/pflege/zahlen-und-fakten-zur-pflegeversicherung.html [Stand: 30.5.2012].

Bogedan, C., Müller-Schoell, T. und Ziegler, A. (2008), Demografischer Wandel als Chance, in: Bogedan, C., Müller-Schoell, T. und Ziegler, A. (Hrsg.), *Demografischer Wandel als Chance, Erneuerung gesellschaftlicher Solidaritätsbeziehungen?*, VSA, Hamburg, S. 9–26.

Böhler, A. und Pfundstein, T. (2002), Krankheit und Begleitung, in: Klie, T. (Hrsg.), *Wohngruppen für Menschen mit Demenz*, Vincentz Network, Hannover, S. 36–62.

Böhmer, S. (2002), Pflegende Angehörige, in: Klie, T. (Hrsg.), *Wohngruppen für Menschen mit Demenz*, Vincentz Network, Hannover, S. 92–99.

Bolin, K., Lindgren, B. und Lundborg, P. (2008a), Informal and formal care among single-living elderly in Europe, in: *Health Econ.*, 17(3), S. 393–409.

Bolin, K., Lindgren, B. und Lundborg, P. (2008b), Your next of kin or your own career?, Caring and working among the 50+ of Europe, in: *Journal of Health Economics*, 27(3), S. 718–738.

Bongaarts, J. und Sobotka, T. (2011), Demographic explanation for the recent rise in European fertility: Analysis based on the tempo and parity-adjusted total fertility, *European Demographic Research Papers 4*, Vienna Institute of Demography, Wien.

Bonsang, E. (2008), Does informal care from children to their elderly parents substitute for formal care in Europe?, Université de Liège, CREPP, HEC-Management School, Lüttich.

Borchert, L. und Rothgang, H. (2008a), Pflegeverläufe in Deutschland, Ergebnisse einer Längsschnittstudie der Jahre 1998 bis 2006, in: Schaeffer, D., Behrens, J. und Görres, S. (Hrsg.), *Optimierung und Evidenzbasierung pflegerischen Handelns, Ergebnisse und Herausforderungen der Pflegeforschung*, Juventa, Weinheim, München, S. 268–289.

Borchert, L. und Rothgang, H. (2008b), Soziale Einflüsse auf das Risiko der Pflegebedürftigkeit älterer Männer, in: Bauer, U. und Büscher, A. (Hrsg.), *Soziale Ungleichheit und Pflege*, VS Verlag für Sozialwissenschaften, Wiesbaden, S. 215–237.

Börsch-Supan, A. (1989), A Dynamic Analysis of Hosehold Dissolution and Living Arrangement Transitions by Elderly Americans, in: Wise, D. A. (Hrsg.), *The economics of aging*, University of Chicago Press, Chicago u.a., S. 89–114.

Börsch-Supan, A. (2001), Quo Vadis Rentenversicherung? Alternativen und Ergänzungen zur umlagefinanzierten Rente, in: Schmähl, W. und Ulrich, V. (Hrsg.), *Soziale Sicherungssysteme und demographische Herausforderungen*, Mohr Siebeck, Tübingen, S. 205–220.

Börsch-Supan, A. und Chiappori, P.-A. (1991), Aging Population: Problems and Policy Options in the US and Germany, in: *Economic Policy*, 6(12), S. 104-139.

Börsch-Supan, A., Brugiavini, A., Jürges, H., Kapteyn, A., Mackenbach, J., Siegrist, J. und Weber, G. (2008), *Health, Ageing, and Retirement in Europe (2004-2007) - Starting the longitudinal dimension*, MEA, Mannheim.

Brandenburg, H. und Klie, T. (2003), Aufgaben und Kompetenzprofile in der professionellen Pflege alter Menschen, in: Klie, T. und Brandenburg, H. (Hrsg.), *Gerontologie und Pflege, Beiträge zur Professionalisierungsdiskussion in der Pflege alter Menschen*, Vincentz Network, Hannover, S. 142–194.

Brandt, M., Deindel, C., Haberkern, K. und Szydlik, M. (2009a), Geben und Nehmen zwischen Generationen, Der Austausch von Geld und Zeit in Europa, in: Börsch-Supan, A. (Hrsg.), *50plus in Deutschland und Europa, Ergebnisse des Survey of Health, Ageing and Retirement in Europe*, VS Verlag für Sozialwissenschaften, Wiesbaden, S. 95–114.

Brandt, M., Haberkern, K. und Szydlik, M. (2009b), Intergenerational Help and Care in Europe, in: *European Sociological Review*, 25(5), S. 585–601.

Breuil-Genier, P. (1998), Aides aux personnes âgées dépendantes: la famille intervient plus que les professionnels, in: *Economie et statistique*, (316-317), S. 21-43.

Breyer, F. (1997), Ökonomische Grundlagen der sozialen Pflegeversicherung, in: Schulin, B. (Hrsg.), *Handbuch des Sozialversicherungsrechts, Band 4, Pflegeversicherungsrecht*, Beck, München, S. 59–91.

Breyer, F. und Buchholz, W. (2009), *Ökonomie des Sozialstaats*, 2. Aufl., Springer, Berlin, Heidelberg.

Breyer, F. und Ulrich, V. (2000), Gesundheitsausgaben, Alter und medizinischer Fortschritt, eine Regressionsanalyse, in: *Jahrbücher für Nationalökonomie und Statistik*, 220(1), S. 1–17.

Breyer, F., Lorenz, N. und Niebel, T. (2012), Health Care Expenditures and Longevity, Is There a Eubie Blake Effect?, *DIW Discussion Paper Nr. 1226*, Deutsches Institut für Wirtschaftsforschung, Berlin.

Brown, J. R. und Finkelstein, A. (2011), Insuring Long-Term Care in the United States, in: *Journal of Economic Perspectives*, 25(4), S. 119–142.

Buber, I. und Engelhardt, H. (2011), The Association between Age and Depressive Symptoms among Older Men and Women in Europe, in: *ndersComparative Population Studies - Zeitschrift für Bevölkerungswissenschaft; Vol 36, No 1 (2011)*, 36(1), S. 77–102.

Buchner, F. (2002), *Versteilerung von Ausgabenprofilen in der Krankenversicherung*, Nomos, Baden-Baden.

Bundesinstitut für Bevölkerungsforschung (2012), online im Internet: http://www.bib-demografie.de/ [Stand: 30.5.2012].

Büscher, A. (2011), Ambulante Pflege, in: Schaeffer, D. und Wingenfeld, K. (Hrsg.), *Handbuch Pflegewissenschaft*, Juventa, Weinheim, München, S. 491–512.

Büscher, A. und Schnepp, W. (2011), Die Bedeutung von Familien in der pflegerischen Versorgung, in: Schaeffer, D. und Wingenfeld, K. (Hrsg.), *Handbuch Pflegewissenschaft*, Juventa, Weinheim, München, S. 469–487.

Byrne, D., Goeree, M. S., Hiedemann, B. und Stern, S. (2009), Formal Home Health Care, Informal Care, and Family Decision Making, in: *International Economic Review*, 50(4), S. 1205–1242.

Cameron, A. C. und Trivedi, P. K. (2010), *Microeconometrics using Stata*, Stata Press, College Station, Tex.

Carmichael, F. und Charles, S. (1998), The labour market costs of community care, in: *Journal of Health Economics*, 17(6), S. 747–765.

Carmichael, F. und Charles, S. (2003), The opportunity costs of informal care, does gender matter?, in: *Journal of Health Economics*, 22, S. 781–803.

Carpenter, I., Gambassi, G., Topinkova, E., Schroll, M., Finne-Soveri, H., Henrard, J. C., Garms-Homolová, V., Jonsson, P., Frijters, D., Ljunggren, G., Sørbye, L. W., Wagner, C., Onder, G., Pedone, C. und Bernabei, R. (2004), Community care in Europe, The Aged in Home Care project (AdHOC), in: *Aging Clinical and Experimental Research*, 16(4), S. 259-269.

Casado-Marín, D., García-Gómez, P. und López-Nicolás, Á. (2011), Informal care and labour force participation among middle-aged women in Spain, in: *SERIEs*, 2(1), S. 1–29.

Cassel, D. (2001), Demographischer Wandel, Folgen für die gesetzliche Krankenversicherung, in: *Wirtschaftsdienst*, 81(2), S. 87–91.

Castro-Costa, E., Dewey, M. E., Stewart, R., Banerjee, S., Huppert, F., Mendonca-Lima, C., Bula, C., Reischies, F. M., Wancata, J., Ritchie, K., Tsolaki, M., Mateos, R. und Prince, M. J. (2007), Prevalence of depressive symptoms and syndromes in later life in ten European countries, in: *The British Journal of Psychiatry*, 191(5), S. 393–401.

Chang, C. F. und White-Means, S. I. (1995), Labour supply of informal caregivers, in: *International Review of Applied Economics*, 9(2), S. 192–205.

Charles, K. K. und Sevak, P. (2005), Can family caregiving substitute for nursing home care?, in: *Journal of Health Economics*, 24(6), S. 1174–1190.

Charness, G. B. und Cabrales, A., Optimal Contracts with Team Production and Hidden Information, An Experiment, *Departmental Working Papers*, UC Santa Barbara, Department of Economics, Santa Barbara.

Colombo, F. (2012), Typology of Public Coverage fpr Long-Term Care in OECD Countries, in: Costa-Font, J. und Courbage, C. (Hrsg.), *Financing long-term care in Europe, Institutions, Markets, and Models*, Palgrave Macmillan, New York, S. 17–40.

Comas-Herrera, A., Wittenberg, R. und Pickard, L. (2011), The Long Road to Universalism? Recent Developments in the Finanacing of Long-term Care in England, in: Costa-Font, J. (Hrsg.), *Reforming long-term care in Europe*, Wiley-Blackwell, Chichester, S. 19–34.

Copeland, J. R. M., Beekman, A. T., Dewey, M. E., Jordan, A., Lawlor, B. A., Linden, M., Lobo, A., Magnusson, H., Mann, A. H., Fichter, M., Prince, M. J., Saz, P., Turrina, C. und Wilson, K. C. (1999), Cross-cultural comparison of depressive symptoms in Europe does not support stereotypes of ageing, in: *The British Journal of Psychiatry*, 174(4), S. 322–329.

Costa-Font, J. (2011), Devolution, Diversity and Welfare Reform: Long-term Care in the 'Latin Rim', in: Costa-Font, J. (Hrsg.), *Reforming long-term care in Europe*, Wiley-Blackwell, Chichester, S. 123–136.

Costa-Font, J. und Courbage, C. (2012a), Long-Term Care Insurance, Partnership or Crowding Out?, in: Costa-Font, J. und Courbage, C. (Hrsg.), *Financing long-term care in Europe, Institutions, Markets, and Models*, Palgrave Macmillan, New York, S. 91–100.

Costa-Font, J. und Courbage, C. (Hrsg.) (2012b), *Financing long-term care in Europe, Institutions, Markets, and Models*, Palgrave Macmillan, New York.

Courbage, C. und Plisson, M. (2012), Financing Long-Term Care in France, in: Costa-Font, J. und Courbage, C. (Hrsg.), *Financing long-term care in Europe, Institutions, Markets, and Models*, Palgrave Macmillan, New York, S. 125–150.

Cox, D. (1987), Motives for Private Income Transfers, in: *Journal of Political Economy*, 95(3), S. 508–546.

Cox, D. und Rank, M. R. (1992), Inter-Vivos Transfers and Intergenerational Exchange, in: *The Review of Economics and Statistics*, 74(2), S. 305–314.

Czekanowski, P., Mnich, E., McKee, K., Öberg, B., Prouskas, C. und Quattrini, S. (2008), Main Characteristics of the Sample: Older Care-Receivers and their Main Family Carers, in: Lamura, G., Döhner, H. und Kofahl, C. (Hrsg.), *Family Carers of Older People in Europe - A Six-Country Comparative Study*, Lit, Berlin, S. 117–143.

Daatland, S. O. und Lowenstein, A. (2005), Intergenerational solidarity and the family–welfare state balance, in: *European Journal of Aging*, 2, S. 174–182.

Dallinger, U. und Theobald, H. (2008), Pflege und Ungleichheit: Ungleiche Citizenship rights im internationalen Vergleich, in: Bauer, U. und Büscher, A. (Hrsg.), *Soziale Ungleichheit und Pflege*, VS Verlag für Sozialwissenschaften, Wiesbaden, S. 78–103.

Daly, M. und Lewis, J. (2000), The concept of social care and the analysis of contemporary welfare states, in: *The British Journal of Sociology*, 51(2), S. 281-298.

de Jong Gierveld, J. (2007), Demographic Change and the Social Contract of Informal Support Within the Family, in: Veron, J., Pennec, S. und Legare, J. (Hrsg.), *Ages, Generations and the Social Contract, The Demographic Challenges Facing the Welfare State*, Springer-Verlag, New York, S. 177–190.

destatis (2012), online im Internet: https://www.destatis.de/DE/Startseite.html [Stand: 30.5.2012].

Deutsche Alzheimer Gesellschaft (2008), Die Epidemiologie der Demenz, Berlin.

Deutscher Bundestag (1993), *Entwurf eines Gesetzes zur sozialen Absicherung des Risikos der Pflegebedürftigkeit (Pflege-Versicherungsgesetz - PflegeVG), Drucksache 12/5262 vom 24.06.1993*.

Deutscher Bundestag (2002), *Schlussbericht der Enquête-Kommission "Demographischer Wandel" - Herausforderungen unserer älter werdenden Gesellschaft an den Einzelnen und die Politik, Drucksache 14/8800 vom 28.03.2002*.

Deutscher Bundestag (2007), *Entwurf eines Gesetzes zur strukturellen Weiterentwicklung der Pflegeversicherung (Pflege-Weiterentwicklungsgesetz), Drucksache 16/7439 vom 07.12.2007*.

Deutscher Bundestag (2008), *Vierter Bericht über die Entwicklung der Pflegeversicherung, Drucksache 16/7772 vom 17.01.2008*.

Deutscher Bundestag (2012), *Fünfter Bericht über die Entwicklung der Pflegeversicherung und den Stand der pflegerischen Versorgung in der Bundesrepublik Deutschland, Drucksache 17/8332 vom 12.01.2012*.

Deutsches Institut für angewandte Pflegeforschung e.V., D. (2010), *Pflege und Unterstützung im Wohnumfeld, Innovationen für Menschen mit Pflegebedürftigkeit und Behinderung*, Schlütersche, Hannover.

Dewey, M. E. und Prince, M. J. (2005), Mental Health, in: Börsch-Supan, A., Brugiavini, A., Jürges, H., Mackenbach, J., Siegrist, J. und Weber, G. (Hrsg.), *Health, Ageing and Retirement in Europe, First results from the Survey of Health, Ageing and Retirement in Europe*, Mannheim Research Institute for the Economics of Aging (MEA), Mannheim, S. 108–117.

Diedrich, U. (2009), Besonderheiten der privaten Pflege-Pflichtversicherung, in: Gaertner, T., Gansweid, B., Gerber, H., Schwegler, F. und Mittelstaedt, G. (Hrsg.), *Die Pflegeversicherung, Handbuch zur Begutachtung, Qualitätsprüfung, Beratung und Fortbildung*, 2. Aufl., de Gruyter, Berlin, New York, S. 53–59.

Dietz, B. (2002), *Die Pflegeversicherung, Ansprüche, Wirklichkeiten und Zukunft einer Sozialreform*, Westdeutscher Verlag, Wiesbaden.

Dietz, B. (2004), Soziale Sicherungssysteme, in: Frevel, B. (Hrsg.), *Herausforderung demografischer Wandel*, VS Verlag für Sozialwissenschaften, Wiesbaden, S. 192–207.

Dinkel, R. H. (1999), Demographische Entwicklung und Gesundheitszustand, Eine empirische Kalkulation der Healthy Life Expectancy für die Bundesrepublik auf der Basis von Kohortendaten, in: Häfner, H. (Hrsg.), *Gesundheit - unser höchstes Gut?*, Springer, Berlin, S. 61–82.

Doblhammer, G., Schulz, A., Steinberg, J. und Ziegler, U. (2012), *Demografie der Demenz*, Verlag Hans Huber, Bern.

Döhner, H., Lamura, G., Lüdecke, D. und Mnich, E. (2007), Pflegebereitschaft in Familien, Entwicklungen in Europa, in: Igl, G., Naegele, G. und Hamdorf, S. (Hrsg.), *Reform der Pflegeversicherung - Auswirkungen auf die Pflegebedürftigen und die Pflegepersonen*, Lit, Münster u.a., S. 166–179.

Dongos, J. B., Eekhoff, J., Franz, W., Fuest, C., Möschel, W. und Neumann, M. J. M. (2005), *Tragfähige Pflegeversicherung*, Stiftung Marktwirtschaft, Berlin.

Edvartsen, T. O. (1996), Possibilities and Problems in a Cross-Country Comparative Analysis of Long-Term Care Systems, in: Eisen, R. und Sloan, F. A. (Hrsg.), *Long-Term Care: Economic Issues and Policy Solutions*, Kluwer Academic Publishers, Boston, Dordrecht, London, S. 25–42.

Eekhoff, J. (2008), *Beschäftigung und soziale Sicherung*, Bd. 4., gründl. überarb. Aufl., Mohr Siebeck, Tübingen.

Eggers, S., Römer-Kirchner, A. und Schmidt, R. (2005), Persönliche Budgets für behinderte und pflegebedürftige Menschen, steuerungstheoretische und rechtliche Aspekte, in: Klie, T., Buhl, A., Entzian, H., Hedtke-Becker, A. und Wallrafen-Dreisow, H. (Hrsg.), *Die Zukunft der gesundheitlichen, sozialen und pflegerischen Versorgung älterer Menschen,* Mabuse, Frankfurt am Main, S. 9–21.

Ehrentraut, O. und Heidler, M. (2007), Demografisches Risiko für die Staatsfinanzen?, Koordinierte Bevölkerungsvorausberechnungen im Vergleich, Albert-Ludwigs-Universität Freiburg, Forschungszentrum Generationenverträge, Freiburg.

Eisen, R. (1999), Alternativen der Pflegesicherung: Ergebnisse eines europäischen Vergleichs, in: Hauser, R. (Hrsg.), *Alternative Konzeptionen der sozialen Sicherung,* Duncker & Humblot, Berlin, S. 93–119.

Eisen, R. und Mager, H.-C. (1996), Long-Term Care, An Inter- and Intragenerational Decision Model, in: Eisen, R. und Sloan, F. A. (Hrsg.), *Long-Term Care: Economic Issues and Policy Solutions,* Kluwer Academic Publishers, Boston, Dordrecht, London, S. 251–284.

Elftes Buch Sozialgesetzbuch (1994), *Soziale Pflegeversicherung, zuletzt geändert durch Art. 13 Abs. 27 G v. 12.4.2012 I 579.*

Elkeles, T. (1994), *Arbeitsorganisation in der Krankenpflege, Zur Kritik der Funktionspflege,* 5. Aufl., Mabuse, Frankfurt am Main.

Engers, M. P. und Stern, S. (2002), Long-Term Care and Family Bargaining, in: *International Economic Review,* 43(1), S. 73–114.

Entzian, H. und Klie, T. (2000), Die Kunst, zu flankieren, Von der Herausforderung der Pflege-Profis, in der Zusammenarbeit mit Laien ihre Rolle zu finden, in: *Forum Sozialstation,* 24(104), S. 24–29.

Esping-Andersen, G. (1989), The three political economies of the welfare state, in: *Canadian Review of Sociology/Revue canadienne de sociologie,* 26(1), S. 10–36.

Esping-Andersen, G. (1990), *The three worlds of welfare capitalism,* Polity Press, Cambridge.

Esping-Andersen, G. (1999), *Social Foundations of Postindustrial Economies,* Oxford University Press, Oxford u.a.

Ettner, S. L. (1995), The impact of "parent care" on female labor supply decisions, in: *Demography,* 32(1), S. 63–80.

Ettner, S. L. (1996), The Opportunity Costs of Elder Care, in: *The Journal of Human Resources,* 31(1), S. 189–205.

Europäische Kommission (2007), *Soziale Sicherheit in den Mitgliedstaaten der Europäischen Union, im Europäischen Wirtschaftsraum und in der Schweiz, MISSOC - Gegenseitiges Informationssystem zur sozialen Sicherheit.*

European Foundation for the Improvement of Living and Working Conditions (1995), *Who will care?, Future prospects for family care of older people in the European Union,* European Commission, Luxemburg.

eurostat (2012), online im Internet: http://epp.eurostat.ec.europa.eu/portal/page/portal/eurostat/home/ [Stand: 30.5.2012].

Evers, A. (1990), Shifts in the Welfare Mix, Introducing a New Approach for the Study of Transformations in Welfare and Social Policy, in: Evers, A. und Wintersberger, H. (Hrsg.), *Shifts in the Welfare Mix, Their Impact on Work, Social Services and Welfare Policies,* Campus, Frankfurt am Main, S. 7–30.

Feder, J., Komisar, H. L. und Niefeld, M. (2000), Long-term care in the United States: an overview, in: *Health Affairs,* 19(3), S. 40–56.

Felder, S. (2008), Im Alter krank und teuer?, Gesundheitsausgaben am Lebensende, in: *GGW,* 8(4), S. 23–30.

Fernandez, J.-L., Forder, J. und Knapp, M. (2011), Long-term care, in: Glied, S. und Smith, P. C. (Hrsg.), *The Oxford Handbook of Health Economics,* Oxford University Press, Oxford u.a., S. 578–601.

Fetzer, S. (2005), Determinanten der zukünftigen Finanzierbarkeit der GKV, Doppelter Alterungsprozess, Medikalisierung- vs. Kompressionsthese und medizinisch-technischer Fortschritt, Nr. 130/05, Albert-Ludwigs-Universität, Forschungszentrum Generationenverträge, Freiburg.

Fevang, E., Kverndokk, S. und Røed, K. (2008a), A model for supply of informal care to elderly parents, *Working paper 2008: 12,* University of Oslo, The Ragnar Frisch Centre for Economic Research, Oslo.

Fevang, E., Kverndokk, S. und Røed, K. (2008b), Informal Care and Labor Supply, *IZA discussion papers, No. 3717,* Forschungsinstitut zur Zukunft der Arbeit.

Freedman, V. A. und Martin, L. G. (2000), Contribution of Chronic Conditions to Aggregate Changes in Old-Age Functioning, in: *American Journal of Public Health,* 90(11), S. 1755–1760.

Fries, J. F. (1980), Aging, natural death, and the compression of morbidity, in: *The New England Journal of Medicine,* 303(3), S. 130–135.

Fuchs, M. und Preis, U. (2009), *Sozialversicherungsrecht, Lehrbuch für Studium und Praxis,* 2. Aufl., Schmidt, Otto, Köln.

Fujisawa, R. und Colombo, F. (2009), The Long-Term Care Workforce, Overview and Strategies to Adapt Supply to a Growing Demand, OECD Health Working Papers, Nr. 44, OECD Publishing, Paris.

Gaertner, T. (2009), Sozialgeschichtliche Aspekte und ordnungspolitische Reformen der Pflegeversicherung, in: Gaertner, T., Gansweid, B., Gerber, H., Schwegler, F. und Mittelstaedt, G. (Hrsg.), *Die Pflegeversicherung, Handbuch zur Begutachtung, Qualitätsprüfung, Beratung und Fortbildung*, 2. Aufl., de Gruyter, Berlin, New York, S. 1–10.

Gans, P. und Schmitz-Veltin, A. (Hrsg.) (2006), *Demographische Trends in Deutschland*, ARL, Hannover.

Gansweid, B. und Heine, U. (2009), Die Begutachtung zur Feststellung von Pflegebedürftigkeit, in: Gaertner, T., Gansweid, B., Gerber, H., Schwegler, F. und Mittelstaedt, G. (Hrsg.), *Die Pflegeversicherung, Handbuch zur Begutachtung, Qualitätsprüfung, Beratung und Fortbildung*, 2. Aufl., de Gruyter, Berlin, New York, S. 72–87.

Gansweid, B. und Stahlberg, M. (2009), Begutachtung von Kindern, in: Gaertner, T., Gansweid, B., Gerber, H., Schwegler, F. und Mittelstaedt, G. (Hrsg.), *Die Pflegeversicherung, Handbuch zur Begutachtung, Qualitätsprüfung, Beratung und Fortbildung*, 2. Aufl., de Gruyter, Berlin, New York, S. 103–106.

Garms-Homolová, V. (2011), Pflege im Alter, in: Schaeffer, D. und Wingenfeld, K. (Hrsg.), *Handbuch Pflegewissenschaft*, Juventa, Weinheim, München, S. 405–427.

Geerts, J., Willemé, P. und Comas-Herrera, A. (2012), Projecting long-term care use in Europe, Projection model and results for Germany, the Netherlands, Spain and Poland, in: Geerts, J., Willemé, P. und Mot, E. (Hrsg.), *Long-term care use and supply in Europe, Projections for Germany, the Netherlands, Spain, and Poland*, Centre for European Policy Studies, Brüssel, S. 30–75.

Gessler, M. und Stübe, B. A. (2008), *Diversity Management, Berufliche Weiterbildung im demografischen Wandel*, Waxmann, Münster.

Glazer, J. und McGuire, T. G. (2011), Gold and Silver health plans: Accommodating demand heterogeneity in managed competition, in: *Journal of Health Economics*, 30(5), S. 1011–1019.

Goerlich, C. (2001), Bedeutung der Angehörigen und des unmittelbaren sozialen Umfeldes, in: Besselmann, K., Gitschmann, P., Goerlich, C., Klie, T., Reinschmidt, H., Struwe, B., Weritz-Hanf, P., Wojnar, J. und Ziller, H. (Hrsg.), *Aspekte der Versorgung psychisch veränderter älterer Menschen*, 2. Aufl., Eigenverlag des Deutschen Vereins für öffentliche und private Fürsorge, Frankfurt am Main, S. 137–161.

Goree, M. S., Hiedemann, B. und Stern, S. (2011), Will You Still Want Me Tomorrow?, The Dynamics of Families' Long-Term Care Arrangements, University of Chicago, Economic Research Center, Chicago.

Gruenberg, E. M. (1977), The Failures of Success, in: *The Milbank Memorial Fund Quarterly. Health and Society*, 55(1), S. 3–24.

Grundy, E. (2007), Intergenerational Exchanges in Older Populations, in: Veron, J., Pennec, S. und Legare, J. (Hrsg.), *Ages, Generations and the Social Contract, The Demographic Challenges Facing the Welfare State*, Springer-Verlag, New York, S. 209–229.

Haberkern, K. und Szydlik, M. (2008), Pflege der Eltern, Ein europäischer Vergleich, in: *KZfSS Kölner Zeitschrift für Soziologie und Sozialpsychologie*, 60(1), S. 82–105.

Hacke, S. (1996), *Die Ausstrahlung des Gesundheits-Strukturgesetzes und der sozialen Pflegeversicherung auf die gesetzliche Krankenversicherung*, VWF, Berlin.

Häcker, J. (2008), *Die soziale Pflegeversicherung: Eine Generationenbilanz*, Peter Lang, Frankfurt am Main.

Häcker, J. und Raffelhüschen, B. (2006), Zukünftige Pflege ohne Familie, Konsequenzen des „Heimsog-Effekts", Albert-Ludwigs-Universität, Institut für Finanzwissenschaft, Freiburg.

Häcker, J. und Raffelhüschen, B. (2008), *Die Pflegeversicherung in der Krise, Renditen,Leistungsniveau und Versorgungslücken*, Deutsches Institut für Altersvorsorge, Köln.

Häcker, J., Hackmann, T. und Moog, S. (2009), Demenzkranke und Pflegebedürftige in der Sozialen Pflegeversicherung, Ein intertemporaler Kostenvergleich, in: *Schmollers Jahrbuch*, 129(3), S. 445–471.

Hackmann, T. (2010), Arbeitsmarkt Pflege, Bestimmung der künftigen Altenpflegekräfte unter Berücksichtigung der Berufsverweildauer, in: *Sozialer Fortschritt*, 59(9), S. 235–244.

Hackmann, T. und Moog, S. (2009), Die Auswirkungen der steigenden Lebenserwartung auf die Prävalenz der Pflegebedürftigkeit in Deutschland, in: *Zeitschrift für die gesamte Versicherungswissenschaft*, 98(1), S. 73-89.

Hagestad, G. O. (2006), Transfers between grandparents and grandchildren: The importance of taking a three-generation perspective, in: *Zeitschrift für Familienforschung*, 18(3), S. 315–332.

Halsig, N. (1995), Hauptpflegepersonen in der Familie, Eine Analyse ihrer situativen Bedingungen und Hilfsmöglichkeiten, in: *Zeitschrift für Gerontopsychologie und -psychiatrie*, 8(4), S. 247–262.

Hank, K. und Buber, I. (2007), Grandparents Caring for Their Grandchildren, Findings form the 2004 Survey of Health, Aging and Retirement in Europe, mea - Mannheim Research Institute for the Economics of Aging, Mannheim.

Hantrais, L. (2004), *Family Policy Matters, Responding to Family Change in Europe,* Policy Press, Bristol.

Hantrais, L. und Letablier, M.-T. (1996), *Families and Family Policies in Europe,* Longman, London, New York.

Hantrais, L., Philipov, D. und Billari, F. C. (Hrsg.) (2006), *Policy implications of changing family formation, Study prepared for the European Population Conference 2005,* Council of Europe, Straßburg.

Hardach, G. (2006), *Der Generationenvertrag, Lebenslauf und Lebenseinkommen in Deutschland in zwei Jahrhunderten,* Duncker & Humblot, Berlin.

Heinemann, U. (2009), *Medizinische Begutachtung in der privaten und sozialen Pflegeversicherung, Gemeinsamkeiten und Unterschiede,* Peter Lang, Frankfurt am Main.

Heitmüller, A. und Michaud, P.-C. (2006), Informal care and employment in England, evidence from the British household panel survey, *IZA Discussion Papers, No. 2010,* Forschungsinstitut zur Zukunft der Arbeit.

Henderson, V. (1966), *The nature of nursing, a definition and its implication for practice, research, and education,* Macmillan, New York.

Herbst, C. und Barnow, B. (2008), Close to Home, A Simultaneous Equations Model of the Relationship Between Child Care Accessibility and Female Labor Force Participation, in: *Journal of Family and Economic Issues,* 29(1), S. 128–151.

Hermann, T. (2009), Zur Bedeutung des demographischen Wandels in der Medizin, in: Oberender, P. und Quintus, M. (Hrsg.), *Markt der Möglichkeiten, Der ältere Mensch in der Medizin und Gesellschaft, Handlungsfelder im Wandel der Demographie,* P.C.O.-Verlag, Bayreuth, S. 13–27.

Herzog-Kommission (2003), *Bericht der Kommission „Soziale Sicherheit" zur Reform der sozialen Sicherungssysteme,* Berlin.

Heusinger, J. und Klünder, M. (2004), Die Einflüsse des Milieus auf die Steuerung in häuslichen Pflegearrangements, in: Blüher, S. und Stosberg, M. (Hrsg.), *Neue Vergesellschaftungsformen des Alter(n)s,* VS Verlag für Sozialwissenschaften, Wiesbaden, S. 183–196.

Hiedemann, B. und Stern, S. (1999), Strategic play among family members when making long-term care decisions, in: *Journal of Economic Behavior & Organization,* 40, S. 29–57.

Hoerger, T. J., Picone, G. A. und Sloan, F. A. (1996), Public Subsidies, Private Provision of Care and Living Arrangements of the Elderly, in: *The Review of Economics and Statistics*, 78(3), S. 428–440.

Hof, B. (2001), *Auswirkungen und Konsequenzen der demographischen Entwicklung für die gesetzliche Kranken- und Pflegeversicherung, Gutachten im Auftrag des Gesamtverbandes der Deutschen Versicherungswirtschaft e.V. und des Verbandes der privaten Krankenversicherung e.V.*, Köln.

Hoffmann, E., Schelhase, T. und Menning, S. (2009), Lebenserwartung und Sterbegeschehen, in: Böhm, K., Tesch-Römer, C. und Ziese, T. (Hrsg.), *Gesundheit und Krankheit im Alter, Beiträge zur Gesundheitsberichterstattung des Bundes*, Robert-Koch-Institut, Berlin, S. 92–104.

Höhn, C., Mai, R. und Micheel, F. (2007), Demographic Change in Germany, in: Hamm, I., Seitz, H. und Werding, M. (Hrsg.), *Demographic Change in Germany, The Economic and Fiscal Consequences*, Springer, Berlin, Heidelberg, New York, S. 9–33.

Höhn, M. (1995), *Häusliche Pflege … und sich selbst nicht vergessen, Was pflegende Angehörige wissen sollten*, PapyRossa, Köln.

Hokema, A. und Sulmann, D. (2009), Vernetzung in der gesundheitlichen und pflegerischen Versorgung, Wem nützt sie?, in: Böhm, K., Tesch-Römer, C. und Ziese, T. (Hrsg.), *Gesundheit und Krankheit im Alter, Beiträge zur Gesundheitsberichterstattung des Bundes*, Robert-Koch-Institut, Berlin.

Holmstrom, B. (1982), Moral Hazard in Teams, in: *The Bell Journal of Economics*, 13(2), S. 324–340.

Homans, G. C. (1961), *Social behavior, Its elementary forms*, Harcourt Brace & World, New York.

Homburg, S. (1988), *Theorie der Alterssicherung*, Springer-Verl., Berlin.

Hörl, J. und Schimany, P. (2004), Gewalt gegen pflegebedürftige alte Menschen in der Familie, Ein Zukunftsthema für die Generationenbeziehungen?, in: *Zeitschrift für Familienforschung*, 15(2), S. 194–215.

Horn, I. und Genz, M. (2002), PEK - Pflegerelevante Exemplarische Krankheitsbilder, interdisziplinäre Zusammenarbeit im Studiengang Pflegewissenschaft, in: Landenberger, M., Klein, R., Horn, I. und Ferenszkiewicz, D. (Hrsg.), *Pflegepfade in Europa, Neue Forschungsergebnisse und Praxisprojekte aus Pflege, Management und Gesundheitspolitik in Europa*, Mabuse, Frankfurt am Main, S. 83–91.

Huinink, J. und Konietzka, D. (2007), *Familiensoziologie, Eine Einführung*, Campus, Frankfurt am Main, New York.

Hullen, G. (2004), Bevölkerungsentwicklung in Deutschland, Die Bevölkerung schrumpft, altert und wird heterogener, in: Frevel, B. (Hrsg.), *Herausforderung demografischer Wandel,* VS Verlag für Sozialwissenschaften, Wiesbaden, S. 15–25.

Hurrelmann, K. (2007), *Lebensphase Jugend, Eine Einführung in die sozialwissenschaftliche Jugendforschung,* 9. Aufl., Juventa, Weinheim, München.

Igl, G. (2005), Die Zukunft der Pflegeversicherung vor dem Hintergrund von Bedarfen, Entbürokratisierung und Finanzierbarkeit, in: Klie, T., Buhl, A., Entzian, H., Hedtke-Becker, A. und Wallrafen-Dreisow, H. (Hrsg.), *Die Zukunft der gesundheitlichen, sozialen und pflegerischen Versorgung älterer Menschen,* Mabuse, Frankfurt am Main, S. 55–71.

Jacobzone, S. (1999), Ageing and Care for Frail Elderly Persons, An Overview of International Perspectives, OECD Labour Market and Social Policy Occasional Papers, Nr. 38, OECD Publishing, Paris.

Janik, F. (2003), Familie und Soldarität, in: Pohlmann, S. (Hrsg.), *Der demografische Imperativ, Von der internationalen Sozialpolitik zu einem nationalen Aktionsplan,* Vincentz Network, Hannover, S. 112–116.

Jani-Le Bris, H. (1993), *Familiale Betreuung abhängiger alter Menschen in den Ländern der Europäischen Gemeinschaften,* Amt für Amtliche Veröffentlichungen der Europäischen Gemeinschaften, Luxemburg.

Jansen, B. (1998), Lebensweltorientierung und ambulante Pflege aus sozialgerontologischer Perspektive, in: Schmidt, R., Braun, H., Giercke, K. I., Klie, T. und Kohnert, M. (Hrsg.), *Neue Steuerungen in Pflege und Sozialer Altenarbeit,* Transfer, Regensburg, S. 99–114.

Jansen, B. (1999), Informelle Pflege durch Angehörige, in: Jansen, B., Karl, F., Radebold, H. und Schmitz-Scherzer, R. (Hrsg.), *Soziale Gerontologie, Ein Handbuch für Lehre und Praxis,* Beltz, Weinheim, Basel, S. 604–628.

Johne, G. (1996), The Assessment and the Regulation of Quality in Long-Term Care, in: Eisen, R. und Sloan, F. A. (Hrsg.), *Long-Term Care: Economic Issues and Policy Solutions,* Kluwer Academic Publishers, Boston, Dordrecht, London, S. 285–305.

Jorm, A. F., Korten, A. E. und Henderson, A. S. (1987), The prevalence of dementia, A quantitative integration of the literature, in: *Acta Psychiatrica Scandinavica,* 76(5), S. 465–479.

Juchli, L. (1993), *Ganzheitliche Pflege, Vision oder Wirklichkeit,* 3. Aufl., Recom, Basel.

Kasperbauer, R. und Engel, H. (2009), Perspektiven der sozialen Pflegeversicherung, in: Gaertner, T., Gansweid, B., Gerber, H., Schwegler, F. und Mittelstaedt,

G. (Hrsg.), *Die Pflegeversicherung, Handbuch zur Begutachtung, Qualitätsprüfung, Beratung und Fortbildung*, 2. Aufl., de Gruyter, Berlin, New York, S. 225–233.

Katz, S., Ford, A. B., Moskowitz, R. W., Jackson, B. A. und Jaffe, M. W. (1963), Studies of Illness in the Aged, in: *Journal of the American Medical Association*, 185, S. 914–919.

Keyfitz, N. (1971), On the momentum of population growth, in: *Demography*, 8(1), S. 71–80.

Klein, T. (1996), Determinants of Institutionalization in Old Age, in: Eisen, R. und Sloan, F. A. (Hrsg.), *Long-Term Care: Economic Issues and Policy Solutions*, Kluwer Academic Publishers, Boston, Dordrecht, London, S. 103-113.

Klie, T. (2001), Rechtlicher Orientierungsrahemn für die Begleitung psychisch kranker älterer Menschen, in: Besselmann, K., Gitschmann, P., Goerlich, C., Klie, T., Reinschmidt, H., Struwe, B., Weritz-Hanf, P., Wojnar, J. und Ziller, H. (Hrsg.), *Aspekte der Versorgung psychisch veränderter älterer Menschen*, 2. Aufl., Eigenverlag des Deutschen Vereins für öffentliche und private Fürsorge, Frankfurt am Main, S. 40–76.

Klie, T. (2007), Das Pflegebudget, in: Igl, G., Naegele, G. und Hamdorf, S. (Hrsg.), *Reform der Pflegeversicherung - Auswirkungen auf die Pflegebedürftigen und die Pflegepersonen*, Lit, Münster u.a., S. 208–225.

Klie, T. (2009), *Pflegeversicherung*, 8., aktualisierte, erweiterte Aufl., Vincentz Network, Hannover.

Klie, T. und Blinkert, B. (2002), Pflegekulturelle Orientierungen, Empirische Grundlagen für einen mikropolitischen Diskurs, in: Tesch-Römer, C. (Hrsg.), *Gerontologie und Sozialpolitik*, Kohlhammer, Stuttgart u.a., S. 197–217.

Klie, T. und Okada, S. (2005), Der japanische Weg der Pflegesicherung, oder: Von der Schwierigkeit, den richtigen Weg einzuschlagen, in: Klie, T., Buhl, A., Entzian, H., Hedtke-Becker, A. und Wallrafen-Dreisow, H. (Hrsg.), *Die Zukunft der gesundheitlichen, sozialen und pflegerischen Versorgung älterer Menschen*, Mabuse, Frankfurt am Main, S. 273-292.

Klusen, N. (2011), Solidarisch finanzierte GKV - ein Auslaufmodell?, in: Rüter, G., Da-Cruz, P. und Schwegel, P. (Hrsg.), *Gesundheitsökonomie und Wirtschaftspolitik*, Lucius & Lucius, Stuttgart, S. 363–373.

Knappe, E. und Optendrenk, S. (1999), Der Einfluß des demographischen Wandels auf die Kranken- und Pflegeversicherung, in: Grünheid, E. und Höhn, C. (Hrsg.), *Demographische Alterung und Wirtschaftswachstum, Seminar des Bundesinstituts für Bevölkerungsforschung 1998 in Bingen*, Leske + Budrich, Opladen, S. 157–178.

Kofahl, C. (2008), Motive von Angehörigen, ihre älteren Familienmitglieder zu betreuen, Ergebnisse aus dem europäischen Forschungsprojekt EUROF-AMCARE, in: Zank, S. und Hedtke-Becker, A. (Hrsg.), *Generationen in Familie und Gesellschaft im demographischen Wandel, Europäische Perspektiven,* Kohlhammer, Stuttgart, S. 130–145.

Kofahl, C., Nolan, M., Mestheneos, E. und Triantafillou, J. (2005), Welche Unterstützung erfahren betreuende Angehörige älterer Menschen in Europa?, in: Klie, T., Buhl, A., Entzian, H., Hedtke-Becker, A. und Wallrafen-Dreisow, H. (Hrsg.), *Die Zukunft der gesundheitlichen, sozialen und pflegerischen Versorgung älterer Menschen,* Mabuse, Frankfurt am Main, S. 241–258.

Kohara, M. und Ohtake, F. (2006), Altruism and the Care of Elderly Parents, Evidence from Japanese Families, *Discussion Paper Nr. 670,* Osaka University, The Institute of Social and Economic Research, Osaka.

Kohli, M. (1999), Private and public transfers between generations: Linking the family and the state, in: *European Societies,* 1(1), S. 81–104.

Kohli, M. (2007), Von der Gesellschaftsgeschichte zur Familie, Was leistet das Konzept der Generationen?, in: Lettke, F. und Lange, A. (Hrsg.), *Generationen und Familien,* Suhrkamp, Frankfurt am Main, S. 47–68.

Kolip, P. und Lademann, J. (2012), Familie und Gesundheit, in: Hurrelmann, K. und Razum, O. (Hrsg.), *Handbuch Gesundheitswissenschaften,* Beltz Juventa, Weinheim, Basel, S. 517–540.

Kommission für die Nachhaltigkeit in der Finanzierung der Pflegeversicherung (2003), *Intergenerativer Lastenausgleich in der Pflegeversicherung,* Berlin.

Kondratowitz, H.-J. von (2005), Langfristiger Wandel der Leitbilder in der Pflege, in: Schroeter, K. R. und Rosenthal, T. (Hrsg.), *Soziologie der Pflege, Grundlagen Wissensbestände und Perspektiven,* Juventa Verlag, Weinheim, München, S. 125–140.

König, H.-H., Leidl, R. und Schulz, E. (2001), Auswirkungen der demographischen Entwicklung auf die Zahl der Pflegefälle, Vorausschätzungen bis 2020 mit Ausblick auf 2050, *DIW Discussion Paper Nr. 240,* Deutsches Institut für Wirtschaftsforschung, Berlin.

Konrad, K. A., Künemund, H., Lommerud, K. E., Robledo, J. R., Konrad, K. A., Künemund, H., Lommerud, K. E. und Robledo, J. R. (2002), Geography of the Family, in: *American Economic Review,* 92(4), S. 981–998.

Kontula, O. (2008), The Influence of Education and Family Policies on Age at First Birth, in: Höhn, C., Avramov, D. und Kotowska, I. (Hrsg.), *People, Population Change and Policies, Lessons from the Population Policy Acceptance Study - Volume 1,* Springer, New York, S. 259–275.

Kontula, O. und Söderling, I. (2008), Demographic Change and Family Policy Regimes, in: Höhn, C., Avramov, D. und Kotowska, I. (Hrsg.), *People, Population Change and Policies, Demographic Knowledge, Gender, Ageing - Volume 2*, Springer, New York, S. 3-20.

Köstler, U. (1999), Pflegesicherung in Frankreich, in: Eisen, R. und Mager, H.-C. (Hrsg.), *Pflegebedürftigkeit und Pflegesicherung in ausgewählten Ländern*, Leske + Budrich, Opladen, S. 263-278.

Kotlikoff, L. J. und Morris, J. N. (1989), How much care do the aged receive from their children? A bimodal picture of contact and assistance, in: Wise, D. A. (Hrsg.), *The economics of aging*, University of Chicago Press, Chicago u.a., S. 149-172.

Kotlikoff, L. J. und Morris, J. N. (1990), Why Don't the Elderly Live with Their Children?, A New Look, in: Wise, D. A. (Hrsg.), *Issues in the economics of aging*, University of Chicago Press, Chicago, S. 149-169.

Kramer, B. J. und Thompson, E. H. (Hrsg.) (2002), *Men as Caregivers, Theory, Research, and Service Implications*, Springer, New York.

Krämer, W. (1997), Hippokrates und Sisyphus, Die moderne Medizin als Opfer ihrer eigenen Erfolges, in: Kirch, W. und Kliemt, H. (Hrsg.), *Rationierung im Gesundheitswesen*, 2. Aufl., Roderer, Regensburg, S. 7-19.

Kraus, M., Riedel, M., Mot, E., Willemé, P., Röhrling, G. und Czypionka, T. (2010), *A typology of long-term care systems in Europe*, Centre for European Policy Studies, Brüssel.

Krause, D. (2005), *Luhmann-Lexikon*, 4. Aufl., Lucius & Lucius, Stuttgart.

Kremer-Preiß, U. (2005), Wohnformen der Zukunft im Bereich der eigenen Häuslichkeit, in: Klie, T., Buhl, A., Entzian, H., Hedtke-Becker, A. und Wallrafen-Dreisow, H. (Hrsg.), *Die Zukunft der gesundheitlichen, sozialen und pflegerischen Versorgung älterer Menschen*, Mabuse, Frankfurt am Main, S. 316-335.

Kremer-Preiß, U. (2007), Wohnformen, in: Igl, G., Naegele, G. und Hamdorf, S. (Hrsg.), *Reform der Pflegeversicherung - Auswirkungen auf die Pflegebedürftigen und die Pflegepersonen*, Lit, Münster u.a., S. 144-151.

Krippner, A., Müller-Röpke, A. und Sobotta, C. (1997), Veränderungen im soziokulturellen Bedeutungszusammenhang von „Pflege", Eine begriffsgeschichtliche Untersuchung, in: Uzarewicz, C. und Piechotta, G. (Hrsg.), *Transkulturelle Pflege*, VWB, Berlin.

Kröhnert, S. (2011), *Die demografische Lage der Nation, Was freiwilliges Engagement für die Regionen leistet*, Bundeszentrale für Politische Bildung, Bonn.

Kröhnert, S., Hoßmann, I. und Klingholz, R. (2008), *Die demografische Zukunft von Europa, Wie sich die Regionen verändern*, Deutscher Taschenbuch Verlag, München.

Kröhnert, S., Klingholz, R. und Medicus, F. (2007), *Die demografische Lage der Nation, Wie zukunftsfähig sind Deutschlands Regionen?*, 3. Aufl., Dt. Taschenbuch-Verl., München.

Krohwinkel, M. (1993), *Der Pflegeprozeß am Beispiel von Apoplexiekranken, Eine Studie zur Erfassung und Entwicklung ganzheitlich-rehabilitierender Prozeßpflege*, Nomos, Baden-Baden.

Krohwinkel, M. (2007), *Rehabilitierende Pflegeprozess am Beispiel von Apoplexiekranken, Fördernde Prozesspflege als System*, 2. Aufl., Huber, Bern.

Kroll, L. E. und Ziese, T. (2009), Kompression oder Expansion der Morbidität?, in: Böhm, K., Tesch-Römer, C. und Ziese, T. (Hrsg.), *Gesundheit und Krankheit im Alter, Beiträge zur Gesundheitsberichterstattung des Bundes*, Robert-Koch-Institut, Berlin, S. 105–112.

Kronberger-Kreis (2005), *Tragfähige Pflegeversicherung, Schriftenreihe der Stiftung Marktwirtschaft*, Stiftung Marktwirtschaft, Berlin.

Kuhlmann, A. (2005), *Case Management für demenzkranke Menschen, Eine Betrachtung der gegenwärtigen praktischen Umsetzung*, Lit, Münster.

Kuhlmey, A. und Blüher, S. (2011), Demografische Entwicklung in Deutschland, Konsequenzen für Pflegebedürftigkeit und pflegerische Versorgung, in: Schaeffer, D. und Wingenfeld, K. (Hrsg.), *Handbuch Pflegewissenschaft*, Juventa, Weinheim, München, S. 185–198.

Künemund, H. (2006), Tätigkeiten und Engagement im Ruhestand, in: Tesch-Römer, C., Engstler, H. und Wurm, S. (Hrsg.), *Altwerden in Deutschland, Sozialer Wandel und individuelle Entwicklung in der zweiten Lebenshälfte*, VS Verlag für Sozialwissenschaften, Wiesbaden, S. 289–327.

Künemund, H. (2008), Intergenerational relations withih the family and the state, in: Saraceno, C. (Hrsg.), *Families, Ageing and Social Policy, Intergenerational Solidarity in European Welfare States*, Edward Elgar Publishing Ltd, Cheltenham, Northampton, S. 105–122.

Künemund, H. und Rein, M. (1999), There is more to receiving than needing: Theoretical arguments and empirical explorations of crowding in and crowding out, in: *Ageing and Society*, 19, S. 93–121.

Künemund, H. und Vogel, C. (2006), Öffentliche und private Transfers und Unterstützungsleistungen im Alter - "crowding in" oder "crowding out"?, in: *Zeitschrift für Familienforschung*, 18(3), S. 269–289.

Kwon, D.-C. (2008), *Zur sozialen Sicherung bei Pflegebedürftigkeit in Südkorea, Entwicklungslinien unter Berücksichtigung der deutschen Pflegeversicherung*, Speyer.

Lafortune, G. und Balestat, G. (2007), Trends in Severe Disability Among Elderly People, Assessing the Evidence in 12 OECD Countries and the Future Implications, OECD Health Working Papers, Nr. 26, OECD Publishing, Paris.

Lämmler, G., Herms, J. und Hanke, B. (2003), Demenz, in: Hanke, B. und Steinhagen-Thiessen, E. (Hrsg.), *Neurogeriatrie*, Blackwell, Berlin, Wien, S. 1–85.

Langa, K. M., Chernew, M. E., Kabeto, M. U. und Katz, S. J. (2001), The Explosion in Paid Home Health Care in the 1990s, Who Received the Additional Services?, in: *Medical Care*, 39(2).

Laschet, H. (2003), Versicherungsfremde Leistungen und Verschiebebahnhöfe, in: Albring, M. und Wille, E. (Hrsg.), *Die GKV zwischen Ausgabendynamik, Einnahmenschwäche und Koordinierungsproblemen*, Peter Lang, Frankfurt am Main u. a., S. 251–261.

Lauterbach, K. W. (2005), Stabile Beiträge trotz mehr Leistungen in den nächsten Jahren, Auswirkungen einer Bürgerversicherung in der Pflegeversicherung, in: *Soziale Sicherheit*, 54(3), S. 93–101.

Lawton, M. P. und Brody, E. M. (1969), Assessment of Older People, Self-Maintaining and Instrumental Activities of Daily Living, in: *The Gerontologist*, 9(3 Part 1), S. 179–186.

Le Bihan, B. und Martin, C. (2011), Reforming Long-term Care Policy in France: Private-Public Coplementarities, in: Costa-Font, J. (Hrsg.), *Reforming long-term care in Europe*, Wiley-Blackwell, Chichester, S. 35–52.

Leibfried, S. (1992), Towards a European Welfare State, On Integrating Poverty Regimes in the European Community, in: Ferge, Z. und Kolberg, J. E. (Hrsg.), *Social Policy in a Changing Europe*, Campus, Frankfurt am Main.

Leigh, A. (2010), Informal care and labor market participation, in: *Labour Economics*, 17, S. 140–149.

Leipold, B., Schacke, C. und Zank, S. (2005a), Prädikatoren der Veränderung von Belastungen pflegender Angehöriger, Längsschnittliche Befunde der LEANDER-Studie, in: Klie, T., Buhl, A., Entzian, H., Hedtke-Becker, A. und Wallrafen-Dreisow, H. (Hrsg.), *Die Zukunft der gesundheitlichen, sozialen und pflegerischen Versorgung älterer Menschen*, Mabuse, Frankfurt am Main, S. 72–81.

Leipold, B., Schacke, C. und Zank, S. (2005b), Zu Veränderung der Depressivität pflegender Angehöriger, Der Beitrag von Persönlichkeitswachstum und Akzeptanz der Demenzerkrankung, in: Klie, T., Buhl, A., Entzian, H., Hedtke-Becker, A. und Wallrafen-Dreisow, H. (Hrsg.), *Die Zukunft der gesundheitlichen, sozialen und pflegerischen Versorgung älterer Menschen,* Mabuse, Frankfurt am Main, S. 34–42.

Leira, A. (2004), Post-Industrial Families: New Forms of Bonding?, in: Knijn, T. und Komter, A. (Hrsg.), *Solidarity between the Sexes and the Generations, Transformations in Europe,* Edward Elgar Publishing Ltd, Cheltenham, Northampton, S. 185–200.

Lewis, J. (2004), Auf dem Weg zur „Zwei-Erwerbstätigen"-Familie, in: Leitner, S., Ostner, I. und Schratzenstaller, M. (Hrsg.), *Wohlfahrtsstaat und Geschlechterverhältnis im Umbruch, Was kommt nach dem Ernährermodell?,* VS Verlag für Sozialwissenschaften, Wiesbaden, S. 62–84.

Litwak, E. (1960), Occupational Mobility and Extended Family Cohension, in: *American Sociological Review,* 25(1), S. 9–21.

Loeffelholz, H. D. von (2010), Demografischer Wandel und Migration, Erfahrungen, Perspektiven und Optionen zu ihrer Steuerung, in: Heilemann, U. (Hrsg.), *Demografischer Wandel in Deutschland, Befunde und Reaktionen,* Duncker & Humblot, Berlin, S. 93–128.

Lübke, N. (2002), *Hamburger Einstufungsmanual zum Barthel-Index,* Hamburg.

Lübke, N., Grassl, A., Kundy, M., Meier-Baumgartner, H. P. und Wilk, J. (2001), Hamburger Einstufungsmanual zum Barthel-Index, in: *Geriatrie Journal,* 1/2, S. 41–46.

Lübke, N., Meinck, M. und Renteln–Kruse, W. von (2004), Der Barthel–Index in der Geriatrie, Eine Kontextanalyse zum Hamburger Einstufungsmanual, in: *Zeitschrift für Gerontologie und Geriatrie,* 37(4), S. 316–326.

Lüdecke, D. (2007), *Häusliche Pflegearrangements, Eine qualitative Studie protektiver und destabilisierender Faktoren,* VDM Verlag Dr. Müller, Saarbrücken.

Lutz, W. und Scherbov, S. (2003a), Can Immigration Compensate for Europe's Low Fertility?, *European Demographic Research Papers 1,* Vienna Institute of Demography, Wien.

Lutz, W. und Scherbov, S. (2003b), Will Population Ageing Necessarily Lead to an Increase in the Number of Persons with Disabilities? Alternative Scenarios for the European Union, *European Demographic Research Papers 3,* Vienna Institute of Demography, Wien.

Mackenroth, G. (1952), Die Reform der Sozialpolitik durch einen deutschen Sozialplan, in: Albrecht, G. (Hrsg.), *Verhandlungen auf der Sondertagung des Vereins für Sozialpolitik in Berlin 1952,* Schriften des Vereins für Sozialpolitik: Neue Folge, Bd. 4, Duncker & Humblot, Berlin, S. 39–76.

Maddala, G. S. und Lahiri, K. (2009), *Introduction to econometrics*, 4. Aufl., Wiley, Chichester.

Mager, H.-C. (1999), Pflegebedürftigkeit: Dimensionen und Determinanten, in: Eisen, R. und Mager, H.-C. (Hrsg.), *Pflegebedürftigkeit und Pflegesicherung in ausgewählten Ländern*, Leske + Budrich, Opladen, S. 29–78.

Mahoney, F. I. und Barthel, D. W. (1965), Functional Evaluation, The Barthel Index, in: *Maryland State Medical Journal*, 14, S. 56–61.

Maidhof, R., Schneider, F., Rachold, U., Gerber, J., Niehoff, J.-U. und Sann, J. (2002), Der Barthel-Index: eine Alternative zum Begutachtungsverfahren in der Pflegeversicherung?, in: *Gesundheitswesen*, 64(01), S. 54-59.

Maier, C. und Schmid, A. (2009), Potentiale internationaler Vergleiche im Gesundheitswesen am Beispiel von Konzentrationsprozessen im stationären Sektor, in: Gellner, W. und Schmöller, M. (Hrsg.), *Gesundheitsforschung, Aktuelle Befunde der Gesundheitswissenschaften*, Nomos, Baden-Baden, S. 247-258.

Maier, C. und Ulrich, V. (2012), Soziale Sicherung, in: Nagel, E. (Hrsg.), *Das Gesundheitswesen in Deutschland, Struktur, Leistungen, Weiterentwicklung*, 5. Aufl., Deutscher Ärzte-Verlag, Köln, S. 41–58.

Mamolo, M. und Scherbov, S. (2009), Population Projections for Forty-Four European Countries: The Ongoing Population Ageing, *European Demographic Research Papers 2*, Vienna Institute of Demography, Wien.

Manton, K. G. (1982), Changing Concepts of Morbidity and Mortality in the Elderly Population, in: *The Milbank Memorial Fund Quarterly. Health and Society*, 60(2), S. 183–244.

Manton, K. G. und Tolley, H. D. (1991), Rectangularization of the Survival Curve, in: *Journal of Aging and Health*, 3(2), S. 172–193.

Marcoen, A. (2005), Parent care: the core component of intergenerational relationships in middle and late adulthood, in: *European Journal of Aging*, 2, S. 208-212.

Martin, C. (2004), The Rediscovery of Family Solidarity, in: Knijn, T. und Komter, A. (Hrsg.), *Solidarity between the Sexes and the Generations, Transformations in Europe*, Edward Elgar Publishing Ltd, Cheltenham, Northampton, S. 3-17.

Maslow, A. (1943), A Theory of Human Motivation, in: *Psychological Review*, 50(4), S. 370–396.

MDS (2009), *Pflegebericht des Medizinischen Dienstes 2007 - 2008*, Essen.

MDS (2010), *Begutachtungen des Medizinischen Dienstes für die Pflegeversicherung 2009*, Essen.

Meier, V. (1998), *Theorie der Pflegeversicherung,* Physica-Verlag, Heidelberg.

Meins, W. und Matthiesen, L. (2000), Validierung von Barthel-Index und Rankin Scale anhand der Pflegeeinstufung nach Schlaganfall, in: Schuntermann, M. F. und Schliehe, F. (Hrsg.), *Individualität und Reha-Prozess, 9. Rehabilitationswissenschaftliches Kolloquium,* wdv, Bad Homburg, S. 187–188.

Meng, A. (2012), Informal home care and labor-force participation of household members, in: *Empirical Economics,* S. 1–21.

Mestheneos, E. und Triantafillou, J. (2005), *Supporting Family Carers of Older People in Europe, The Pan-European Background Report,* Lit, Münster.

Meyer, J. A. (1996), *Der Weg zur Pflegeversicherung, Positionen - Akteure - Politikprozesse,* Mabuse, Frankfurt am Main.

Michaelis, J. (2005), Zur Reform der Leistungsformen der Pflegeversicherung - ein familienökonomischer Ansatz, *Volkswirtschaftliche Diskussionsbeiträge Nr. 74/05,* Fachbereich Wirtschaftswissenschaften, Universität Kassel.

Michaelis, J., Arntz, M. und Spermann, A. (2005), Die Reform der Pflegeversicherung - weniger Kostendruck durch flexiblere Pflegearrangements?, *Volkswirtschaftliche Diskussionsbeiträge Nr. 71/05,* Fachbereich Wirtschaftswissenschaften, Universität Kassel.

Moers, M. und Schaeffer, D. (2011), Pflegetheorien, in: Schaeffer, D. und Wingenfeld, K. (Hrsg.), *Handbuch Pflegewissenschaft,* Juventa, Weinheim, München, S. 37–66.

Motel-Klingebiel, A. und Tesch-Römer, C. (2006), Familie im Wohlfahrtsstaat - zwischen Verdrängung und gemischter Verantwortung, in: *Zeitschrift für Familienforschung,* 18(3), S. 290–314.

Möwisch, A., Ruser, C. und Schwanenflügel, M. von (2008), *Pflegereform 2008, Änderungen und Verbesserungen für Pflegebedürftige und Leistungserbringer,* Müller u.a., Heidelberg u.a.

Müller, T., Bird, K. und Bohns, S. (2006), Pflegende Angehörige - eine Selbstverständlichkeit?, Pflege im Kontext von Lebensverlauf und Familie, in: Bertram, H., Krüger, H. und Spieß, K. (Hrsg.), *Wem gehört die Familie der Zukunft?, Expertisen zum 7. Familienbericht der Bundesregierung,* Leske + Budrich, Opladen, S. 301–326.

Münch, E. (2011), Gesundheitswirtschaft als Wachstumsmotor?, in: Rüter, G., Da-Cruz, P. und Schwegel, P. (Hrsg.), *Gesundheitsökonomie und Wirtschaftspolitik,* Lucius & Lucius, Stuttgart, S. 239–255.

Münz, R., Seifert, W. und Ulrich, R. E. (1999), *Zuwanderung nach Deutschland, Strukturen, Wirkungen, Perspektiven*, 2. Aufl., Campus, Frankfurt am Main, New York.

Musgrave, R. A., Musgrave, P. B. und Kullmer, L. (1994), *Die öffentlichen Finanzen in Theorie und Praxis*, 6. Aufl., Mohr, Tübingen.

Naegele, G. (2002), Die Bundestags-Enquête-Kommission „Demographischer Wandel" legt ihren Abschlussbericht vor, in: *Zeitschrift für Gerontologie und Geriatrie*, 35(5), S. 482-486.

Naegele, G. (2003), Wirtschaftliche Auswirkungen und Herausforderungen, in: Pohlmann, S. (Hrsg.), *Der demografische Imperativ, Von der internationalen Sozialpolitik zu einem nationalen Aktionsplan*, Vincentz Network, Hannover, S. 57-64.

Naegele, G. (2007), Pflege(versicherungs)politik, Bilanz und Erwartungen, in: Igl, G., Naegele, G. und Hamdorf, S. (Hrsg.), *Reform der Pflegeversicherung - Auswirkungen auf die Pflegebedürftigen und die Pflegepersonen*, Lit, Münster u.a., S. 18-34.

Naegele, G. und Bäcker, G. (2011), Pflegebedürftigkeit aus sozialpolitischer Sicht, in: Schaeffer, D. und Wingenfeld, K. (Hrsg.), *Handbuch Pflegewissenschaft*, Juventa, Weinheim, München, S. 199-228.

Nave-Herz, R. (2003), *Familie zwischen Tradition und Moderne, Ausgewählte Beiträge zur Familiensoziologie*, bis Bibliotheks- und Informationssystem der Universität Oldenburg, Oldenburg.

Nocera, S. und Zweifel, P. (1996), Women's Role in the Provision of Long-Term Care, Financial Incentives, and the Future Financing of Long-Term Care, in: Eisen, R. und Sloan, F. A. (Hrsg.), *Long-Term Care: Economic Issues and Policy Solutions*, Kluwer Academic Publishers, Boston, Dordrecht, London, S. 79-102.

Norton, E. C. (2000), Long-term Care, in: Culyer, A. J. und Newhouse, J. P. (Hrsg.), *Handbook of Health Economics, Volume 1B*, Elsevier Science, Amsterdam, S. 955-994.

Norton, E. C. und van Houtven, C. H. (2006), Inter vivos Transfers and Exchange, in: *Southern Economic Journal*, 73(1), S. 157-172.

Oberender, P. (1986), Ökonomische Aspekte des Pflegefallrisikos, Eine ordnungspolitische Alternative, in: Gitter, W. und Oberender, P. (Hrsg.), *Pflegefallrisiko*, P.C.O.-Verlag, Bayreuth, S. 27-37.

Oberender, P. und Fleckenstein, J. (2004), Reform der Sozialen Pflegeversicherung in Deutschland - Entschärfung einer „Zeitbombe", *Wirtschaftswissenschaftliche Diskussionspapiere; Nr. 05-04*, Universität Bayreuth, Bayreuth.

Oberender, P. und Zerth, J. (2010), *Wachstumsmarkt Gesundheit*, 3. Aufl., Lucius & Lucius, Stuttgart.

OECD (2011), *Health at a Glance 2011, OECD Indicators*, OECD Publishing, Paris.

Österle, A. (Hrsg.) (2011), *Long-term care in Central and South Eastern Europe*, Lang, Frankfurt am Main.

Österle, A., Mittendrein, L. und Meichenitsch, K. (2011), Long-Term Care in Austria, Between Family Orientation, Cash for Care and Service Provision, in: Österle, A. (Hrsg.), *Long-term care in Central and South Eastern Europe*, Lang, Frankfurt am Main, S. 41–66.

Ottnad, A. (2003), *Die Pflegeversicherung: Ein Pflegefall, Wege zu einer solidarischen und tragfähigen Absicherung des Pflegerisikos*, Olzog, München.

Pabst, S. und Rothgang, H. (2000), Reformfähigkeit und Reformblockaden: Kontinuität und Wandel bei der Einführung der Pflegeversicherung, in: Leibfried, S. und Wagschal, U. (Hrsg.), *Der deutsche Sozialstaat, Bilanzen, Reformen, Perspektiven*, Campus Verlag, Frankfurt am Main, New York, S. 340–377.

Pack, J. (2000), *Zukunftsreport demographischer Wandel, Innovationsfähigkeit in einer alternden Gesellschaft*, Bundesministerium für Bildung und Forschung, Bonn.

Parnes, O., Vedder, U. und Willer, S. (2008), *Das Konzept der Generation, Eine Wissenschafts- und Kulturgeschichte*, Suhrkamp, Frankfurt am Main.

Pearlin, L. I., Mullan, J. T., Semple, S. J. und Skaff, M. M. (1990), Caregiving and the Stress Process: An Overview of Concepts and Their Measures, in: *The Gerontologist*, 30(5), S. 583–594.

Perozek, M. (1998), A Reexamination of the Strategic Bequest Motive, in: *Journal of Political Economy*, 106(2), S. 423–445.

Pezzin, L. E. und Schone, B. S. (1999), Intergenerational Household Formation, Female Labor Supply and Informal Caregiving, A Bargaining Approach, in: *The Journal of Human Resources*, 34(3), S. 475–503.

Pfarr, C. und Schneider, U. (2012), Choosing between subsidized or unsubsidized private pension schemes: evidence from German panel data, in: *Journal of Pension Economics and Finance*, online first.

Pfau-Effinger, B. und Rostgaard, T. (Hrsg.) (2011), *Care Between Work and Welfare in European Societies*, Palgrave Macmillan, Basingstoke u.a.

Pfennig, A. und Bahle, T. (Hrsg.) (2000), *Families and Family Policies in Europe, Comparative Perspectives*, Lang, Frankfurt am Main u. a.

Philipov, D. und Schuster, J. (2010), Effect of Migration on Population Size and Age Composition in Europe, *European Demographic Research Papers 2*, Vienna Institute of Demography, Wien.

Pindyck, R. S. und Rubinfeld, D. L. (2009), *Mikroökonomie, 7.*, aktualisierte Aufl., Pearson Studium, München.

Pinquart, M. und Sörensen, S. (2003), Differences between caregivers and non-caregivers in psychological health and physical health, A meta-analysis, in: *Psychology and Aging*, 18(2), S. 250–267.

Pinquart, M. und Sörensen, S. (2006a), Gender Differences in Caregiver Stressors, Social Resources, and Health, An Updated Meta-Analysis, in: *Journal of Gerontology: Psychological Sciences*, 61(1), S. 33–45.

Pinquart, M. und Sörensen, S. (2006b), Helping caregivers of persons with dementia, which interventions work and how large are their effects?, in: *International Psychogeriatrics*, 18(4), S. 577–595.

Popp, M. (2011), *Die Pflegeversicherung, Stand, Probleme und Prognose*, Kovac, Hamburg.

Prince, M. J. (2002), The Development of the EURO-D Scale, in: Copeland, J. R. M., Abou-Saleh, M. T. und Blazer, D. G. (Hrsg.), *Principles and Practice of Geriatric Psychiatry*, 2. Aufl., Wiley, Chichester, New York, S. 159–160.

Prince, M. J., Reischies, F. M., Beekman, A. T., Fuhrer, R., Jonker, C., Kivela, S. L., Lawlor, B. A., Lobo, A., Magnusson, H., Fichter, M., van Oyen, H., Roelands, M., Skoog, I., Turrina, C. und Copeland, J. R. M. (1999), Development of the EURO-D scale, a European Union initiative to compare symptoms of depression in 14 European centres, in: *British Journal of Psychiatry*, 174(4), S. 330–338.

Pschyrembel, W. (2011), *Pschyrembel Klinisches Wörterbuch, 2012*, 263. Aufl., de Gruyter, Berlin.

Qureshi, H., Patmore, C., Nicholas, E. und Bamford, C. (1998), Outcomes of social care for older people and carers, University of York, Social Policy Research Unit, York.

Raffelhüschen, B., Fetzer, S. und Moog, S. (2003), Die Nachhaltigkeit der gesetzlichen Kranken- und Pflegeversicherung, Diagnose und Therapie, in: Albring, M. und Wille, E. (Hrsg.), *Die GKV zwischen Ausgabendynamik, Einnahmenschwäche und Koordinierungsproblemen*, Peter Lang, Frankfurt am Main u. a., S. 85–114.

Raffelhüschen, B., Häcker, J. und Höfer, M. (2005), *Reformkonzepte der gesetzlichen Pflegeversicherung auf dem Prüfstand*, Initiative Neue Soziale Marktwirtschaft, Köln.

Rainwater, L., Rein, M. und Schwartz, J. E. (1986), *Income Packaging in the Welfare State: A Comparative Study of Family Income,* Oxford University Press, Oxford.

Rasch, G. (1980), *Probabilistic models for some intelligence and attainment tests,* University of Chicago Press, Chicago.

Reil-Held, A. (2006), Crowding out or Crowding in? Public and Private Transfers in Germany, in: *European Journal of Population,* 22(3), S. 263–280.

Reischies, F. M. (2003), Depression, in: Hanke, B. und Steinhagen-Thiessen, E. (Hrsg.), *Neurogeriatrie,* Blackwell, Berlin, Wien, S. 87–131.

Riedel, O., Dodel, R., Deuschl, G., Förstl, H., Henn, F., Heuser, I., Oertel, W., Reichmann, H., Riederer, P., Trenkwalder, C. und Wittchen, H. U. (2011), Demenz und Depression determinieren Pflegebedürftigkeit bei M. Parkinson, in: *Der Nervenarzt,* 82(8), S. 1012-1019.

Ritchie, K. und Kildea, D. (1995), Is senile dementia "age-related" or "ageing-related"?, evidence from meta-analysis of dementia prevalence in the oldest old, in: *The Lancet,* 346(8980), S. 931–934.

Robine, J.-M., Michel, J.-P. und Herrmann, F. R. (2007), Who will care for the oldest people in our ageing society?, in: *British Medical Journal,* 334, S. 570–571.

Robine, J.-M., Mormiche, P. und Sermet, C. (1998), Examination of the Causes and Mechanisms of the Increase in Disability-Free Life Expectancy, in: *Journal of Aging and Health,* 10(2), S. 171–191.

Romøren, T. I. (2003), *Last Years of Long Lives, The Larvik Study,* Routledge, London.

Roper, N. (1976), A model for nursing and nursology, in: *Journal of Advanced Nursing,* 1(3), S. 219–227.

Roper, N., Logan, W. W. und Tierney, A. J. (1993), *Die Elemente der Krankenpflege, Ein Pflegemodell, das auf einem Lebensmodell beruht,* 4. Aufl., Recom, Basel.

Rothgang, H. (1997), *Ziele und Wirkungen der Pflegeversicherung, Eine ökonomische Analyse,* Campus Verlag, Frankfurt am Main, New York.

Rothgang, H. (2009), *Theorie und Empirie der Pflegeversicherung,* Lit, Münster u.a.

Rothgang, H. und Preuss, M. (2007), Was können wir über die Finanzierungsprobleme der Pflegeversicherung in der Zukunft wissen?, in: Igl, G., Naegele, G. und Hamdorf, S. (Hrsg.), *Reform der Pflegeversicherung - Auswirkungen auf die Pflegebedürftigen und die Pflegepersonen,* Lit, Münster u.a., S. 35–47.

Rothgang, H., Borchert, L. und Knorr, K. (2005), Individuelle Pflegeverläufe älterer Menschen und ihre Determinanten, in: *Pflege und Gesellschaft,* 10(1), S. 34–37.

Rothgang, H., Holst, M., Kulik, D. und Unger, R. (2008), *Finanzielle Auswirkungen der Umsetzung des neuen Pflegebedürftigkeitsbegriffs und des dazugehörigen Assessments für die Sozialhilfeträger und die Pflegekassen, Ergänzungsprojekt zum Modellprojekt „Entwicklung und Erprobung eines neuen Begutachtungsinstruments zur Feststellung der Pflegebedürftigkeit"*, Bremen.

Rothgang, H., Kulik, D., Müller, R. und Unger, R. (2009), *GEK-Pflegereport 2009, Schwerpunktthema: Regionale Unterschiede in der pflegerischen Versorgung,* Schwäbisch-Gmünd.

Röttger-Liepmann, B. (2007), *Pflegebedürftigkeit im Alter, Aktuelle Befunde und Konsequenzen für künftige Versorgungsstrukturen,* Juventa, Weinheim, München.

Rump, J. (2009), Risikofaktor demografischer Wandel, in: Knauth, P., Elmerich, K. und Karl, D. (Hrsg.), *Risikofaktor demografischer Wandel, Generationenvielfalt als Unternehmensstrategie,* Symposion Publishing, Düsseldorf, S. 15–45.

Rürup, B. (2002), Kapitaldeckung (k)ein Königsweg? in B. Rürup & K.-D. Henke (Hrsg.): *Vol. 21. Versicherungswissenschaft in Berlin, Alternde Gesellschaft. Lösungsansätze für die Probleme der Kranken- und Pflegeversicherung* (S. 15–23). Karlsruhe: VVW.

Sabatelli, R. M. und Shehan, C. L. (1993), Exchange and Resource Theories, in: Boss, P. G., Doherty, W. J., LaRossa, R., Schumm, W. R. und Steinmetz, S. K. (Hrsg.), *Sourcebook of Family Theories and Methods: A Contextual Approach,* Plenum Press, New York, London, S. 385–411.

Santana, S. (2011), Reforming Long-term Care in Portugal: Dealing with the Multidimensional Character of Quality, in: Costa-Font, J. (Hrsg.), *Reforming long-term care in Europe,* Wiley-Blackwell, Chichester, S. 153–169.

Santis, G. de (2003), The Demography of an Equitable and Stable Intergenerational Transfer System, in: *Population,* 58(6), S. 587–622.

Saraceno, C. (2008), Intergenerational relations in families - a micro-macro perspective, in: Saraceno, C. (Hrsg.), *Families, Ageing and Social Policy, Intergenerational Solidurity in European Wolfare States,* Edward Elgar Publishing Ltd, Cheltenham, Northampton, S. 1–19.

Saß, A.-C., Wurm, S. und Ziese, T. (2009), Somatische und psychische Gesundheit, in: Böhm, K., Tesch-Römer, C. und Ziese, T. (Hrsg.), *Gesundheit und Krankheit im Alter, Beiträge zur Gesundheitsberichterstattung des Bundes,* Robert-Koch-Institut, Berlin, S. 31–61.

Schacke, C. und Zank, S. (1998), Zur familiären Pflege demenzkranker Menschen: Die differentielle Bedeutung spezifischer Belastungsdimensionen für das Wohlbefinden der Pflegenden und die Stabilität der häuslichen Pflegesituation, in: *Zeitschrift für Gerontologie und Geriatrie*, 31, S. 355–361.

Schaeffer, D. und Ewers, M. (2001), Ambulantisierung – Konsequenzen für die Pflege, in: *GGW*, 1(1), S. 13–20.

Schaeffer, D. und Moers, M. (2011), Bewältigung chronischer Krankheiten, Herausforderungen für die Pflege, in: Schaeffer, D. und Wingenfeld, K. (Hrsg.), *Handbuch Pflegewissenschaft*, Juventa, Weinheim, München, S. 329–363.

Schallermair, C. (1999), *Ökonomische Merkmale sozialer Dienstleistungen und deren Beschäftigungspotentiale am Beispiel der stationären Altenpflege*, P.C.O.-Verlag, Bayreuth.

Schimany, P. (2005), Die alternde Gesellschaft, *working paper*, Bundesamt für Migration und Flüchtlinge, Nürnberg.

Schlömer, C. (2006), Bestimmungsfaktoren der zukünftigen räumlich-demographischen Entwicklung in Deutschland, in: Gans, P. und Schmitz-Veltin, A. (Hrsg.), *Demographische Trends in Deutschland*, ARL, Hannover, S. 4–16.

Schmähl, W. (2001), Umlagefinanzierte Rentenversicherung in Deutschland - Optionen und Konzepte sowie politische Entscheidungen als Einstieg in einen grundlegenden Transformationsprozeß, in: Schmähl, W. und Ulrich, V. (Hrsg.), *Soziale Sicherungssysteme und demographische Herausforderungen*, Mohr Siebeck, Tübingen, S. 123–204.

Schmid, T. (2009), Hausbetreuung, die Legalisierungs-Policy in Österreich, in: Larsen, C., Joost, A. und Heid, S. (Hrsg.), *Illegale Beschäftigung in Europa, Die Situation in Privathaushalten älterer Personen*, Rainer Hampp Verlag, München, Mering, S. 53–78.

Schmidt, M. und Schneekloth, U. (2011), *Abschlussbericht zur Studie „Wirkungen des Pflege-Weiterentwicklungsgesetzes", Bericht zu den Repräsentativerhebungen im Auftrag des Bundesministeriums für Gesundheit*, Berlin.

Schmidt, U. und Moritz, M.-T. (2009), *Familiensoziologie*, transcript, Bielefeld.

Schneekloth, U. (2005), Entwicklungstrends beim Hilfe- und Pflegebedarf in Privathaushalten – Ergebnisse der Infratest-Repräsentativerhebung, in: Schneekloth, U. und Wahl, H. W. (Hrsg.), *Möglichkeiten und Grenzen selbständiger Lebensführung in privaten Haushalten (MuG III), Repräsentativbefunde und Vertiefungsstudien zu häuslichen Pflegearrangements, Demenz und professionellen Versorgungsangeboten, Integrierter Abschlussbericht im Auftrag des Bundesministeriums für Familie, Senioren, Frauen und Jugend*, München, S. 55–98.

Schneekloth, U. und Müller, U. (2000), *Wirkungen der Pflegeversicherung, Schriftenreihe des Bundesministeriums für Gesundheit*, Bd. 127, Nomos, Baden-Baden.

Schneekloth, U. und Wahl, H. W. (2005), Möglichkeiten und Grenzen selbständiger Lebensführung in Privathaushalten im Lichte der Ergebnisse von MuG III, in: Schneekloth, U. und Wahl, H. W. (Hrsg.), *Möglichkeiten und Grenzen selbständiger Lebensführung in privaten Haushalten (MuG III), Repräsentativbefunde und Vertiefungsstudien zu häuslichen Pflegearrangements, Demenz und professionellen Versorgungsangeboten, Integrierter Abschlussbericht im Auftrag des Bundesministeriums für Familie, Senioren, Frauen und Jugend*, München, S. 227–240.

Schneider, N. F., Ruppenthal, S. und Lück, D. (2009), Beruf, Mobilität und Familie, in: Burkart, G. (Hrsg.), *Zukunft der Familie, Prognosen und Szenarien*, Budrich, Barbara, Opladen, Farmington Hills, MI, S. 111–136.

Schneider, U. (2006), Informelle Pflege aus ökonomischer Sicht, in: *Zeitschrift für Sozialreform*, 52(4), S. 493–520.

Schnurr, F., Vatter, J. und Weimann, F. (2010), Zum Kostenanstieg im Gesundheitswesen 2009: Wie teuer waren die Reformen?, Albert-Ludwigs-Universität Freiburg, Forschungszentrum Generationenverträge, Freiburg.

Schoolmann, S. (2012), Klassische Pflegetheorien, in: Schewior-Popp, S., Sitzmann, F. und Ullrich, L. (Hrsg.), *Thiemes Pflege*, 12. Aufl., Thieme Verlag, Stuttgart, New York, S. 44–54.

Schoppmann, S. und Schmitte, H. (2011), Pflege bei psychischen Störungen, in: Schaeffer, D. und Wingenfeld, K. (Hrsg.), *Handbuch Pflegewissenschaft*, Juventa, Weinheim, München, S. 365–383.

Schreiber, W. (2004), Existenzsicherheit in der industriellen Gesellschaft, unveränderter Nachdruck des „Schreiber-Planes" zur dynamischen Rente aus dem Jahr 1955, *Diskussionsbeiträge Nr. 28*, Bund Katholischer Unternehmer e.V., Köln.

Schroeter, K. R. (2008), Pflege in Figurationen - ein theoriegeleiteter Zugang zum sozialen Feld der Pflege', in: Bauer, U. und Büscher, A. (Hrsg.), *Soziale Ungleichheit und Pflege*, VS Verlag für Sozialwissenschaften, Wiesbaden, S. 49–77.

Schulenburg, J.-M. Graf von der (2006), Herausforderungen der Gegenwart und Zukunft im Gesundheitswesen: Wo stehen die Leuchttürme einer modernen zeitgemäßen Gesundheitspolitik?, in: Daumann, F., Okruch, S. und Mantzavinos, C. (Hrsg.), *Wettbewerb und Gesundheitswesen: Konzeptionen und Felder ordnungsökonomischen Wirkens*, Andrássy Gyula Deutschsprachige Universität, Budapest, S. 191–204.

Schüller, S. (2009), *Stationäre Altenpflege, Vorschlag für eine konsequente Wettbewerbslösung mit Würdigung deutscher Regelungen*, Lang, Frankfurt am Main u. a.

Schulz, E. (2012), *Determinants of institutional long-term care in Germany*, ENEPRI, Brüssel.

Schulze Ehring, F. (2007), Eine Modellsynopse zur Reform der Pflegeversicherung, *WIP-Diskussionspapier*, Wissenschaftliches Institut der PKV, Köln.

Schulz-Nieswandt, F. (1990), *Stationäre Altenpflege und "Pflegenotstand" in der Bundesrepublik Deutschland*, P. Lang, Frankfurt am Main, New York.

Schulz-Nieswandt, F. (1994), *Ambulant oder stationär?, Eine sozialökonomische Analyse der Determinanten der Inanspruchnahme stationärer Altenpflege*, eurotrans-Verlag, Weiden, Regensburg.

Schulz-Nieswandt, F. (1997), *Auswirkungen der Migration auf die sozialen Sicherungssysteme*, eurotrans-Verlag, Weiden, Regensburg.

Schulz-Nieswandt, F. (2006), *Sorgearbeit, Geschlechterordnung und Altenpflegeregime in Europa*, Lit, Berlin.

Schulz-Nieswandt, F., Köstler, U., Langenhorst, F. und Marks, H. (2012), *Neue Wohnformen im Alter, Wohngemeinschaften und Mehrgenerationenhäuser*, Kohlhammer, Stuttgart.

Schut, F. T. und van den Berg, B. (2011), Sustainability of Comprehensive Universal Long-term Care Insurance in the Netherlands, in: Costa-Font, J. (Hrsg.), *Reforming long-term care in Europe*, Wiley-Blackwell, Chichester, S. 53–77.

Seel, B. (1991), *Ökonomik des privaten Haushalts*, Ulmer, Stuttgart.

Seidl, K. und Döhner, H. (2008), Long-Term Care Insurance, in: Döhner, H., Kofahl, C., Lüdecke, D. und Mnich, E. (Hrsg.), *Family Care for Older People in Germany, Results from the European Project EUROFAMCARE*, Lit, Berlin, S. 167–198.

Shanas, E. (1979), The Family as a Social Support System in Old Age, in: *The Gerontologist*, 19(2), S. 169–174.

Shimada, S. und Tagsold, C. (2006), *Alternde Gesellschaften im Vergleich, Solidarität und Pflege in Deutschland und Japan*, transcript, Bielefeld.

Silverstein, B., Fisher, W. P., Kilgore, K. M., Harley, J. P. und Harvey, R. F. (1992), Applying psychometric criteria to functional assessment in medical rehabilitation, II. Defining interval measures, in: *Archives of Physical Medicine and Rehabilitation*, 73(6), S. 507–18.

Sinn, H.-W. (2005), Das demographische Defizit - Die Fakten, die Folgen die Ursachen und die Politikimplikationen, in: Birg, H. (Hrsg.), *Auswirkungen der* demographischen Alterung und der Bevölkerungsschrumpfung auf Wirtschaft, Staat und Gesellschaft, Lit, Münster, S. 53–90.

Skuban, R. (2004), Pflegesicherung in Europa, Sozialpolitik im Binnenmarkt, VS Verlag für Sozialwissenschaften, Wiesbaden.

Sloan, F. A., Hoerger, T. J. und Picone, G. A. (1996), Effects of Strategic Behavior and Public Subsidies on Families' Savings and Long-Term Care Decisions, in: Eisen, R. und Sloan, F. A. (Hrsg.), Long-Term Care: Economic Issues and Policy Solutions, Kluwer Academic Publishers, Boston, Dordrecht, London, S. 45–78.

Sloan, F. A., Picone, G. A. und Hoerger, T. J. (1997), The Supply of Children's Time to Disabled Elderly Parents, in: Economic Inquiry, 35(2), S. 295–308.

Sommer, B. (2005), Die Bevölkerungsentwicklung in den Bundesländern bis zum Jahr 2050, in: Birg, H. (Hrsg.), Auswirkungen der demographischen Alterung und der Bevölkerungsschrumpfung auf Wirtschaft, Staat und Gesellschaft, Lit, Münster, S. 91–109.

Sowinski, C. und Ivanova, G. (2011), Stationäre Langzeitpflege, in: Schaeffer, D. und Wingenfeld, K. (Hrsg.), Handbuch Pflegewissenschaft, Juventa, Weinheim, München, S. 531–542.

Statistische Ämter des Bundes und der Länder (2010), Demografischer Wandel in Deutschland, Auswirkungen auf Krankenhausbehandlungen und Pflegebedürftige im Bund und in den Ländern, Heft 2, Wiesbaden.

Statistisches Bundesamt (2006), Bevölkerung Deutschlands bis 2050, 11. koordinierte Bevölkerungsvorausberechnung, Statistisches Bundesamt, Wiesbaden.

Statistisches Bundesamt (2009), Bevölkerung Deutschlands bis 2060, 12. koordinierte Bevölkerungsvorausberechnung, Statistisches Bundesamt, Wiesbaden.

Statistisches Bundesamt (2011a), Pflegestatistik 2009, Pflege im Rahmen der Pflegeversicherung; 2. Bericht: Ländervergleich – Pflegebedürftige, Wiesbaden.

Statistisches Bundesamt (2011b), Pflegestatistik 2009, Pflege im Rahmen der Pflegeversicherung; Deutschlandergebnisse, Wiesbaden.

Statistisches Bundesamt (2012a), Geburten in Deutschland, Wiesbaden.

Statistisches Bundesamt (2012b), Gesundheit, Ausgaben, Fachserie 12 Reihe 7.1.1, Wiesbaden.

Steinbach, A. und Kopp, J. (2008), 'When will I see you again?' Intergenerational contacts in Germany, in: Saraceno, C. (Hrsg.), Families, Ageing and Social Policy, Intergenerational Solidarity in European Welfare States, Edward Elgar Publishing Ltd, Cheltenham, Northampton, S. 88–104.

Stephens, S. A. und Christianson, J. B. (1986), *Informal care of the elderly*, Lexington Books, Lexington, Mass.

Stern, S. (1995), Estimating Family Long-Term Care Decisions in the Presence of Endogenous Child Characteristics, in: *The Journal of Human Resources*, 30(3), S. 551–580.

Stock, S., Redaelli, M. und Lauterbach, K. W. (2006), The Influence Of The Labor Market On German Health Care Reforms, in: *Health Affairs*, 25(4), S. 1143–1152.

Stöckl, E. (2011), *Die Reform der österreichischen Pflegesicherung, Europäische Pflegesicherungsmodelle im Vergleich*, ÖGB Verlag, Wien.

Stordal, E., Bjartveit Krüger, M., Dahl, N. H., Krüger, Ø., Mykletun, A. und Dahl, A. A. (2001), Depression in relation to age and gender in the general population: the Nord-Trøndelag Health Study (HUNT), in: *Acta Psychiatrica Scandinavica*, 104(3), S. 210–216.

Strahl, M. (1996), Pflege, in: Bauer, R. (Hrsg.), *Lexikon des Sozial- und Gesundheitswesens*, 2. Aufl., Oldenbourg, München, Wien, S. 1503–1504.

Sussman, M. (1965), Relationships of adult children with their parents in the United States, in: Shanas, E. und Streib, G. F. (Hrsg.), *Social structure and the family: generational relationships*, Prentice-Hall, Englewood Cliffs, N.J., S. 62–92.

SVR - Sachverständigenrat zur Begutachtung der gesamtwirtschaftlichen Entwicklung (Hrsg.) (2004), *Erfolge im Ausland - Herausforderungen im Inland, Jahresgutachten 2004/2005*, Statistisches Bundesamt, Wiesbaden.

SVR - Sachverständigenrat zur Begutachtung der gesamtwirtschaftlichen Entwicklung (2007), *Das Erreichte nicht verspielen, Jahresgutachten 2007/08*, Statistisches Bundesamt, Wiesbaden.

SVR - Sachverständigenrat zur Begutachtung der gesamtwirtschaftlichen Entwicklung (2011), *Herausforderungen des demografischen Wandels, Expertise im Auftrag der Bundesregierung*, Statistisches Bundesamt, Wiesbaden.

SVR Gesundheit - Sachverständigenrat zur Begutachtung der Entwicklung im Gesundheitswesen (2005), *Koordination und Qualität im Gesundheitswesen, Drucksache 15/5670 vom 09.06.2005*.

SVR Gesundheit (2009), *Koordination und Integration - Gesundheitsversorgung in einer Gesellschaft des längeren Lebens, Sondergutachten 2009*, Baden-Baden.

Szydlik, M. (2000), *Lebenslange Solidarität?, Generationenbeziehungen zwischen erwachsenen Kindern und Eltern*, Leske + Budrich, Opladen.

Tennant, A., Geddes, J. M. L. und Chamberlain, M. A. (1996), The Barthel Index: an ordinal score or interval level measure?, in: *Clinical Rehabilitation*, 10(4), S. 301–308.

Tennstedt, S. L., McKinlay, J. B. und Sullivan, L. M. (1989), Informal Care for Frail Elders, The Role of Secondary Caregivers, in: *The Gerontologist*, 29(5), S. 677–683.

Tesch-Römer, C. und Mardorf, S. (2009), Familiale und ehrenamtliche pflegerische Versorgung, in: Böhm, K., Tesch-Römer, C. und Ziese, T. (Hrsg.), *Gesundheit und Krankheit im Alter, Beiträge zur Gesundheitsberichterstattung des Bundes*, Robert-Koch-Institut, Berlin, S. 194–206.

Theobald, H. (2009), Pflegepolitiken, Fürsorgearrangements und Migration in Europa, in: Larsen, C., Joost, A. und Heid, S. (Hrsg.), *Illegale Beschäftigung in Europa, Die Situation in Privathaushalten älterer Personen*, Rainer Hampp Verlag, München, Mering, S. 28–38.

Thibaut, J. W. und Kelley, H. H. (1959), *The social psychology of groups*, Wiley, New York.

Trukeschitz, B. und Schneider, U. (2012), Long-Term Care Financing in Austria, in: Costa-Font, J. und Courbage, C. (Hrsg.), *Financing long-term care in Europe, Institutions, Markets, and Models*, Palgrave Macmillan, New York, S. 187–213.

Trydegård, G.-B. und Thorslund, M. (2011), One Uniform Welfare State or a Multitude of Welfare Municipalities? The Evolution of Local Variation in Swedish Elder Care, in: Costa-Font, J. (Hrsg.), *Reforming long-term care in Europe*, Wiley-Blackwell, Chichester, S. 137–152.

Udsching, P. (2007), Die Entwicklung des Sozialrechts für ältere Menschen am Beispiel der Pflegeversicherung, in: Igl, G. und Klie, T. (Hrsg.), *Das Recht der älteren Menschen*, Nomos, Baden-Baden, S. 75–94.

Ulrich, R. E. (2012), Demografische Methoden in den Gesundheitswissenschaften, in: Hurrelmann, K. und Razum, O. (Hrsg.), *Handbuch Gesundheitswissenschaften*, Beltz Juventa, Weinheim, Basel, S. 323–342.

Ulrich, V. (2001), Demographische Alterung und medizinischer Fortschritt - Mehr als ein potentieller Sprengsatz für die GKV?, in: Schmähl, W. und Ulrich, V. (Hrsg.), *Soziale Sicherungssysteme und demographische Herausforderungen*, Mohr Siebeck, Tübingen, S. 23–43.

Ulrich, V. (2003), Demographische Effekte auf Ausgaben und Beitragssatz der GKV, in: Albring, M. und Wille, E. (Hrsg.), *Die GKV zwischen Ausgabendynamik, Einnahmenschwäche und Koordinierungsproblemen*, Peter Lang, Frankfurt am Main u. a., S. 59–83.

Ulrich, V. (2006a), Ökonomische Aspekte des technischen Fortschritts in der Medizin, in: Rebscher, H. (Hrsg.), *Gesundheitsökonomie und Gesundheitspolitik, Im Spannungsfeld zwischen Wissenschaft und Politikberatung,* Economica, Heidelberg u.a., S. 191–207.

Ulrich, V. (2006b), Wie sollten die Gesundheitsausgaben finanziert werden? Anmerkungen zur Diskussion über die Finanzierungsreform des Gesundheitswesens, in: Daumann, F., Okruch, S. und Mantzavinos, C. (Hrsg.), *Wettbewerb und Gesundheitswesen: Konzeptionen und Felder ordnungsökonomischen Wirkens,* Andrássy Gyula Deutschsprachige Universität, Budapest, S. 241-258.

Ulrich, V. und Maier, C. (2012), Warum die Pflegereform keine Pareto-Verbesserung leisten kann, in: *IMPLICONplus,* (6).

Ulrich, V. und Ried, W. (Hrsg.) (2007), *Effizienz, Qualität und Nachhaltigkeit im Gesundheitswesen, Theorie und Politik öffentlichen Handelns, insbesondere in der Krankenversicherung; Festschrift zum 65. Geburtstag von Eberhard Wille,* Nomos, Baden-Baden.

Ulrich, V. und Schmähl, W. (2001), Demographische Alterung in Deutschland:ein Überblick, in: Schmähl, W. und Ulrich, V. (Hrsg.), *Soziale Sicherungssysteme und demographische Herausforderungen,* Mohr Siebeck, Tübingen, S. 1–19.

Ungar-Hermann, M. (2009), Der geriatrische Patient aus pflegerischer Perspektive, in: Oberender, P. und Quintus, M. (Hrsg.), *Markt der Möglichkeiten, Der ältere Mensch in der Medizin und Gesellschaft, Handlungsfelder im Wandel der Demographie,* P.C.O.-Verlag, Bayreuth, S. 73–86.

unpd (2012), online im Internet: http://esa.un.org/wpp/unpp/panel_population. htm [Stand: 30.5.2012].

van den Berg, B., Brouwer, W. B. F. und Koopmanschap, M. A. (2004), Economic valuation of informal care, An overview of methods and applications, in: *The European Journal of Health Economics,* 5(1), S. 36–45.

van Dijk, F. (1998), Private support and social security, in: *Journal of Population Economics,* 11(3), S. 345–371.

van Houtven, C. H. und Norton, E. C. (2004), Informal care and health care use of older adults, in: *Journal of Health Economics,* 23(6), S. 1159–1180.

Varian, H. R. (1994), *Mikroökonomie,* 3. Aufl., Oldenbourg, München.

vbw - Vereinigung der Bayerischen Wirtschaft e.V. (2004), *Pflegevorsorge, Vorschlag für eine finanzierbare, soziale und nachhaltige Reform der Pflegeversicherung,* München.

Velladics, K. (2004), *Generationenvertrag und demographischer Wandel, Konsequenzen des aktiven Alterns für den Arbeitsmarkt am Beispiel Deutschlands und Ungarns,* Deutscher Universitäts-Verlag, Wiesbaden.

Verband der Privaten Krankenversicherung (2001), *Zahlenbericht der Privaten Krankenversicherung 2000/2001,* Köln.

Verband der Privaten Krankenversicherung (2006), *Zahlenbericht der Privaten Krankenversicherung 2005/2006,* Köln.

Verband der Privaten Krankenversicherung (2007), *Zahlenbericht der Privaten Krankenversicherung 2006/2007,* Köln.

Verband der Privaten Krankenversicherung (2008), *Zahlenbericht der Privaten Krankenversicherung 2007/2008,* Köln.

Verband der Privaten Krankenversicherung (2009), *Zahlenbericht der Privaten Krankenversicherung 2008/2009,* Köln.

Verband der Privaten Krankenversicherung (2011a), *Zahlenbericht der Privaten Krankenversicherung 2009/2010, Korrigierte Version,* Köln.

Verband der Privaten Krankenversicherung (2011b), *Zahlenbericht der Privaten Krankenversicherung 2010/2011,* Köln.

Véron, J. und Pennec, S. (2007), Demographic Context of the Social Contract in Developed Countries: Unity and Diversity, in: Veron, J., Pennec, S. und Legare, J. (Hrsg.), *Ages, Generations and the Social Contract, The Demographic Challenges Facing the Welfare State,* Springer-Verlag, New York, S. 45–58.

Viitanen, T. K. (2007), Informal and formal care in Europe, *IZA Discussion Papers, No. 2648,* Forschungsinstitut zur Zukunft der Arbeit.

Wade, D. T. und Collin, C. (1988), The Barthel ADL Index, A standard measure of physical disability?, in: *Disability and Rehabilitation,* 10(2), S. 64–67.

Wald, A. (1943), Tests of Statistical Hypotheses Concerning Several Parameters When the Number of Observations is Large, in: *Transactions of the American Mathematical Society,* 54(3), S. 426–482.

Wasem, J. (2003), Versicherungsfremde Leistungen und Verschiebebahnhöfe, Anmerkungen aus praktischer Sicht, in: Albring, M. und Wille, E. (Hrsg.), *Die GKV zwischen Ausgabendynamik, Einnahmenschwäche und Koordinierungsproblemen,* Peter Lang, Frankfurt am Main u. a., S. 267–271.

Weidner, F. (2007), Entwicklungen auf dem Arbeitsmarkt Pflege, in: Igl, G., Naegele, G. und Hamdorf, S. (Hrsg.), *Reform der Pflegeversicherung - Auswirkungen auf die Pflegebedürftigen und die Pflegepersonen,* Lit, Münster u.a., S. 85–94.

Weyerer, S. (2005), *Altersdemez, Gesundheitsberichterstattung des Bundes,* Robert Koch-Institut, Bd. 28, Berlin.

Wille, E. (1999), Das Sachleistungsprinzip der GKV im Spannungsfeld der europäischen Integration, in: *Die Krankenversicherung,* 51(10), S. 292–296.

Wille, E. (2001), Gesundheitswesen im Umbruch - Entwicklungstendenzen und Reformoptionen, in: Schmähl, W. und Ulrich, V. (Hrsg.), *Soziale Sicherungssysteme und demographische Herausforderungen,* Mohr Siebeck, Tübingen, S. 45–69.

Wille, E. (2003), Die wesentlichen Determinanten der Ausgabendynamik, in: Albring, M. und Wille, E. (Hrsg.), *Die GKV zwischen Ausgabendynamik, Einnahmenschwäche und Koordinierungsproblemen,* Peter Lang, Frankfurt am Main u. a., S. 39–58.

Wille, E. (2006), Modelle und Vorschläge zur Reform der Beitragsgestaltung in der gesetzlichen Krankenversicherung, in: Daumann, F., Okruch, S. und Mantzavinos, C. (Hrsg.), *Wettbewerb und Gesundheitswesen: Konzeptionen und Felder ordnungsökonomischen Wirkens,* Andrássy Gyula Deutschsprachige Universität, Budapest, S. 205–220.

Wille, E. (2010), Die Finanzierungsbasis der gesetzlichen Krankenversicherung, Reformen unumgänglich, in: *Gesundheitsökonomie und Qualitätsmanagement,* 15(3), S. 102–104.

Wille, E. und Igel, C. (2007), Die soziale Pflegeversicherung: ein Pflegefall?, in: Albrecht, P., Bartels, H. J. und Heiss, H. (Hrsg.), *Die soziale Pflegeversicherung: Status quo und Reformoptionen, 31. Mannheimer Versicherungswissenschaftliche Jahrestagung,* Verlag Versicherungswirtschaft, Karlsruhe, S. 7–40.

Willemé, P., Geerts, J., Cantillon, B. und Mussche, N. (2012), Long-Term Care Financing in Belgium, in: Costa-Font, J. und Courbage, C. (Hrsg.), *Financing long-term care in Europe, Institutions, Markets, and Models,* Palgrave Macmillan, New York, S. 300–321.

Wingenfeld, K. (2011), Pflegebedürftigkeit, Pflegebedarf und pflegerische Leistungen, in: Schaeffer, D. und Wingenfeld, K. (Hrsg.), *Handbuch Pflegewissenschaft,* Juventa, Weinheim, München, S. 263–290.

Wöhlcke, M., Höhn, C. und Schmid, S. (2004), *Demographische Entwicklungen in und um Europa, Politische Konsequenzen,* Nomos, Baden-Baden.

Wolf, D. A. (1999), The Family as Provider of Long-Term Care, Efficiency, Equity, and Externalities, in: *Journal of Aging and Health,* 11(3), S. 360–382.

Zarit, S. H., Orr, N. K. und Zarit, J. M. (1985), *The hidden victims of Alzheimer's disease, Families under stress,* New York University Press, New York, London.

Zeman, P. (1997), Häusliche Pflegearrangements, Interaktionsprobleme und Kooperationsperspektiven von lebensweltlichen und professionellen Hilfesystemen, in: Braun, U. und Schmidt Roland (Hrsg.), *Entwicklung einer lebensweltlichen Pflegekultur,* Transfer, Regensburg, S. 101–118.

Zeman, P. (2000), *Alter(n) im Sozialstaat und die Mikropolitik der Pflege,* Transfer, Regensburg.

Zenz, G. (2006), Überlegungen zum Schutz von Menschenwürde und Persönlichkeitsrechten im hohen Alter, in: *Psychotherapie im Alter,* 3(3), S. 73–85.

Zenz, G. (2007), Autonomie und Abhängigkeit, familienrechtliche Schutzbelange im Alter, in: Igl, G. und Klie, T. (Hrsg.), *Das Recht der älteren Menschen,* Nomos, Baden-Baden, S. 131–172.

Ziegler, U. und Doblhammer, G. (2005), Steigende Lebenserwartung geht mit besserer Gesundheit einher, Risiko der Pflegebedürftigkeit in Deutschland sinkt, *MPIDR Working Papers Nr. 1,* Max-Planck-Institut für demografische Forschung, Rostock.

Ziegler, U. und Doblhammer, G. (2009), Prävalenz und Inzidenz von Demenz in Deutschland, Eine Studie auf Basis von Daten der gesetzlichen Krankenversicherungen von 2002, *Diskussionspapier,* Rostocker Zentrum zur Erforschung des Demografischen Wandels, Rostock.

Zsolnay-Wildgruber, H. (1997), *Alzheimer-Kranke und ihr primäres Bezugssystem, Grundlegende Untersuchungen für ein Kommunikationstraining pflegender Angehöriger. Diss. Univ. München 1996,* Lambertus-Verlag, Freiburg.

Zweifel, P. (2001a), Alter, Gesundheit und Gesundheitsausgaben - eine neue Sicht, in: *GGW,* 1(1), S. 6–12.

Zweifel, P. (2001b), Lebenszykluseffekte der Sozialversicherung und offene Volkswirtschaft, in: Schmähl, W. und Ulrich, V. (Hrsg.), *Soziale Sicherungssysteme und demographische Herausforderungen,* Mohr Siebeck, Tübingen, S. 223–237.

Zweifel, P. und Strüwe, W. (1996), Long-Term Care Insurance and Trust Saving in a Two-Generation Model, in: Eisen, R. und Sloan, F. A. (Hrsg.), *Long-Term Care: Economic Issues and Policy Solutions,* Kluwer Academic Publishers, Boston, Dordrecht, London, S. 225–250.

STAATLICHE ALLOKATIONSPOLITIK IM MARKTWIRTSCHAFTLICHEN SYSTEM

Band 1 Horst Siebert (Hrsg.): Umweltallokation im Raum. 1982.

Band 2 Horst Siebert (Hrsg.): Global Environmental Resources. The Ozone Problem. 1982.

Band 3 Hans-Joachim Schulz: Steuerwirkungen in einem dynamischen Unternehmensmodell. Ein Beitrag zur Dynamisierung der Steuerüberwälzungsanalyse. 1981.

Band 4 Eberhard Wille (Hrsg.): Beiträge zur gesamtwirtschaftlichen Allokation. Allokationsprobleme im intermediären Bereich zwischen öffentlichem und privatem Wirtschaftssektor. 1983.

Band 5 Heinz König (Hrsg.): Ausbildung und Arbeitsmarkt. 1983.

Band 6 Horst Siebert (Hrsg.): Reaktionen auf Energiepreissteigerungen. 1982.

Band 7 Eberhard Wille (Hrsg.): Konzeptionelle Probleme öffentlicher Planung. 1983.

Band 8 Ingeborg Kiesewetter-Wrana: Exporterlösinstabilität. Kritische Analyse eines entwicklungspolitischen Problems. 1982.

Band 9 Ferdinand Dudenhöfer: Mehrheitswahl-Entscheidungen über Umweltnutzungen. Eine Untersuchung von Gleichgewichtszuständen in einem mikroökonomischen Markt- und Abstimmungsmodell. 1983.

Band 10 Horst Siebert (Hrsg.): Intertemporale Allokation. 1984.

Band 11 Helmut Meder: Die intertemporale Allokation erschöpfbarer Naturressourcen bei fehlenden Zukunftsmärkten und institutionalisierten Marktsubstituten. 1984.

Band 12 Ulrich Ring: Öffentliche Planungsziele und staatliche Budgets. Zur Erfüllung öffentlicher Aufgaben durch nicht-staatliche Entscheidungseinheiten. 1985.

Band 13 Ehrentraud Graw: Informationseffizienz von Terminkontraktmärkten für Währungen. Eine empirische Untersuchung. 1984.

Band 14 Rüdiger Pethig (Ed.): Public Goods and Public Allocation Policy. 1985.

Band 15 Eberhard Wille (Hrsg.): Öffentliche Planung auf Landesebene. Eine Analyse von Planungskonzepten in Deutschland, Österreich und der Schweiz. 1986.

Band 16 Helga Gebauer: Regionale Umweltnutzungen in der Zeit. Eine intertemporale Zwei-Regionen-Analyse. 1985.

Band 17 Christine Pfitzer: Integrierte Entwicklungsplanung als Allokationsinstrument auf Landesebene. Eine Analyse der öffentlichen Planung der Länder Hessen, Bayern und Niedersachsen. 1985.

Band 18 Heinz König (Hrsg.): Kontrolltheoretische Ansätze in makroökonometrischen Modellen. 1985.

Band 19 Theo Kempf: Theorie und Empirie betrieblicher Ausbildungsplatzangebote. 1985.

Band 20 Eberhard Wille (Hrsg.): Konkrete Probleme öffentlicher Planung. Grundlegende Aspekte der Zielbildung, Effizienz und Kontrolle. 1986.

Band 21 Eberhard Wille (Hrsg.): Informations- und Planungsprobleme in öffentlichen Aufgabenbereichen. Aspekte der Zielbildung und Outputmessung unter besonderer Berücksichtigung des Gesundheitswesens. 1986.

Band 22 Bernd Gutting: Der Einfluß der Besteuerung auf die Entwicklung der Wohnungs- und Baulandmärkte. Eine intertemporale Analyse der bundesdeutschen Steuergesetze. 1986.

Band 23 Heiner Kuhl: Umweltressourcen als Gegenstand internationaler Verhandlungen. Eine theoretische Transaktionskostenanalyse. 1987.

ALLOKATION IM MARKTWIRTSCHAFTLICHEN SYSTEM

Band 44 Manfred Albring / Eberhard Wille (Hrsg.): Qualitätsorientierte Vergütungssysteme in der ambulanten und stationären Behandlung. 2001.

Band 45 Martin Pfaff / Dietmar Wassener / Astrid Sterzel / Thomas Neldner: Analyse potentieller Auswirkungen einer Ausweitung des Pharmaversandes in Deutschland. 2002.

Band 46 Eberhard Wille / Manfred Albring (Hrsg.): Konfliktfeld Arzneimittelversorgung. 2002.

Band 47 Udo Schneider: Theorie und Empirie der Arzt-Patient-Beziehung. Zur Anwendung der Principal-Agent-Theorie auf die Gesundheitsnachfrage. 2002.

Band 48 Manfred Albring / Eberhard Wille: Die GKV zwischen Ausgabendynamik, Einnahmenschwäche und Koordinierungsproblemen. 2003.

Band 49 Uwe Jirjahn: X-Ineffizienz, Managementanreize und Produktmarktwettbewerb. 2004.

Band 50 Stefan Resch: Risikoselektion im Mitgliederwettbewerb der Gesetzlichen Krankenversicherung. 2004.

Band 51 Paul Marschall: Lebensstilwandel in Ostdeutschland. Gesundheitsökonomische Implikationen. 2004.

Band 52 Eberhard Wille / Manfred Albring (Hrsg.): Paradigmenwechsel im Gesundheitswesen durch neue Versorgungsstrukturen? 8. Bad Orber Gespräche. 6.–8. November 2003. 2004.

Band 53 Eberhard Wille / Manfred Albring (Hrsg.): Versorgungsstrukturen und Finanzierungsoptionen auf dem Prüfstand. 9. Bad Orber Gespräche. 11.–13. November 2004. 2005.

Band 54 Brit S. Schneider: Gesundheit und Bildung. Theorie und Empirie der Humankapitalinvestitionen. 2007.

Band 55 Klaus Knabner / Eberhard Wille (Hrsg.): Qualität und Nutzen medizinischer Leistungen. 10. Bad Orber Gespräche, 10.–12. November 2005. 2007.

Band 56 Holger Cischinsky: Lebenserwartung, Morbidität und Gesundheitsausgaben. 2007.

Band 57 Eberhard Wille / Klaus Knabner (Hrsg.): Wettbewerb im Gesundheitswesen: Chancen und Grenzen. 11. Bad Orber Gespräche. 16.–18. November 2006. 2008.

Band 58 Christian Igel: Zur Finanzierung von Kranken- und Pflegeversicherung. Entwicklung, Probleme und Reformmodelle. 2008.

Band 59 Christiane Cischinsky: Auswirkungen der Europäischen Integration auf das deutsche Gesundheitswesen. 2008.

Band 60 Eberhard Wille / Klaus Knabner (Hrsg.): Die besonderen Versorgungsformen: Herausforderungen für Krankenkassen und Leistungserbringer. 12. Bad Orber Gespräche über kontroverse Themen im Gesundheitswesen. 15.–17. November 2007. 2009.

Band 61 Malte Wolff: Interdependenzen von Arzneimittelregulierungen. 2010.

Band 62 Eberhard Wille / Klaus Knabner (Hrsg.): Qualitätssicherung und Patientennutzen. 13. Bad Orber Gespräche über kontroverse Themen im Gesundheitswesen. 20.–21. November 2008. 2010.

Band 63 Eberhard Wille / Klaus Knabner (Hrsg.): Reformkonzepte im Gesundheitswesen nach der Wahl. 14. Bad Orber Gespräche über kontroverse Themen im Gesundheitswesen. 12.-13. November 2009. 2011.

Band 64 Eberhard Wille / Klaus Knabner (Hrsg.): Dezentralisierung und Flexibilisierung im Gesundheitswesen. 15. Bad Orber Gespräche über kontroverse Themen im Gesundheitswesen. 18.-19. November 2010. 2011.

Band 65 Eberhard Wille / Klaus Knabner (Hrsg.): Strategien für mehr Effizienz und Effektivität im Gesundheitswesen. 16. Bad Orber Gespräche über kontroverse Themen im Gesundheitswesen. 2013.

Band 66 Timo Wasmuth: Gesundheitsausgaben: Determinanten und Auswirkungen auf die Gesundheit. Theoretische Modellierung und empirische Analyse. 2013.

Band 67 Eberhard Wille (Hrsg.): Wettbewerb im Arzneimittel- und Krankenhausbereich. 17. Bad Orber Gespräche über kontroverse Themen im Gesundheitswesen. 2013.

Band 68 Christian Maier: Eine empirische Analyse der Anreize zur informellen Pflege. Impulse für Deutschland aus einem europäischen Vergleich. 2015.

Band 69 Eberhard Wille (Hrsg.): Versorgungsdefizite im deutschen Gesundheitswesen. 18. Bad Orber Gespräche über kontroverse Themen im Gesundheitswesen. 2015.

www.peterlang.com